图书在版编目(CIP)数据

教育展望. 179,阅读学习/联合国教科文组织国际教育局编;华东师范大学译. —上海:华东师范大学出版社,2021
(课程、学习与评价的比较研究)
ISBN 978 - 7 - 5760 - 1449 - 5

Ⅰ.①教… Ⅱ.①联…②华… Ⅲ.①教育-世界-丛刊 Ⅳ.①G51 - 55

中国版本图书馆 CIP 数据核字(2021)第 041726 号

教育展望　总第179期(第46卷　第3－4期)
阅读学习
(课程、学习与评价的比较研究)

编　　者	联合国教科文组织国际教育局
译　　者	华东师范大学
责任编辑	王　焰(策划组稿)
	王国红(项目统筹)
特约审读	徐曙蕾
责任校对	邱红穗
装帧设计	卢晓红

出版发行	华东师范大学出版社
社　　址	上海市中山北路3663号　邮编200062
网　　址	www.ecnupress.com.cn
电　　话	021 - 60821666　行政传真 021 - 62572105
客服电话	021 - 62865537　门市(邮购)电话 021 - 62869887
地　　址	上海市中山北路3663号华东师范大学校内先锋路口
网　　店	http://hdsdcbs.tmall.com

印 刷 者	江苏扬中印刷有限公司
开　　本	787×1092　16开
印　　张	13.75
字　　数	249千字
版　　次	2021年5月第1版
印　　次	2021年5月第1次
书　　号	ISBN 978 - 7 - 5760 - 1449 - 5
定　　价	42.00元

出版人　王　焰

(如发现本版图书有印订质量问题,请寄回本社客服中心调换或电话 021 - 62865537 联系)

版权通报

致作者

　　文章一经采用，即视为作者已将该文的版权（或独家出版与传播权）转让给出版者（斯普林格集团或斯普林格集团授权的出版者），以确保本文信息在版权法范围内获得最大程度的保护和传播。

致读者

　　尽管本书出版者相信本书所载之信息或建议在其出版之日是真实、准确的，但其作者、编辑或出版者对任何可能的错误或可能被省略的信息不负任何法律责任。出版者对本书所载之内容不作任何公开或隐含的保证。

　　本书所载的所有文章均受版权保护，该权利包括：翻译权，排他性再版或传播所载文章的权利（如发行单行本）。未经出版者（即斯普林格集团或斯普林格集团授权的出版者）的允许，任何人不得复印或以微缩胶卷、电子数据库或光盘形式储存本刊所载的任何材料。本刊所涉及的通用名、商标名、商标等，即使没有特别标明，也不意味这些名称不受相关法律法规的保护。

　　斯普林格与版权税结算中心（Copyright Clearance Center）的 RightsLink 服务部合作为再利用斯普林格的内容提供多种选择。欲获准使用我们的内容，请您登录 link.springer.com 或 springerimages.com，以确定您要使用的内容，并点击"获取使用权"按钮，您也可以输入您想要使用的出版物标题获取内容。若期望进一步获取本书的使用权，请通过电话与版权税结算中心直接联系：+1-855-239-3415；传真：+1-987-646-8600；或发送电子邮件至：info@copyright.com。

联合国教科文组织国际教育局　　2016

总第 179 期

教 育 展 望

课程、学习与评价的比较研究

第 46 卷,2016 年 12 月　第 3-4 期

中文版 2016 年第 3-4 期(总第 179 期)

目　录

编者按

阅读学习:实现教育 2030 议程的关键　　　　　　　　　　　　P·T·M·玛诺佩　　1

观点/争鸣

山丘变高峰? 全球低收入人群的阅读课程为何无法奏效　　　　海伦·阿巴兹　　3

从社会实践视角学习阅读:民族志、学校教育和成人学习　　　布莱恩·斯特里特　　22

成人如何学习阅读? 实践共同体路径

　　　　　　　托雷拉·那噶莎　艾伦·罗杰斯　图鲁瓦科·扎拉拉姆·瓦克涅　　33

专　栏

导读:学会阅读——从研究到政策和实践　　　　　　　　　　艾伦·罗杰斯　　46

学习阅读:第三种视角　　　　　　　　　　　　　　　　　　伊夫·格雷戈里　　57

教育学课程中阅读文本的学校化

　　　　　　　　　伊丽莎白·玛丽亚·德·席尔瓦　玛丽亚·露西亚·卡斯塔涅拉　　68

讲故事:作为社会文化过程的阅读学习　　　　　　　　大卫·布罗姆　金敏贞　　82

墨西哥的读写教育、阅读和阅读学习　　　　　　朱迪·卡尔曼　伊利安娜·雷耶斯　　99

阅读教学中的政治　　　　　　　　　　　　　　　　　　　　珍妮特·索莱尔　　117

趋势/案例

海地的母语课本:海地克里奥尔语在学会阅读和用阅读来学习中发挥的力量

　　　　　　　　　　　　　　　　　　　　　　　　　　米歇尔·德格拉夫　　130

学习空间:在澳大利亚偏远的土著地区,一种对成人学习和读写能力

　有意义的、基于社区的方法　　　　　　　　　　英奇·克拉尔　R·G·施瓦布　　164

马来西亚土著奥朗阿什利地区的读写能力和发展:什么是重要的? 苏马蒂·雷根纳什　178

西方教育:适用于所有人? 西方的流浪者、边缘人群和土著教育　朱丽叶·麦卡弗里　190

来自英国的读写能力促进:英国扫盲促进发展协会的贡献

　　　　　　　　　　　　　　　　伊恩·切菲　朱丽叶·麦卡弗里　布莱恩·斯特里特　207

本刊所载文章的观点及材料，由作者自行负责，不代表联合国教科文组织国际教育局，文章中所用名称及材料的编写方式并不意味着联合国教科文组织国际教育局对于任何国家、领土、城市或地区或其当局的法律地位或对于其边界的划分表示任何意见。

一切信件请寄：
Editor, *Prospects*,
UNESCO International Bureau of Education,
P. O. Box 199,
1211 Geneva 20,
Switzerland.
E-mail: ibe.prospects@unesco.org

欲了解国际教育局的计划、活动及出版物，请查询其互联网主页：
http://www.ibe.unesco.org

一切订阅刊物的来信请寄：
Springer,
P. O. Box 990, 3300 AZ Dordrecht,
The Netherlands

中文版项目编辑：
王国红

合作出版者：联合国教科文组织(UNESCO)
国际教育局(IBE)
P. O. Box 199, 1211 Geneva 20,
Switzerland
and Springer,
P. O. Box 17, 3300 AA Dordrecht,
The Netherlands

ISSN: 0033-1538

《教育展望》编委会

编委会主任和主编
P. T. M. Marope

总编辑
Simona Popa

编委会成员
Amita Chudgar, Boris Jokić, Ali bin Abdul Khaliq Al-karni, Marcia Linn, William Pinar, Noel McGinn, Ronald Sultana, Emily Vargas-Barón

中文版编委会

主　编
秦昌威　钱旭红

副主编
任友群　戴立益

编　委
（以姓氏笔画为序）
丰继平　王建磐　王斌华　冯大鸣
冯剑峰　任友群　庄辉明　杜　越
杨光富　汪利兵　陆　靖　范国睿
周小勇　郑太年　郑燕详　赵　健
赵中建　俞立中　祝智庭　彭正梅
彭利平　董建红　遇晓萍　程介明
戴立益

编辑部主任
冯剑峰

副主任
彭正梅（常务）　周小勇　丰继平

编辑部地址
华东师范大学基础教育与终身教育发展部
本期由华东师范大学教育学部国际与比较教育研究所
组织翻译

《教育展望》通讯员

Michael Apple, University of Wisconsin-Madison, USA

Beatrice Avalos, University of Chile

Aaron Benavot, UNESCO Global Education Monitoring, France

Mark Bray, University of Hong Kong, China

Nicholas Burnett, Results for Development Institute, USA

Luis A. Crouch, RTI International, USA

Charles Fadel, Center for Curriculum Redesign, USA

Partrick Griffin, University of Melbourne, Australia

Gita Steiner-Khamsi, Columbia University, USA

Tamás Kozma, Debrecen University, Hungary

Keith Lewin, University of Sussex, UK

Tom Luschei, Claremont Graduate University, USA

Pedro Noguera, New York University, USA

Wing On Lee, Open University of Hong Kong, China

Sungsup Ra, Asian Development Bank, The Philippines

Mamphela Ramphele, South Africa

Fernando Reimers, Harvard University, USA

Ernesto Schiefelbein, Metropolitan University of Educational Sciences, Chile

Andreas Schleicher, Organisation for Economic Co-operation and Developement (OECD), France

Awraham Soetendorp, Jacob Soetendorp Institute for Human Values, The Netherlands

Leon Tikly, University of Bristol, UK

Andy Hargreaves, Boston College, USA

Yong Zhao, University of Oregon, USA

Thierry Zomahoun, African Institute for Mathematical Sciences(AIMS), South Africa

Michele Schweisfurth, University of Glasgow, UK

Crain Soudien, University of Cape Town, South Africa

Alejandro Tiana Ferrer, Universidad Nacional de Educación a Distancia (UNED), Spain

编 者 按

阅读学习：实现教育 2030 议程的关键

P・T・M・玛诺佩 *

在线出版时间：2018 年 2 月 21 日
©联合国教科文组织国际教育局 2018 年

虽然全球教育界仍在谋划如何以最好的方式落实教育 2030 议程，但是许多国家的教育部门已经开始实施一系列措施，以兑现各自的教育承诺，实现联合国可持续发展的教育目标，追求全纳、高质的全民终身教育。

实现联合国可持续发展目标中的教育目标，之所以能够促进其他十六个可持续发展目标的达成，是因为全纳、高质的教育是其他目标实现的基础。

促进教育发展亟需我们对人们的学习过程有一个更深入的理解，而这其中，理解人们学习阅读的过程是最基础的一步。人们是如何将抽象的符号解读成有意义的声音的？为什么有些人觉得这个过程很困难，而另一些人却能轻易地做到这一点？

认知心理学研究提倡人们开展规范化的阅读教学，并且认为系统性地学习字母表、发音拼读和音节拼读对所有学习者都非常重要，尤其是对孩子们而言。

研究表明，在孩子们开始学习阅读的时候，大脑视觉皮层的左侧能帮助学习者视觉加工字母。在持续学习的过程中，这个区域会和大脑中识别字母发音的部位连接起来。这就使得阅读的教学能够通过表音的字母和其发音本身之间的对应（即形音对应 grapheme-phoneme correspondence）来实现，而不需要通过对整个单词的识别来实现。因此，认知神经科学证明，早期让学习者掌握发音能让他们学会分析发音和字母的对应性。

但是，仅仅研究大脑内部的运作无法说明人们学习阅读的整个过程。学习阅读的过程非常复杂，是建立在认知技能、语言技能与社交技能的基础上的。此外，阅读总是发生在特定的社会文化背景下，这为阅读获取的意义提供了框架。

将读写能力视为一种社会实践产物挑战了一些根深蒂固的观点。比如人们相

---

* 原文语言：英语

P・T・M・玛诺佩
通信地址：UNESCO IBE, P. O. Box 199, 1211 Geneva 20, Switzerland
电子信箱：ibe.prospects@unesco.org

信,读写能力是一种基础技能,一个人要么有这项技能,要么没有;我们有标准化的阅读(和写作)教学方式;课堂内的练习对学习阅读至关重要。

这份特约合刊由已故知名学者布莱恩·斯特里特(Brian Street)编辑。斯特里特的开创性观点就是读写能力是一种社会实践产物,这一观点挑战了原先占主导地位的阅读学习方法,并质疑了穷人无读写能力的观点。斯特里特帮助开辟了新读写素养研究(New Literacy Studies)领域,并且支持那些试图理解发展因材施教读写教学模式的基层组织发展,而不支持那些专注于自以为是的"适应所有人的标准模式"的组织。他一直努力将理论与实践结合起来,并将不同的学科领域和文化语境联系起来。

此份特刊是斯特里特逝世前对这个领域做出的最后贡献之一。艾伦·罗杰斯(Alan Rogers)是斯特里特一直以来的好友与合作者。我们非常感谢他接受了我们的邀请,来完成这份特刊,并保留斯特里特想要的杂志内容和结构。所以这份特刊集合了一系列优秀的文章,并且都是从将阅读视作社会实践产物出发的。这期杂志也是对斯特里特在读写能力研究领域非凡贡献的致敬,因为它汇集了许多著名学者的作品,而这些学者在形成自己的研究和思想的过程中,在许多层面都从斯特里特的写作和教学中受到了启迪。

(童栩译)

观点/争鸣

山丘变高峰？全球低收入人群的阅读课程为何无法奏效

海伦·阿巴兹[*]

在线出版时间：2017年3月27日
©联合国教科文组织国际教育局2017年

摘　要　针对低收入人群进行的阅读项目往往会产生不如人意的结果。项目失败的原因部分可归咎于忽视了对文字解码的练习。对视觉刺激物的学习最好采用逐字学习的方式，通过图形类推和大量的学习，从而将较小的部分整合起来并加速识别过程。对字母进行并行处理是理解大量文本的前提条件。大脑的视觉词形区能够像识别人脸一样识别单词，当视觉词形区承担了逐字解码文字的功能时，大脑就可以进行并行处理。奇怪的是，尽管人们不了解相关语言，但使用透明正字法也可以流利阅读。为了教好低收入人群，政府和捐助方应提倡对单个字母进行教学，让学生独立练习，并由教师给出反馈；然后，学生可能就能够掌握并行处理的能力。在学生达到流利阅读之后，教师再强调理解和写作的重要性。这种方法尽管需要为所有学生编写一部相当长的课本，但它可以简化课堂活动和对教师的训练。为实现联合国2030年可持续发展目标，教师的教学必须以具体的科学研究为基础，而非基于"最佳实践"。

关键词　阅读　读写能力　低年级学生阅读能力　视觉词形区　理解　每分钟阅读字数　阅读流畅性

---

[*] 原文语言：英语

海伦·阿巴兹（希腊）

　　心理学家。她通晓多种语言，在世界银行（World Bank）担任高级教育专家已有27年。她采用认知心理学和神经科学理论，以改善教育项目的成果，并长期观察这些领域的新兴研究，综合相关研究结果，解释和预测各种干扰下可能产生的结果。通过她的不懈工作，提高低年级学生阅读流畅度的任务被提升到了全球优先地位。她出版了多本关于早期学习各种技能的书籍，并发表了多篇相关文章和博客，在提高阿拉伯语低年级学生阅读能力和理解能力方面做出了特别贡献。

　　电子信箱：habadzi@uta.edu
　　通信地址：University of Texas at Arlington, 701 S Nedderman Dr, Arlington, TX 76019, USA

背景：一场无缘无故的阅读危机？

一位93岁的老妇人，记忆力衰退，坐在轮椅上，看着自己的孩子们，却不知道他们是谁。她是一名犹太人，20世纪30年代，在她还是儿童的时候，她在匈牙利上希伯来语班，学习读经。她本身没有学过希伯来语，但成年后，她经常在犹太教堂里读书。她的朋友在网上找到了一篇有元音字母的希伯来语文本，并将电脑屏幕的字体调大到300%，然后她毫不犹豫地读起了这篇有元音的希伯来语——速度虽慢，但却稳定：*Kol benei ha'adam noldu benei xorin veshavim be'erkam uvizxuyoteihem*……她一直读到最后，不费吹灰之力。

一个已经失去了许多意识记忆的人，怎么能流利地阅读一个陌生语言的文本呢？有人会说，这种现象甚至算不上是阅读。然而，这一现象的存在却说明了，为什么在贫困国家努力开展的阅读项目，结果却不如人意。

低收入国家的教学长期存在各种障碍：浪费时间、学生旷课、教师受教育程度低或缺乏训练、缺少教科书或教科书难度过高以及校园暴力等。出于以上原因，学生的任务时间和练习时间都非常有限。因此，只有大约一半的学生能掌握基本的阅读技能和数学技能（Winthrop and McGivney 2015）。还有很多学生在低年级就已经辍学。全民教育（Education For All）战略虽大大提高了入学率，但在一些国家，一代又一代的人虽入学接受了教育，却仍是文盲（UNESCO 2015）。

之前，人们认为阅读只是这场学习危机中非常微不足道的一部分，但自2005年以来，捐助方的关注和资金帮助都更多地投向了阅读（Abadzi 2008；Chabbott 2014）。美国国际开发署（United States Agency for International Development，USAID）、欧洲双边机构和许多非政府组织都投入了数百万美元的资金用于教学。

然而，令人遗憾的是，大多数由捐助者资助的项目并未取得令人满意的结果（UNESCO 2015）。尽管学生们使用的是当地语言，且其中大部分单词都是拼读连贯的，但许多学生却只能识别出几个字母或单词。例如，美国国际开发署的一个马里语语言课程成功地将每分钟阅读字数（words per minute，wpm）从1.5个提高到3个，而另一项在刚果民主共和国进行的项目却几乎没有取得任何进展（Rhodes 2015；RTI 2014a, pp. 291－297）。一些项目取得了不错的结果，孟加拉国、埃塞俄比亚和印度尼西亚的效应量为0.5，菲律宾的在0.45左右，利比里亚为0.3（Moore，Gove, and Tietjen 2016）。

为何如此？原因可能是，捐助方试图遵循已经发表的阅读项目研究，但英语的范式作用和中产阶级的偏见都对此造成了意想不到的障碍：绝大多数的阅读研究都是针对英语进行的，其中，部分原因是由于英语的拼写复杂性（Share 2008）。然而相比之下，世界上大多数语言都是连贯拼读的。因此，以英语为基础的研究结果可能被不适当地泛化为一致的正字法。

捐赠机构主要在英语语言国家,且往往雇用具有出色资历的语言专家,可以预料,专家们接受培训是为了迎合英语的需要。对低收入国家的建议反映了对复杂正字法的需求。例如,英语的元音是多变的,所以教学中优先考虑字母名,而非字母音和常见词表。英语阅读需要一定的语言知识来预测可能的单词,所以课程强调交流,而非文字解码。2000 年美国国家阅读小组(U. S. National Reading Panel)宣布了阅读的五大支柱,并规定要对这五大部分进行同时教学(音素意识、自然拼读、流畅度、词汇和理解;NICHD 2000)。这套体系并不包括图形类推(Pattern Analogy),因其对英语而言用处不大。国家阅读小组也没有涉及其他语言,亦未涉及关于阅读次序的一些合理决定,但美国国际开发署还是遵循了美国国家阅读小组的建议,并基于此对世界各地的工作人员进行相关培训(USAID 2011)。

捐助机构设计的一些阅读项目可能只反映了高收入国家的进步。中产阶级的父母会读书给孩子听,给孩子看书,使用学术词汇,并将他们送到资源充足的学校,由教育程度高的教师来实行复杂的教学活动。同样地,针对贫困国家的项目可能也会规定,由教育程度不高的教师来进行复杂的教学活动。他们可能也同样期望能在缺少教科书的情况下迅速掌握字母,掌握处理"真实文本"的能力。

为低年级学生和透明正字法(Transparent Orthography)确定一定的过程和标准是可能的;认知心理学或神经科学中就有相关的科学研究。然而,教育学院的教师们更倾向于经验主义,很少教授相关的课题(Ansari and Coch 2006)。因此,毕业生对人类记忆的概念可能还停留在 20 世纪 50 年代。这些毕业生今后可能会和语言学家、社会学家一起在贫困国家工作,那些人也同样缺乏神经认知基础知识方面的训练。

工作人员的认知偏差可能会填补知识不足的空白。系统性的记忆错觉往往会动摇人们的看法(Kahneman 2011, pp. 85 - 87, 129; Simons and Chabris 2011; World Bank 2015)。例如,一个非政府组织的员工可能会满怀热情地坚持认为,五颜六色的书籍能激励孩子们,但却没有意识到这只是个人的看法。包括盎格鲁中心主义思想在内的各种偏见,创造了众多阅读理念,并在各种会议、研讨会、研究生课程、电子课程、博客和实践社群中进行不断宣传。这些阅读理念可能又会减少贫困学生习得流畅阅读和获取信息的机会,而这些信息本可以改善他们的生活。

国际教育工作者在记忆功能方面接受的培训有限,在统计学和研究设计方面所接受的培训更是薄弱。一些阅读项目,仅仅是基于一次达到统计学意义,即达到 0.05 水平的单一实验,并有目的地选择了样本,就会被誉为"有望成功"或直接宣布"有效"(例如:RTI 2014a; Simmons, Nelson, and Simonsjohn 2011; Kim, Boyle, Zuilkowski, and Nakamura 2016)。政府和捐助方雇用承包商实施项目,而承包商可能会推广一些容易进行但收效甚微的课程。因此,进一步鼓励政府扩大项目规模,进行复杂的教学活动,最终却收效甚微。

历史的观点和研究都表明,在连贯拼读的语言中,学习阅读是相当容易的。通常来说,学生应该在一年级学习阅读的基础知识(Harris and Hatano 1999; Seymour, Aro, and Erskine 2003)。至少从19世纪开始,阿尔巴尼亚人、塞尔维亚人、希腊人、俄罗斯人、德国人和西班牙人就开始通过逐字音节表进行教学,音节表的字母字体大、字距宽,而且他们还有100多页的文本以供练习。事实上,巴尔干地区的一年级学生一般在一年级上半学期,也就是圣诞节前后,就可以掌握字母解码。但是如今,在许多国家,现代化的改革取消了以字母为基础的教学方法;因此,一些拉丁美洲教育部的官员向我诉说他们的困惑:他们的祖母曾经很容易就学会了西班牙语,而现在,贫穷家庭的孩子们经过多年的学习,阅读起来还是结结巴巴的。

显然,旧方法的某些方面有效地训练了大脑,使其能有效阅读。关于认知和神经科学的研究解释了这一现象的原因(例如:Abadzi 2008; Marinelli, Martelli, Praphamontripong, Zoccolotti, and Abadzi 2013; Share 2008)。此次文章更新中,我从神经认知的角度出发,提出了关于最早的阅读阶段的观点,这与全球教育工作者和拼读连贯的语言有关。我重点谈了以下几个话题。

- 字母形的知觉学习和视觉变量的首要性。
- 大脑如何对阅读进行排序,以及这项技能可以分阶段进行教学的原因。
- 记忆组块、练习、反馈,以及学习曲线的预测效度。
- 视觉词形区(Visual Word Form Area,VFMA)的激活,最终从文本的串行处理(Serial Processing)转变为并行处理(Parallel Processing)。
- 工作记忆容量(Working Memory Capacity)及其在阅读理解中的作用。

本文还就一些常见的问题和看法做出了神经认知方面的解释。

阅读最早的功能是知觉学习

为了生存,生物体必须迅速学习分辨出环境的重要特征并了解可能产生的后果。由于其进化价值,知觉学习是相对容易且不费力的。它主要发生在内隐记忆系统中,因此人不需要有意做出努力,与环境的最初接触会在内隐记忆中留下痕迹(Czigler 2010a,b),这些痕迹将有助于完善后续的表现。

练习能迅速提高人知觉辨认和知觉探测的能力。因此,尽管最早的X光片看上去就是一团阴影,但经过几次培训课程后,医务人员就学会了从X光片中检测肿瘤的存在。而视觉辨别能力一旦习得,其效度将一直存在。

在学习识别X光片或人脸的过程中,人们最初会有一个快速提高期,而在此之后的进步将是缓慢的、循序渐进的(Aguirre 2004)。通过练习,这些图形在大脑中进行分组,并作为一个群体进行同时处理。在此过程中,负责视觉感知的神经元回路会发生变化,负责识别各种物品的视觉功能和无意识决策功能之间的联系也会发生变化(Kumano and Uka 2013)。现有几十种关于视觉感知和听觉感知学习的研究,而教育者却很少考虑将这些研究的发现成果用于教学目的。

知觉学习同样也存在一定的局限性。人们不容易回忆起无意义的图形,比如不了解的字母(Rock and Gutman 1981),也不容易回忆起复杂的图形(Chang, Plaut, and Perfetti 2016)。人们可能不需要正式的学习就能学会 10 个数字符号;但 52 个左右的拉丁字母或音节矩阵似乎就超过了系统的轻松学习能力,因此人们需要接受系统的教育。图形类推能起到很大作用,通过图形类推,大脑能够接受一组符号,这样经过练习,大脑就能将符号汇编成较大的单位,建构复杂的排列。

正因为知觉学习,人类才可以学习识别脚印、乐谱、数字、数学方程、天文星座、天气预报信号或占卜符号。例如,我们可以将阿拉伯数字进行分组和自动识别。因此,我们看到的数字 2,365,678 不再只是一个单纯的数字序列,而是一个组块,能给人一种关于大小数量的认识。同样,我们才能把字母和数字组合成复杂的数学方程式。

这些组合的图形是如何产生意义的呢?大脑根据环境中的需求对图形进行解释;例如,动物追踪者会对人和动物的脚印进行复杂的推断(Bower 2015)。数字给人一种量感,等式则让数学家可以思考趋势。乐谱帮助我们将曲调转换成乐器或声音(Dekker 2015)。字母既可以用来表示字词的意义,也可以用来表示日期,例如罗马数字Ⅶ(7)或 MDCCCXⅦ(1817)。

为了阅读并理解文字,我们的大脑必须首先将眼部感受器感知到的句子连接起来。大脑的视觉区域会记录句子单独的特征,通过练习,将这些特征组合成各种文化中使用的字母形。眼球的中心部位感知到的字母形最为清楚。最初,字母的字体必须大,间距必须宽,但随着练习,我们会习惯于较小的刺激,在这种较小的刺激下,字母几乎没有空开,或者书写时连在一起(回顾见 Pelli, Burns, Farrell, and Moore-Page 2006; Marinclli, Martelli, Praphamontripong, Zoccolotti, and Abadzi 2013)。

一般来说,视觉刺激必须与相关的声音结合在一起。知觉学习能有力地将视觉符号和声音联系起来,特别是当每个字母都与声音一一对应时(van Orden 1987; van Orden, Pennington, and Stone 2001)。这种分组过程类似于用眼睛、鼻子、脸颊和嘴唇组成面孔,该过程发生在大脑中识别人脸的区域,即"视觉词形区"。这个特定区域可以对多个图形进行同时处理,而非串行的逐字处理。研究显示,大脑的梭状回也与阅读、识乐谱、数字有关(Dehaene and Cohen 2011; Dekker 2015; Cappelletti, Leff, and Price 2012,对于阿拉伯数字的语义任务的回应)。

人脸识别功能让人可以灵活地识别文字。我们能够识别草书字和装饰性的文字,就像我们能识别人的侧面、有无长发一样。在会议中我们能识别许多人的脸孔,这一功能也可以帮助我们扫描文本,识别一页文本上的数百个字词。如果人每次只能读一两个字母,人类将永远都是文盲了。

从中我们可以体会到,我们并非天生就有阅读文字或辨认足迹的倾向习性。我们视觉系统和相关区域中的神经元被"循环使用"来执行这些功能(Dehaene and Cohen 2007)。每一代人都会学习在各自环境中生存所需的符号集合。也许出于这个原因,视觉词形区不仅能识别合理的单词,还能识别字母串和合乎正字法的假词(Pegado et al. 2014)。视觉词形区中的神经元构造似乎并不考虑文本的深层意义。

人类大脑的阅读次序

有经验的读者在与文本互动时会发生什么?大多数事件都下意识地发生在数毫秒内,因此它们看起来像是同时发生的。

在所有文化中,人们都使用相同的大脑结构进行阅读活动(Perfetti, Cao, and Booth 2013)。神经元通路最初起源于视觉皮层,并向前移动,将声音和随后发生的语言过程联系起来(Gori and Facoetti 2014;图1)。电化学信号沿着该路径移动。阅读过程的前170毫秒可能在进行视觉处理。大约半秒后,开始进行语言信息和理解的处理(Czigler 2010b,针对N400事件相关的潜在组件)。视觉刺激产生的电化学信号从视觉词形区移动至与语音和意义相关的区域。视觉词形区与外侧裂周区具有紧密的解剖联系,因此它才能为字素-音素转换和词汇通达提供有效的神经回路(Bouhali et al. 2014)。通过循环回路,读者几乎可以即时获得有关声音和意义的反馈。

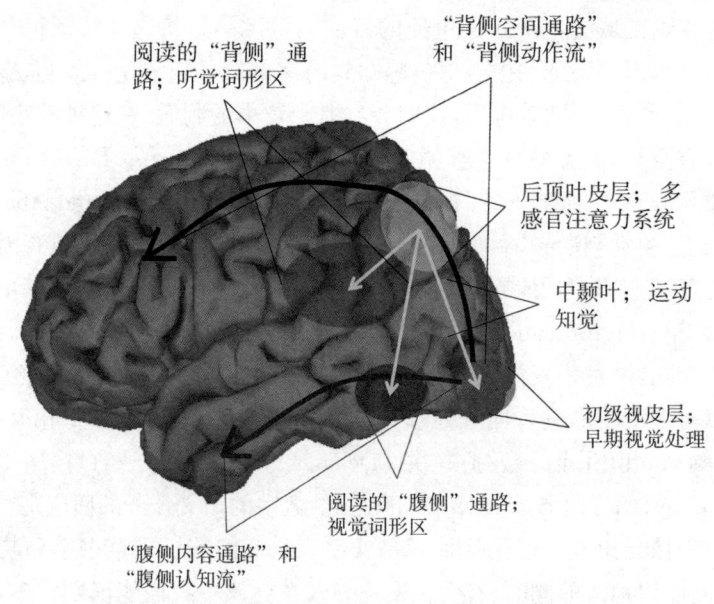

图1 人类阅读时,大脑中的电化学信号的移动路径
资料来源:Gori and Facoetti 2014;经许可重印。

证据表明，单词识别是一个分层的模型，且每层级之间互相联接，并交互发生作用，在单词识别这一模型中，通过反复进行的前馈式循环，自上而下的反馈进一步保证了前馈式影响的快速性(Dufau, Grainger, Midgley, and Holcomb 2015)。熟练的英语读者在单词出现后约 50 毫秒时就显示出了视觉刺激的早期影响，持续正字法的影响最早可以发生在 100 至 150 毫秒的时候，而大多数正字法和词汇的影响则发生在 200 毫秒后。语义变量(具体性)的影响相对发生较晚，大约在 300 毫秒后。另外，神经网络的人工建模显示，人们在不了解某种语言词汇的情况下，仍然可以学习阅读(Pritchard, Colheart, Marinus, and Castles 2016)。

因此，阅读所涉及的时间排序是非常紧密的，每个阶段的性能都必须进行优化，以便下一个阶段能够得到及时可靠的输入。与意义相关的区域就处于这条神经回路的末端。我们在解读一段文字之前，有必要先不考虑书页上的具体字词。例如，如果一个阿拉伯语的读者花了三秒钟的时间，仅仅用来判断中间的字母是 sod 还是 mim，那么他的大脑可能就无法执行这条链上的后续环节。阅读指导必须构建起每一个任务，且对每个任务进行优化。这种观点就主张首先优化视觉知觉的处理过程，并将视觉知觉与声音相匹配，直到这个过程能够自动处理，那时就只需要花费几毫秒的时间。

像认知人脸一样认知字词：流畅度指标的起源

我们可能会认为我们学习字母解码的速度会逐渐加快，每分钟阅读字数可以从最初的 300 个增加到更多，但这种看法并不完全正确。神经认知学研究表明，阅读的发展大致有两个阶段：自动化处理之前和自动化处理之后(图 2)。最初，对字母的解码是逐字进行的，过程缓慢且费力。学生将字母音读出来，从发音过程中获得反馈，并进行"自学"(Share 1995; Zeigler, Perry, and Zorzi 2014)，练习将小的语言单位汇编起来。与其他知觉学习任务一样，对字母的反应时间最初会快速下降，而后来下降的速度则会变缓(Aguirre 2004; Speelman and Kirsner 2005)。对练习过的刺激做出轻微变化，可以促进对技能的巩固(Wymbs, Bastian, and Celnik 2016)。经过累计几个小时的练习后，文字处理逐渐转移到梭状回上的视觉词形区(当对字母刺激的识别变得毫不费力时，视觉词形区的激活也将再次减少)。然后，大脑对字母进行并行处理，就像处理面部特征一样，扫一眼就可以处理 4 至 5 个字母(Dehaene and Cohen 2011)；随着练习量不断增加，处理的速度也会进一步加快。

学生识别字母必须达到像"人脸识别"一样的阶段，才能够处理并理解大量的文本。对字母的处理可能会从串行处理转变为并行处理，并达到每分钟阅读字数 45 至 60 个的阅读速度(见下一节)。只有阅读变得流畅了，孩子们才能把注意力集中在信息表达的意义上(Zoccolotti, De Luca, Di Pace, Gasperini, Judica, and Spinelli

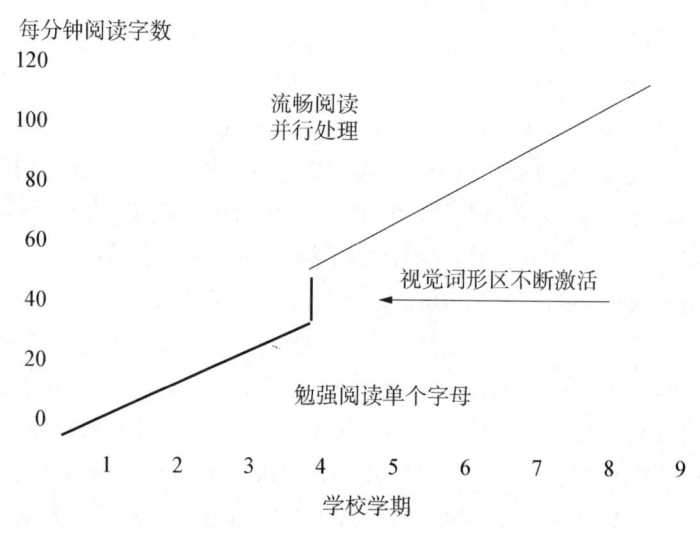

图 2　低年级学生阅读中从串行处理转换到并行处理的图示

2005)。研究并未具体说明相关的阅读速度,但德阿纳和科恩(Dehaene & Cohen, 2011)的研究数据暗示了上述范围。

如果欧洲一年级的学生使用的是连贯拼读的语言,那么他们可能在一年级结束前就能达到近100%的正确率,每分钟阅读字数可能达到40至60个(Seymour, Aro, and Erkskine 2003)。因此,几乎所有的学生最迟在二年级结束时都能学会并行处理字母。

然而,在贫困国家,许多教学方法却将本已非常少的课堂时间用于学习字母名和文本意义。其他的教学方法就先从一个句子开始,关注一个可能有未知字母的单词,然后再关注一个目标字母(如 Ministère de l'Education Nationale 2006)。因此,在视觉词形区统一处理字母前,学生可能很少有机会把字母联系在一起。虽然至今还没有人研究过必要的练习时间,但阅读课程的结果已经可以表明,学生练习并行处理的时间远远少于其所需的练习时间。我们很难说明疏于实践对这些学生造成了多大的伤害。

更加遗憾的是,儿童掌握自动化处理大量符号的能力是有最终期限的。一些参与感知和运动的神经回路有其特定的敏感期(Thomas and Knowland 2009),18岁以后,自动处理写作系统的能力会莫名下降(Abadzi 2012)。因此,一些必须连续阅读的字母在过了这个年龄的成年人眼中看来可能就是一团混乱。所以在儿童时期培养流畅的书写能力非常重要。如果儿童在达到流畅程度后辍学了,识别街道上的指示牌或阅读报纸也可以提供足够的练习,帮助儿童保持流畅程度(Hartley and Swanson 1986)。

工作记忆容量和阅读理解

如果人们能够立即想起单词、语法及其表达的确切含义并了解一段文本的背景知识，他们就能理解该文本。课堂上不必讲授字面理解的技能，因为正常的大脑都有这项功能(Devlin 2010，p. 169)。

口头或书面的消息都必须经过工作记忆。"工作记忆"就是一个临时存储位置，其中包含了人当前所想的内容。它包含有一个听觉语音存储区(称为"短期记忆")，一个用于图像信息的视觉空间模板，以及一套中央执行系统，用来托管从长期记忆中想起的先验信息和来自外界的新信息(Baddeley 2003)。工作记忆中消息的长度要足够长，才能便于理解。但是工作记忆容量是非常有限的，因此必须在毫秒内理解单词，工作记忆对大量文本的处理必须非常快速。句子的冗长复杂、词汇的背景知识模糊、方言与语法的偏差，这些都从用来理解文本的时间里占用了宝贵的数毫秒。因此，只有当工作记忆不会进行有意识的逐字搜索时，学生才能理解文本(Pegado et al. 2014)。

有意识的搜索会加重工作记忆的中央执行系统的负担，导致人产生疲劳、失去耐心。认知负荷也会产生生理反应，促使人们停止乏味的精神活动(Mizuno, Tanaka, Yamaguti, Kajimoto, Kuratsune, and Watanabe 2011)。总的来说，只有当信息瞬间进入工作记忆时，人们才会对某一主题进行复杂认知。

工作记忆容量的有限性会产生"系列效应"。人们可能会记住一个信息的开头和结尾，但却忘记了中间的信息(Gupta, Lipinski, Abbs, and Lin 2005)。低年级学生阅读能力监测项目(Early Grade Reading Assessmen，EGRA)中有一项子测试，阅读测试只有一分钟，大约有五道理解题。测试的目的是衡量学生能在工作记忆中保留多少内容。其中每个位置的正确答案都能显示出信息在学生记忆中的连贯性。然而，国际教育工作者对这项过程的理解有限，因此有时会让学生反复阅读文本来回答问题(如 Indonesia EGRA；RTI 2014b)。这样阅读理解测试就失去了其效度。

工作记忆容量可以大致解释为何每分钟阅读字数可以作为一项衡量指标。20世纪50年代以来的研究表明，工作记忆能将大约7个字词保存12秒(例如：Miller 1956；Peterson and Peterson 1959)。在此基础上，并根据在布基纳法索进行的一项研究显示(Royer，Abadzi，and Kinda 2004)，研究人员假定，每分钟阅读字数在45至60个之间，就可以达到阅读流畅。而工作记忆模型越新，人的记忆也就越不清晰(Alloway and Alloway 2013)。然而，每分钟阅读字数达到60个单词时似乎就可以激活视觉词形区(正如 Dehaene & Cohen 2011 的葡萄牙语数据所示)。因此，一分钟阅读文本似乎是对并行处理进行的一项经验检验，所以，每分钟阅读字数45至60个的指标仍然可用。

尽管阅读速度慢，人仍然可以理解文本，尤其是在反复阅读文本的情况下。一个人每分钟可以只读懂5个单词，但这个数量的文本所承载的信息量是有限的，所以人们可能缺乏耐心去有意识地逐字搜索来持续阅读，因为这样的搜索是非常费劲艰辛的。

语调或音调可以对阅读理解进行提示。能够自动处理的读者解码出的文字要多于他们能读出的文字，所以他们会念出字词，贴近实际句子的读音。相比之下，读书声音没有起伏，过于扁平，这可能就表明学生并没有理解他们所读的内容。

教学中是否应该把重点放在低年级学生的阅读理解上？中产阶级家庭的孩子往往处理速度快，词汇量也很丰富，因此，在高收入国家，字面理解可能被过于简单化了。恰恰相反，"理解"的含义不止于此，它往往用来表示推论或预测，而只有掌握的知识量比文本中所提供的知识量多，才能进行推论预测。经济条件较差的学生掌握的词汇量和表达都更有限（如 Hart and Risley 1995, in the U.S.），可能也没有掌握课堂对话所需的学术语言。推论预测是至关重要的，但如果学生在阅读中做到并行处理，并理解了文本的字面意义后，进行推论预测就容易得多。

会不会有学生达到了每分钟阅读60个字的速度，却仍然无法理解？

低年级学生阅读能力监测项目的数据和工作记忆的功能都意味着，平均而言，每分钟阅读字数在45至60个之间及60个以上的学生能够回答有关刚刚阅读过的内容的直接问题。一些国际教育工作者列举了一些案例，在这些案例中，尽管儿童的阅读速度在上述范围内，但理解程度却很低。这表明，流畅度的作用可能被高估了；但是无论如何，这种现象是值得我们探索的。

约10%的英国学生的工作记忆异常短，这可能会妨碍他们的理解，或可能需要他们有更快的阅读速度（Alloway and Alloway 2013）。在贫穷国家，这种学生所占的百分比仍旧未知，但在贫穷环境中长大的孩子，其负责工作记忆的大脑区域激活变少（Lipina and Posner 2012）。此外，某些学校学生的学习可能专注于阅读表现，而没有意识到对文本意义进行提取。自动处理后长时间朗读文本可能还会对工作记忆中存储的内容造成干扰。神经影像研究可以检测到大脑中阅读通路的激活，因此，调查人员可以将便携式的事件相关诱发电位仪带到现场。

一些专家试图以阅读理解为出发点，用一分钟测试的五至六道题来预测每分钟阅读字数。然而，理解力并不是一个单一的变量，因此测试所评估的技能也各不相同（Keenan, Betjemann, and Olson 2008）。按照这种思路，测试项目的难度指数可能也各不相同，因此项目之间不容易进行比较。

捐助方的一些工作人员表示，他们希望看到学生默读，或是阅读时不再用手指头指着单词。然而，读得缓慢费力的人却觉得有必要大声朗读出来，也许他们是为了让信息循环进入工作记忆中。同样的,有些读者读得流利但却缓慢,他们可能也会用手指来保持对特定单词的注意力,避免迷失(与此类似的,不会流利计算的人也会用手指头来计算)。归根结底,人们的阅读速度处于他们的神经系统所能允许的范围内,且阅读速度取决于人的练习和先备知识。

关于阅读的一些想法和政策所蕴含的深意

在一些教育专家看来,低年级学生阅读所涉及的视觉过程和记忆过程可能是不协调的,或是违背直觉的。下面的几个小节将对一些常见的想法做出解释。

如果你不理解你所读的内容,那么你仅仅是在进行字母解码吗?

有些教育专家认为,人们只有理解了他们所读的内容,才算得上是"阅读";他们认为,一些读者虽然读得流利,但却不理解,那这只是在进行"解码"。但是,如前文所述,人们并不只是在越来越快地进行解码,其间视觉词形区将串行处理转变成了并行处理的方式。而字典中对"阅读"的定义并未明确提出,阅读要以理解为前提。

这个问题带我们回到了文章开头的那个故事,一位健忘的老太太却能流利阅读一种未知语言的文本。

对于欧洲或北美的大多数人来说,这样的任务似乎非常离奇,是不可能完成的,甚至说是完全有害的。但是,这项与宗教相关的技能其实经常出现。数百万的儿童不是在学校而是在业余班里学习某种经文,有时不需要写字。由于这种认知功能,如果对该经文进行逐字教授的话,儿童就能很容易学会这段经文。一致正字法即使在规则复杂的语言中(例如藏语)也大有帮助。这种范例对阅读项目非常有用,因其显示了是如何达到流畅性的。

学者们对宗教文本阅读的研究较少,因此我们不知道熟练掌握各种经文平均所需的时间(有些宗教学校的学生可能只是背诵文本)。但在儿童时期,经过一段时间的练习后,学生就会达到自动阅读的程度,并在一生中保持相对稳定。海马体可以调节有意识的学习和个人回忆,痴呆症却对海马体造成伤害;然而,海马体往往却能释放调节自动处理行为的基底神经节。因此,记忆丧失的人仍然可以阅读文本甚至阅读乐谱(Warrington and Weiskrantz 1982)。

强调字母解码的低年级阅读实践在古代似乎非常常见。考古学家在希腊、埃及和罗马发现的文本显示,其中的字母存在有系统变化的音节、非言词和图形类推的现象(Cribiore 1996, pp. 39-42)。这些传统做法证明了一种观点:阅读的基本前提条件不是理解,而是知觉学习。如前所述,即使是无意义的字符串也能激活大脑的视觉词形区(Pegado et al. 2014),而理解力处于阅读通路的最末端;如果理解力位于该通路中更前面的阶段,那就没法阅读宗教文本了。因此,为了服务低收入人群,利用古代实践中所获得的启示是非常重要的。

儿童必须用他们的"母语"学习阅读吗？

在一些国家出现了严重的教育困境,决策者要求学校使用官方语言教育学生,如英语、法语、葡萄牙语或标准阿拉伯文,而学生却不了解这些语言。这些语言本身在拼写或视觉上又非常复杂,因此学生学习阅读的难度大、耗时长。教育工作者经常将本就不足的学校时间分配给这项任务,且教学方法效率不高,因此,儿童在低年级时可能只掌握了很少的阅读技能或学会了很少的语言。因此,他们无法通过阅读来获得更复杂的知识。

许多研究表明,学生在用当地语言学习阅读时,表现会提高很多(Ouane and Glanz 2006),因此捐助方都主张采用使用当地语言学习阅读的策略。但目前我们还不清楚,学生表现的提高是由于使用了当地语言,还是由于当地语言具有正字法一致性。有些国家有几十种当地语言,如果用每个人各自的家庭语言进行教学,会使教育资源和后勤工作都不堪重负。那么我们能从研究中得到什么启示？

儿童在生物学意义上具备了以口头方式学习语言的能力,在多语言社会中,通过与人持续的互动,儿童可能就能习得几种语言的基础知识。(存在大量关于语言习得的研究,如 Coyne 2015)研究人员并未详细研究多语言的习得过程,因此我们不知道习得率是多少。但是,这种以口头方式学习语言的能力可能证明了,小语种语言使用者的识字习得是合理的。例如,在冈比亚,讲曼丁哥语的儿童在一所讲沃洛夫语的学校就读,通过在操场上与人互动,几个月以后,他们可能就学到了相当多的词汇和语法(Ouane and Glanz 2006)。

那么,孩子们应该用自己熟悉的语言来学习阅读,还是学校教学应该使用比较常见但学生不熟悉的语言呢？孩子入学后,首先要练习知觉学习功能,要做到流畅阅读。我们在同一篇经文中读到不熟悉的语言时(如从西班牙语到匈牙利语),我们可能会放慢阅读速度,但大脑并不会回到费力的串行处理。自动处理会转移到同一篇经文中的其他语言(August, Caldo, Calderón, and Proctor 2005, for Spanish; Ledesma and Morris 2005, for Tagalog)。因此,学生虽然不熟悉某种语言,但是只要这种语言拼写连贯,仍然可能对基本识字学习起到作用。

如何培训教育程度低的教师：认知超载的风险

受教育程度高的教师可以立即从学生的长期记忆中提取一长串活动,并根据学生的个人情况进行调整,因此由这样的教师来进行教学的话,低收入家庭的学生会有更好地表现。教育程度较高的人关于某一主题掌握的知识更多,因此随着时间的推移,他们能记住更多的内容(Bahrick and Hall 2005)。但低收入人群的教师往往受教育水平不高,也没受过什么培训。他们的阅读速度和计算速度可能都比较慢,所以工作记忆很容易超负荷。因此,这样的教师在课堂上可能无法执行太多的活动

(Feldon 2007)。另外,他们也可能会感到疲劳,从而逃避执行任务(Guastello, Boeh, Shumaker, and Shimmels 2012)。

研究人员很少评估监测教育程度低的教师保持和执行教学方法的能力。没有其他成年人在场的时候,我们并不确定教师会为学生执行怎样的教学活动,他们的疏漏会影响课程的准确性。教师培训师推荐的活动对教育程度较低的教师来说,可能会太过复杂;而培训时间一般只有几天,因此,经过培训的教师可能还是无法流畅、自动地执行培训师推荐的活动。从研究中我们可以得出结论:随着任务数量和教师做出选择的次数增加,教师执行活动的可能性也会降低。例如,马里有一项失败的项目,该项目有7个步骤,每个步骤下又有7个每天需要记住的步骤——总共大约49个步骤(Rhodes 2015)。出于谨慎,最好将活动的数量减少到3或4个,研究表明,在这样的数量下,研究结果收益最高。

研究对高效开展教学活动的启示

"语言优先"似乎是国际教育学界关于阅读的主流观点。对于语言学家和教育专家来说,这种观点很有道理,尤其是考虑到英语的要求和中产阶级的经验而言。但本文为低收入人群的课堂阅读教学提出了"知觉学习优先"的观点。

要想高效开展教学活动,低收入人群大脑中的学习活动必须达到最简。研究表明,在教学时间紧张的情况下,可以按顺序对阅读要素进行教学。这个顺序可以大致遵循阅读形成的刺激物经过大脑时的顺序。教师必须将教学和练习的重点都放在低年级学生的视觉处理上,并加快处理速度,以促进复杂认知。中产阶级的阅读教学,如对阅读"五大支柱"的同步教学,可能会减缓视觉技能的学习速度并使其复杂化,而视觉处理的技能恰恰才是本质。21世纪阅读危机的答案可能能从2世纪的练习中找到,如字母解码等,显然大多数人的大脑都能完成这项练习。

在一些教育工作者看来,"知觉学习优先"的观点似乎过于狭隘,或存在着一定的不足。但知觉学习的确是一块必要的垫脚石,方便人通往更高的学习层次。神经系统承担了相当于铁路轨道的功能,不同长度、不同型号的火车都可以使用这一轨道。教师当然可以将阅读活动设置情境,并且必须根据一个区域的具体情况对任务执行进行调整。但是,大脑的过程才是最基本的,它需要得到人的尊重。

即使学生可能不熟悉透明语言,但在正式教学中使用透明语言,自动阅读的效率会更高。在普遍使用方言英语的国家,教学中可以使用透明正字法,直至学生能自动处理阅读过程(例如,塞拉利昂的克里奥尔语和牙买加地区英语中的Patwa土语)。符号教学必须以小单位进行,所以谨慎起见,可以每天或隔天教一个字符。神经元一次能产生的连接非常少,因此最有效的方法是大脑每次只学习小组块(如单个字母)。获得反馈是验证确认的关键(Share 1995; Ziegler, Perry, and Zorzi

2014)。神经操作能够解释为什么自然拼读法比整字辨识法更高效。人需要大量时间的分散练习,大脑才能够连接神经元回路,使其识别单词,并联系上负责理解的区域。

为了实现自动处理文本,教育者需要厚厚的课本,课本中的课文要有不同的难度分级,课文字数在5 000字左右。课本必须包括类推法,以帮助学生进行图形识别。教师必须展示字体大、字距宽的字母,并将字母进行一些组合,教师要把阅读课的大部分时间用于学生的独立练习,并对每个学生进行简短的纠正反馈(即便一个班级有60个学生,这种教学方法仍然可行)。如果班级人数过多,教学时间或获得的反馈有限,那么自主学习就变得尤为重要(Share 1995; Ziegler, Perry, and Zorzi 2014)。

经过3到4个月的练习(大约100个教学天数),随着句型越来越复杂,组块越来越大,学生的工作记忆可能能够保存一个句子。然后,他们融合词汇、写作和内容,以及在工作记忆中检索都会变得容易得多(回顾见Abadzi 2013; Iyengar, Karim, and Chagwira-Betha 2016)。

学生当然要学习语言,但视觉知觉学习并不依赖于语言。培养语言能力和知觉学习能力的方法是,在每项任务中安排不同的时间段:一个时间段用于语言的口头教学(如果有条件的话,包括正式的教学语言),另一个时间段则侧重于阅读教学和练习,尽量少用语言讨论。如果课时不足,可以对一年级课程进行重新安排,将社会研究或科学技术等科目的时间分配给阅读教学。到了二年级或三年级,几乎所有的学生都能自动处理的时候,语言能力和知觉学习能力就会拧成一股绳,紧紧结合在一起。

本文所述的阅读策略是否可行有效?千年村项目在马拉维农村进行了一项试验。约有1 120名学生参加了该试验,学生参加下午选修课,时长约15周,每周3到4个小时。该项目对达到中学教育学历的社区工作人员进行了为期3天的培训,让他们教授单个字母和字母组合,然后要求学生独立阅读,每个学生都能获得几秒钟的纠正反馈。为了练习,该项目在3周左右时间用奇切瓦语编写了一本约4 000个单词的课本,并在当地商店复印。但是由于预算原因,无法进行广泛的数据收集。试验开始时,试验组每分钟阅读字母5.7个(正确率24%);到了试验最后,每分钟阅读字母19.3个(正确率62%)。相比之下,对照组的每分钟阅读字数没有增加(Iyengar, Karim, and Chagwira-Betha 2016)。虽然该项目的教师在阅读练习和进行反馈方面经验不足,限制了项目结果,但分数仍然高于那些更复杂、更昂贵的课程。

2011年,冈比亚采用了类似的方法,学校领导强调了独立练习的重要性(Zafeirakou 2014),在阅读富拉尼语时,学生每分钟的阅读字数达到了45个。对连贯拼读语言的认知变量的关注表明,即使在世界范围内,流畅阅读也是一个很容易达到的目标。抛开政治不稳定因素和政策相关的挑战性因素不谈，低收入国家只要根据科学发现进行教学，只要短短 7 年就可以扫除学生中的文盲现象（Abadzi 2013）。

很少有人知道"低层次"变量，但它却具有能够影响低收入人群阅读表现的重要性，这表明，方法的选择不应仅仅基于一般的"证据"或"最佳实践"。方法的选择应该基于科学。单单"证据"可能源于因果链模糊、假性相关和混杂变量。相比之下，科学的基础使我们能够基于明确的因果链而形成合理的假设，然后对假设进行检验。这意味着，要通过足够的教学、样本、实验控制和重复实验，将现有的研究（通常来源于高收入国家和英语语言国家）"翻译"成各种语言和文本。科学界非常关心这一问题，因此我们需要进行大量的研究，以阐明低收入人群教育中存在的许多未知。同时一些已知的发现也可以为我们提供指导。

国际社会正在讨论 2014 年的 17 条联合国可持续发展目标，这显然表明了科学在低年级学生阅读中的重要性（检索自：http://www.un.org/sustainabledevelopment/education/），代表们所寻求的目标基准既要具有全球效力，又要考虑到地方差异。世界各地的人们阅读时都使用着类似的大脑回路，因此，这为认知神经科学影响国际教育提供了机会；所有与会者就 2030 年可持续发展目标能够达成一致的是，儿童应该在小学毕业前学会读写。

低收入国家急需帮助，但得到的可能反而是出于善意的错误信息和记忆错觉。而且，阅读可能会猛然从一座平稳的山丘变成一座陡峭高峰，无助的孩子会从险峻尖峭的山坡上掉落下来。除非捐助方决定拥抱科学，否则，也许直到 2030 年，与阅读相关的重要神经认知概念可能都会一直处于晦涩难懂、异议众多的状态。

（余晨曦　译）

参考文献

Abadzi, H. (2008). Efficient learning for the poor: New insights into literacy acquisition for children. *International Review of Education*, 54(56), 581–604.

Abadzi, H. (2012). Can adults become fluent in newly learned scripts? *Education Research International*. doi: 10.1155/2012/710785.

Abadzi, H. (2013). *Literacy for All in 100 days? A research-based strategy for fast progress in low-income countries*. Global Partnership for Education Working Paper Series 7. Washington, DC: World Bank.

Aguirre, G. (2004). *Perceptual learning and consolidation studied with perfusion fMRI*. Dana Foundation. http://www.dana.org/Media/GrantsDetails.aspx?id=38965#sthash.MAeAGIfw.dpuf.

Alloway, T. P., & Alloway, R. (2013). *The working memory advantage*. New York, NY: Simon

& Schuster.

Ansari, D., & Coch, D. (2006). Bridges over troubled waters: Education and cognitive neuroscience. *Trends in Cognitive Sciences*, 10(4), 146-151.

August, D., Carlo, M., Calderón, M., & Proctor, P. (2005). Development of literacy in Spanish-speaking English-language learners: Findings from a longitudinal study of elementary school children. *Perspectives*, 31(2), 17-19.

Baddeley, A. (2003). Working memory and language: An overview. *Journal of Communication Disorders*, 36(3), 189-208.

Bahrick, H. P., & Hall, L. K. (2005). The importance of retrieval failures to long-term retention: A metacognitive explanation of the spacing effect. *Journal of Memory and Language*, 52(4), 566-577.

Bouhali, F., Thiebaut de Schotten, M., Pinel, P., Poupon, C., Mangin, J.-F., Dehaene, S., et al. (2014). Anatomical connections of the visual word form area. *The Journal of Neuroscience*, 34(46), 15402-15414.

Bower, B. (2015). Trackers decipher ancient footprints: Hunters help reconstruct behavior of early Europeans. *Science News*, 188(8-9), 11.

Cappelletti, M., Leff, A. P., & Price, C. J. (2012). How number processing survives left occipito-temporal damage. *Neurocase*, 18(4), 271-285.

Chabbott, C. (2014). *Institutionalizing health and education for all: Global goals, innovations, and scaling up*. New York, NY: Teachers College Press.

Chang, L. Y., Plaut, D. C., & Perfetti, C. A. (2016). Visual complexity in orthographic learning across writing system variations. *Scientific Studies of Reading*, 20(1), 64-85.

Coyne, G. (2015). Language education policies and inequality in Africa: Cross-national empirical evidence. *Comparative Education Review*, 59(4), 619-637.

Cribiore, R. (1996). *Writing, teachers, and students in Greco-Roman Egypt*. American Society of Papyrologists. Atlanta, GA: Scholars Press.

Czigler, I. N. (2010a). Conscious and unconscious aspects of working memory. In I. Czigler & I. Winkler (Eds.), *Unconscious memory representations in perception* (p. 5). Amsterdam: John Benjamins.

Czigler, I. N. (2010b). Representation of regularities in visual stimulation. In I. Czigler & I. Winkler (Eds.), *Unconscious memory representations in perception* (pp. 107-131). Amsterdam: John Benjamins.

Dehaene, S., & Cohen, L. (2007). Cultural recycling of cortical maps. *Neuron*, 56, 384-398.

Dehaene, S., & Cohen, L. (2011). The unique role of the visual word form area in reading. *Trends in Cognitive Sciences*, 15(6), 254-262.

Dekker, L. (2015). *The neural localization of musical score reading*. Master's thesis, Utrecht University, Medical Center, Utrecht.

Devlin, K. (2010). The mathematical brain. In D. De Souza (Ed.), *Mind, brain, and education*. Bloomington, IN: Solution Tree Press.

Dufau, S., Grainger, J., Midgley, K., & Holcomb, P. J. (2015). A thousand words are worth a picture: Snapshots of printed-word processing in an event-related potential megastudy. *Psychological Science*, 26(12), 1887-1897.

Feldon, D. F. (2007). Cognitive load and classroom teaching: The double-edged sword of automaticity. *Educational Psychologist*, 42(3), 123-137.

Gori, S., & Facoetti, A. (2014). Perceptual learning as a possible new approach for remediation and prevention of developmental dyslexia. *Vision Research*, 99(1), 78-87.

Guastello, S. J., Boeh, H., Shumaker, C., & Shimmels, M. (2012). Catastrophe models for cognitive workload and fatigue. *Theoretical Issues in Ergonomic Sciences*, 13, 586–602.

Gupta, P., Lipinski, J., Abbs, B., & Lin, P.-H. (2005). Serial position effects in nonword repetition. *Journal of Memory and Language*, 53, 141–162.

Harris, M., & Hatano, G. (1999). Introduction: A cross-linguistic perspective on learning to read and write. In M. Harris & G. Hatano (Eds.), *Learning to read and write: A cross-linguistic perspective* (pp. 51–70). Cambridge: Cambridge University Press.

Hart, B., & Risley, T. R. (1995). *Meaningful differences in the everyday experiences of young American children*. Baltimore, MD: Paul Brookes.

Hartley, M. J., & Swanson, V. E. (1986). *Retention of basic skills among dropouts from Egyptian primary schools*. Working paper series report EDT40. Washington, DC: World Bank.

Iyengar, R., Karim, A., & Chagwira-Betha, F. (2016). Applying a reading program based on cognitive science in rural areas of Malawi: Preliminary results. *Journal of Education and Training Studies*, 4(5).

Kahneman, D. (2011). *Thinking fast and slow*. New York, NY: Farrar, Strauss, & Giroux.

Keenan, J. M., Betjemann, R. S., & Olson, R. K. (2008). Reading comprehension tests vary in the skills they assess: Differential dependence on decoding and oral comprehension. *Scientific Studies of Reading*, 12(3), 281–300. doi: 10.1080/10888430802132279.

Kim, Y. S. G., Boyle, H. N., Zuilkowski, S. S., & Nakamura, P. (2016). *Landscape report on early grade literacy*. Washington, DC: USAID.

Kumano, H., & Uka, T. (2013). Neuronal mechanisms of visual perceptual learning. *Behavioural Brain Research*, 249, 75–80.

Ledesma, H. M. L., & Morris, R. D. (2005). Patterns of language preference among bilingual (Filipino-English) boys. *International Journal of Bilingual Education and Bilingualism*, 8(1), 62–80.

Lipina, S. J., & Posner, M. I. (2012). The impact of poverty on the development of brain networks. *Frontiers in Human Neuroscience*, 6, 1–12.

Marinelli, C. V., Martelli, M. L., Praphamontripong, P., Zoccolotti, P., & Abadzi, H. (2013). *Visual and linguistic factors in literacy acquisition: Instructional implications for beginning readers in low-income countries*. Global Partnership for Education Working Paper Series on Learning 2. Washington, DC: World Bank.

Miller, G. A. (1956). The magical number seven, plus or minus two: Some limits on our capacity for processing information. *Psychological Review*, 63, 81–97.

Ministère de l'Education Nationale (2006). *Lecture CP1*. Abidjan, Côte Ivoire: Editions Burnie.

Mizuno, K., Tanaka, M., Yamaguti, K., Kajimoto, O., Kuratsune, H., & Watanabe, Y. (2011). Mental fatigue caused by prolonged cognitive load associated with sympathetic hyperactivity. *Behavioral and Brain Functions*, 7(17). Article 9158.

Moore, A. M., Gove, A., & Tietjen, K. (2016). Great expectations: A framework for assessing and understanding key factors affecting student learning of foundational reading skills. In P. McCardle, A. Mora, & A. Gove (Eds.), *Progress toward a literate world: Early reading interventions in low-income countries*. New Directions for Child and Adolescent Development. Washington, DC: Josey-Bass.

NICHD [National Institute of Child Health and Human Development] (2000). *Teaching children to read: An evidence-based assessment of the scientific research literature on reading and its implications for reading instruction — Reports of the subgroups*. Report of the National Reading Panel. Publication 00-4754. Washington, DC: U. S. Government Printing Office.

Ouane, A., & Glanz, C. (Eds.) (2006). *Optimizing learning and education in Africa: The language factor — A stock-taking research on mother tongue and bilingual education in sub-Saharan Africa*. ADEA 2006 Biennial Meeting, Libreville, Gabon (March 27 – 31).

Pegado, F., Comerlato, E., Ventura, F., Jobert, A., Nakamura, K., Buiatti, M., et al. (2014). Timing the impact of literacy on visual processing. *Proceedings of the National Academy of Sciences*, 111(49), E5233-E5242.

Pelli, D. G., Burns, C., Farell, B., & Moore-Page, D. C. (2006). Feature detection and letter identification. *Vision Research*, 46(28), 4646 – 4674.

Perfetti, C., Cao, F., & Booth, J. (2013). Specialization and universals in the development of reading skill: How Chinese research informs a universal science of reading. *Scientific Studies of Reading*, 17(1), 5 – 21.

Peterson, L. R., & Peterson, M. J. (1959). Short-term retention of individual verbal items. *Journal of Experimental Psychology*, 58, 193 – 198.

Pritchard, S. C., Colheart, M., Marinus, E., & Castles, A. (2016). Modelling the implicit learning of phonological decoding from training on whole-word spellings and pronunciations. *Scientific Studies of Reading*, 20(1), 49 – 63.

Rhodes, R. (2015). *Reading reform at scale: The case of the 3.5 years of the Mali/PHARE program, August, 2008-March, 2012*. Paper presented at the Comparative and International Education Conference, Washington, DC (March 8 – 15).

Rock, I., & Gutman, D. (1981). The effect of inattention on form perception. *Journal of Experimental Psychology: Human Perception & Performance*, 7, 275 – 285.

Royer, M., Abadzi, H., & Kinda, J. (2004). The impact of phonological-awareness and rapid-reading training on the reading skills of adolescent and adult neoliterates. *International Review of Education*, 50(1), 53 – 71.

RTI [Research Triangle Institute] (2014a). *2014 Endline report of Early Grade Reading Assessment (EGRA) and Early Grade Mathematics Assessment (EGMA)*. DRC; Projet d'Amélioration de la Qualité de l'Education (PAQUED). www.eddataglobal.com.

RTI [Research Triangle Institute] (2014b). *Indonesia: The National Early Grade Reading Assessment (EGRA) and Snapshot of School Management Effectiveness (SSME) survey report of findings*. Eddata II Technical and Managerial Assistance, Task Number 23, Contract Number AID – 497 – BC – 13 – 00009, Strategic Objective (3 June).

Seymour, P., Aro, H. K. M., & Erkskine, J. M. (2003). Foundation literacy acquisition in European orthographies. *British Journal of Psychology*, 94(2), 143 – 174.

Share, D. L. (1995). Phonological recoding and self-teaching: Sine qua non of reading acquisition. *Cognition*, 55, 151 – 218.

Share, D. L. (2008). On the Anglocentricities of current reading research and practice: The perils of overreliance on an "outlier" orthography. *Psychological Bulletin*, 134, 584 – 615.

Simmons, J. P., Nelson, L. D., & Simonsjohn, U. (2011). False-positive psychology undisclosed flexibility in data collection and analysis allows presenting anything as significant. *Psychological Science*, 22(11), 1359 – 1366.

Simons, D. J., & Chabris, C. F. (2011). What people believe about how memory works: A representative survey of the U.S. population. *PLoS ONE*, 6(8), e22757.

Speelman, C., & Kirsner, K. (2005). *Beyond the learning curve: The construction of mind*. New York, NY: Oxford University Press.

Thomas, M. S. C., & Knowland, V. (2009). Sensitive periods in brain development: Implications for education policy. *European Psychiatric Review*, 2(1), 17 – 20.

UNESCO (2015). *Education for All 2000 - 2015: Achievements and challenges*. Education for All Global Monitoring Report. Paris: UNESCO.

USAID (2011). *Education opportunity through learning: USAID education strategy*. http://pdf.usaid.gov/pdf_docs/Pdacq946.pdf.

van Orden, G. C. (1987). A ROWS is a ROSE: Spelling, sound, and reading. *Memory and Cognition*, 15(3), 181 - 198.

van Orden, G. C., Pennington, B. F., & Stone, G. O. (2001). What do double dissociations prove? *Cognitive Science*, 25(1), 111 - 172.

Warrington, E., & Weiskrantz, L. (1982). Amnesia: A disconnection syndrome? *Neuropsychologia*, 20, 233 - 248.

Winthrop, R., & McGivney, E. (2015). *Why wait 100 years? Bridging the gap in global education*. Washington, DC: Brookings Institution.

World Bank (2015). *World development report*. Washington, DC: World Bank.

Wymbs, N. F., Bastian, A. J., & Celnik, P. A. (2016). Motor skills are strengthened through reconsolidation. *Current Biology*, 26(3), 338 - 343.

Zafeirakou, A. (2014). *Going to scale with literacy programs: Evidence-based practices from the Gambia*. GPE Working Paper Series on Learning. Washington DC: World Bank.

Ziegler, J. C., Perry, C., & Zorzi, M. (2014). Modelling reading development through phonological decoding and self-teaching: Implications for dyslexia. *Philosophical Transactions of the Royal Society B*, 369(1634), 20120397.

Zoccolotti, P., De Luca, M., Di Pace, E., Gasperini, F., Judica, A., & Spinelli, D. (2005). Word length effect in early reading and in developmental dyslexia. *Brain and Language*, 93(3), 369 - 373.

观点/争鸣

从社会实践视角学习阅读：
民族志、学校教育和成人学习

布莱恩·斯特里特*

在线出版时间：2017 年 10 月 9 日
©版权归作者所有 2017 年　本文为开放存取出版物

摘　要　本文从读写即社会实践的概念出发，围绕"学习阅读"探讨了一些关于儿童和成人读写能力的问题。本文采用民族志方法，虽然这种方法在成人读写能力研究领域日益普遍，但是在学校教育政策和实践中比较少见。在学校教育中，将某种读写能力的形式视为所有成人读写能力学习都需遵循的普遍准则，这种脱离环境的方法常常占主导地位。整体而言，尽管在联合国可持续发展目标（United Nations Sustainable Development Goals，SDGs）中有迹象表明，实现可持续发展目标，需要不断意识到成人学习方法多样化的重要性，但是读写能力教育依旧以学校教育为主。因此，本文将推进民族志方法在儿童读写能力和成人读写能力学习项目中的广泛应用。

关键词　学习阅读　社会实践　学校教育　成人读写能力　民族志　可持续发展目标

---

*　原文语言：英语

布莱恩·斯特里特（英国）

英国伦敦国王学院语言教育名誉教授，美国宾夕法尼亚大学教育研究生院和英国东安格利亚大学教育与专业发展学院客座教授。20 世纪 70 年代，他在伊朗进行过实地考察，随后，从理论和应用层面撰写了大量有关读写能力实践的文章，并做过很多这方面的演讲。他长期致力于将关于语言和读写能力文化层面的民族志研究与当代教育发展实践相结合。他曾在美国、南非、尼泊尔、印度和新加坡等国做过巡回演讲、研讨会、培训项目和研究，并参与埃塞俄比亚和乌干达的"通过民族志研究培训学习赋权"项目（Learning Empowerment through Training in Ethnographic Research，LETTER project）。2008 年荣获美国全国阅读大会杰出学者终身成就奖。

布莱恩·斯特里特的这篇文章以预备发表的状态提交，由艾伦·罗杰斯编辑并完成，相当于由布莱恩·斯特里特亲自完成。

通信地址：Formerly of King's College London, London, UK

向学习阅读的主导方法发起挑战

现在，人们似乎普遍认可，学习阅读（和写作）的主导方法是将读写能力视为个人具备或不具备的一项基本技能。其结果是，人被简单地分为不识字和识字两类。按照这个观点，学习读写会自动地带来认知上的好处，从而获得经济、社会和文化上的益处。学习"读写"不仅对"发展"至关重要，对现代生活的各方面都非常重要。阅读（和写作）教学有一些标准的方法：认知心理学方法强调课堂实践，将系统的字母顺序、字母拼读法或音节结构视为所有学习者都不可或缺的一部分，尤其是儿童。有这样一种观点：不考虑环境，读写能力本身就能产生影响。这种观点通常很可能支配教育思想，我把这种观点称为读写能力的"自主"模式（Street 1984）。正如许多在国际环境中从事读写能力研究的人一样，我发现自己正在向许多机构提出的主导观点发起挑战，我们将这种主导观点描述为一种"技能的方法"。

另一种观点，跳出对学校和儿童的关注，认为阅读和写作总是发生在一些特定的社会文化环境中。一个是从不"学习阅读"；一个是只"学习阅读某种具体的文本或只在特定的环境中学习阅读"。正是这种社会文化环境和发生在其中的实践赋予了阅读（和写作）意义。

事实上，近年来，许多读写项目都没有使用一直以来占主导地位的政策观，转而采用比较社会化的读写观和学习观，这种社会观强调在开展读写项目和干预行动之前，有必要了解目标群体和社区开展过的读写实践（Freebody and Welch 1993；Prinsloo and Baynham 2013）。

那些接受过实地工作方法训练，并对现场读写实践方法有敏锐的观察力的研究人员，他们对这些日常实践，以及这些实践跟旨在改变它们的项目之间的关系进行了研究。现在，项目规划人员有时在早期阶段就将这些研究结果涵盖在项目里（Prinsloo and Breier 1996；Yates 1994），然后将它们投入到活动设计和开发中去。世界上许多不同地区的研究者，如英国的巴顿、汉密尔顿、伊万尼奇（Barton, Hamilton, Ivanic 2000）和巴本（Papen 2005），南非的凯尔（Kell 1996）和墨西哥的卡尔曼（Kalman 2005）都针对这个问题撰写了大量的文章。他们都认为在规划和实施读写和算术学习项目时应该考虑环境的重要性。例如，在本期《教育展望》中，那噶莎、罗杰斯和瓦克涅写道，"学习不仅有个人的认知因素（见本期 Abadzi）……还有社会因素。学习过程……总是发生在各种'情境活动'之中。如果没有社会互动的话，认知便不会产生。认知过程所采取的形式由其所处的'情境活动'来决定，这种情境活动只是所有情境活动的一种"。因此，本文强调学习阅读的社会层面。

读写即社会实践

"读写即社会实践"(literacy as social practice，LSP)这一术语在某种程度上取代了早期"新读写研究"一词(Gee 1990;见 Street 1993,1995b)，因为它将注意力从关注学术研究结果转移到了关注许多不同读写使用者和各种读写环境之上。读写即社会实践的概念指出了读写在使用中的本质。它为理解和定义什么是读写带来了全新的方法——这种方法对阅读和写作的教学将产生深远的影响。如果读写是一种社会实践，那么它会随着社会环境的变化而变化，在每一种环境下都各不相同。读写即社会实践认识到读写的多样性——不同的读写实践承载着不同的价值观和功能。这意味着无论在当前国内读写学习的方法中，还是在联合国可持续发展目标所表达的国际观点中，读写即社会实践对政策都会产生影响(见以下和 Street 2016)。例如：英国国家语文教育政策将所谓的"最基本的知识"作为读写教育的重点——包括将传统意义上语言和读写的表层特征作为语法规则，或作为音位/字母关系的规则——读写即社会实践的方法改变了上述狭隘的看法，使它转向更广泛的社会和意识形态的环境之中(Street 1995a)。通过解决这些概念性问题，我希望实践者、研究人员和决策者能够进行反思性的讨论。

将读写看成一种社会实践是一种既老套又深刻的见解。说它老套，是因为一旦我们思考这个问题，很明显，读写总是在社会环境中进行。即使学校被指责阅读和写作教学方法有多么矫揉造作，它也是一种社会结构。学习场所(不管在学校还是在成人读写项目中)，或其他环境，都有自己的社会信念和行为，它们贯穿在学习场所特有的读写实践之中(Street 2005)。无论在学校还是成人读写群体中，每一种环境下，所学到的概念都不尽相同。

与占主导地位的读写即"技能"的观点相比，我提出了读写是一种"意识形态"的观点，按照这个观点，我不仅认为读写随社会环境、文化准则和话语(例如：身份、性别和信仰等)——或许称为"社会"模式的变化而变化，还认为读写的应用和意义总是嵌在权力关系之中。正是从这个意义上，我认为可以把读写看作一种意识形态：它总是涉及读写议题的意义、定义、界限和控制等方面的争论。由于这些原因，无论在学校还是在成人项目中，当学习者已经接触到各种日常读写实践(Street 2016)时，要想证明只教授某一种读写形式是非常困难的。如果我们简单地将读写看作一项针对所有人的、普遍的专业技能，并且这种技能无论在何种环境中都始终如一的话，那么在教育环境中教授的某种特殊形式(在教育环境中，正规的教育读写常常被视为唯一的读写)将会成为通用的标准，从社会的角度来看，这将使读写的一些具体特征自然化，从而掩盖这些特征真实的历史、意识形态的辩护和实践，还会使读写的所有其他形式非法化。相反，如果我们将读写看作一种社会实践，那么被掩盖的历史、那些特性以及意识形态的辩护就需要阐述清楚,学生在学习各种读写时能够讨论抉择的依据,特别是谁决定了他们的学习内容。

从文化意义上来说,读写的意识形态模式为我们提供了一种更加敏感的读写实践观,因为读写实践随环境的变化而变化。这种实践观是关于知识的:人们处理阅读和写作的方式本身就根植于知识、身份和存在等概念中。知识也总是植根于社会实践中,例如特定的就业市场、特定的宗教文化或特定的教育环境等。某种读写的学习效果取决于其所处的环境。从这个意义上说,读写无论在意义上还是在实践上都具有争议。因此,读写的某些特定说法总是"意识形态的",因为它们总是根植于特定的世界观之中,并渴望那种读写的观点能支配或排斥其他的观点(Gee 1990; Street and Besnier 1994)。关于社会读写的争论(Street 1995b)表明了教师或辅导员跟学生的相互作用如何成为一种社会实践,这种社会实践影响了学生所学读写的本质和参与者的读写观,尤其会影响新学习者及其在权力关系中的地位。有一种观点认为读写可以中性地"被给予",它的社会效应要到后来才被人们感受到,这是站不住脚的。接下来,我认为,我们在公共领域看到的许多关于读写的政策声明,都没有考虑到在不同的读写学习和应用环境中的社会实践。

关于读写即社会实践的研究(Barton et al. 2000; Pahl and Rowsell 2006; Robinson-Pant 2004; Street 1995b, 2005)已经解决了读写如何在许多不同环境下学得的问题,学校只是其中的一个环境而已。通过在社区和工作场所等环境中进行阅读和/或写作,学习者已经习惯了各种不需要学习意识的问题。正如那噶莎、罗杰斯和瓦克涅在本期杂志中所说,"目前人们对'终身学习'的兴趣已经转向了'非正规学习'——即超出正规和非正规教育项目和培训项目的范围,终身的学习"。我们可能得学习和发展这些术语,以便详细地阐述社会实践的观点及其对学习的影响。

民族志方法

那么,我们如何才能了解这些社会实践呢?我认为,民族志的方法有助于我们解决读写在当地应用和意义的问题,也就是说,有助于我们发现人们在特定的社会环境下利用阅读和/或写作来做什么(参见 Rogers and Street 2012)。

> 近年来,人们逐渐意识到教育研究中定性方法和民族志方法的价值,以及这些方法对发展规划的贡献。民族志研究可应用于项目周期的所有阶段,从项目鉴定到项目评估,民族志研究通过展示可能对项目实施产生积极或不利影响的文化和社会方面来帮助补充更多的实证主义统计调查的方法(Yates 1993)。

因此,我建议采用民族志的方法,试图弄清楚在读写环境下阅读和写作到底会发生什么变化。关于读写的民族志方法的结论可能会引起人们对结果产生不同的评价和看法,也可能会带来有别于应用于许多传统项目中的、不一样的课程和教学法。

民族志方法对大型统计数据的来源不作要求,在这些来源中,方法论的有效性依赖于米切尔(Mitchell 1984)所称的基于代表性抽样的"列举归纳法"。相反,民族志方法建立在"分析归纳"之上。民族志学者不去寻找具有代表性的样本,而是寻找分析观点时所涉及的推论:

> 人类学家用案例研究来支撑论点时就会展示从某种理论观点衍生的一般原则是如何在特定环境中表现出来的。因此,一个好的案例研究能够让分析人员在事件和现象之间建立起理论上合理的联系,这种联系以前是无法避免的。按照这个观点,寻找一个"典型"的案例来进行分析论述可能不如寻找一个"有说服力的"案例来得有效。(Mitchell 1984, p. 239)

格林和布罗姆(Green and Bloome 1997)等人指出,不仅人类学家采用这种方法,事实上,在许多教育学家、语言学家和社会评论家的研究中,民族志方法也已经很常见了。因此,用米切尔(Mitchell 1984)的话说,这种关于读写的民族志的叙述可以提供一些"生动的案例"来说明读写对不同使用者群体的具体含义,关注这些含义的文化和制度地位,使用分析归纳,采用狭隘的、主要的方法时应该避免民族主义。

现在,很多关于读写的富有成效的研究都采用了民族志方法(Gebre, Rogers, Street, and Openjuru 2009;Nirantar 2007;Openjuru, Baker, Rogers, and Street 2016;Prinsloo and Breier 1996),这些研究的结果引人瞩目。读写有很多种形式,如果你愿意,你可以将它们看作为"读写家族",其中包括宗教读写,许多不同的职业读写、家庭/国家读写,官员读写和学术读写等。在这些读写中,学校教给年轻人和成人正规的读写只是读写家族的一员,它往往不同于学习者、成人和儿童在他们的日常生活中遇到的非正规读写(几乎没有人在写购物清单时纠结于标点或大写字母,很少有人觉得不正确的语法和拼写会妨碍他们欣赏涂鸦艺术)。学校所教的读写与日常生活中的非正规读写之间的鸿沟是巨大的,难以弥合。民族志研究表明,世界不能简单地分为识字和不识字两类,每个人都以自己的方式从事读写活动,因此协调十分重要,他们常常不把自己的活动视为"读写"。这些研究从经验上表明,学习阅读有多种方式:拉法特·纳比和他同事们详细的研究(Nabi 2009, pp. 65 - 97)总结认为,有些人实际上通过认单词来学习阅读,尽管教育心理学家可能会否认这种可能性(Abadzi 2010)。民族志研究否认只有一种读写和一种学习阅读(和写作)的方式。

这个结论对帮助制定成人和儿童学习阅读的政策和开展学习阅读的实践活动有深远的影响。下面,我列举一些关于教育和读写的政策观点,并引用一些同事从社会角度提出的评论。

成人和儿童都学会阅读：可持续发展目标的贡献

2000年9月，《联合国千年宣言》制定了一系列到2015年需要实现的联合国千年发展目标(Millennium Development Goals，MDGs)，其中主要目标是消除贫困、饥饿和疾病。由于各国未能在截止日期前实现全民教育的目标(Convergence 2004)，2015年，在联合国大会上，参会国共同制定了可持续发展目标(Sustainable Development Goals，SDGs)。我们发现，可持续发展目标中对读写和教育的关注远比千年发展目标中清晰明确。例如，可持续发展目标第四条中有这样一段表述："确保提供全纳、公平的素质教育，让人人都享有终身学习的机会。"

然而，目标的重点似乎又主要集中在学校和儿童方面，尽管在落实可持续发展目标过程中，成人学习得到了相当多的关注。例如，2015年11月，在韩国仁川举行的世界教育论坛上提出了可持续发展框架，这个框架的主题为"到2030年，人人享有公平、全纳的素质教育和终身学习的机会：教育改变生活"(UNESCO 2015)，与会者"重申了1990年在泰国宗迪恩发起的、2000年在达喀尔重申的全球全民教育运动的愿景"。事实上，他们认识到以前的政策并没有完全奏效："我们非常关切地认识到，我们远未达到全民教育的水平"(UNESCO 2015)。造成这种困境的原因和新政策所涉及的问题是我们在此讨论的关键问题。

2016年4月，在英国举行了一场国际研讨会，试图为之前的政策不见效这一问题寻找答案。研讨会将这个问题与一个更确切的问题联系起来：为什么成人在过去被边缘化，我们现在该怎么做才能让成人更加容易融入主流(参见UppSem 2016)。

为回应这个问题，艾伦·罗杰斯(Alan Rogers 2016)在本次研讨会的背景文件中指出：(1)尽管政策文件中提到了成人学习的重要性，但是在实施全民教育(Education for All，EFA)和千年发展目标过程中，成人学习相对缺乏。(2)成人教育专业人员几乎没有参与制定可持续发展目标第四条教育目标的讨论(例如，UNESCO 2014)。(3)目前在许多关于实施可持续发展目标第四条的讨论中，儿童处在优先地位。然而，他确实看到了一些改变，许多同事也看到了，特别在17个可持续发展目标中，无论是明确地还是隐含地，几乎每一个目标都包含了成人学习。他指出，"自1990年以来，终身学习/教育(lifelong learning/education，LLL/E)的概念在发展中国家的教育政策中越来越普遍"(Rogers 2016)。为了证明这一点，他引用了最近国际教育规划研究所(International Institute for Educational Planning，IIEP)的表述："新的可持续发展目标肯定了保证人人享有终身学习机会的重要性。"(IIEP News, 14 January 2016)这使他不禁要问，既然终身学习/教育的概念包括了可持续发展目标第四条和其他学习目标，它是否有助于确保为成人提供更多的教育机会？这引起了一些与教育前景相关的问题："我们如何防止这样的论述成为虚夸之辞？这样一个涵盖可持续发展目标第四条和其他学习目标的终身学习/教育(LLL/E)议题能否付诸实施？它的学习成果如何衡量？"（Rogers 2016）

许多阿宾汉姆研讨会的参会者对罗杰斯的报告发表了评论（UppSem 2016）。伊恩·切菲（Ian Cheffy）同意罗杰斯的观点，认为"在过去的 15 年里，人们对成人学习需求的关注比较少"，并从心理学的角度解释："不知道为什么，我认为这是人类的生存本能使然！成人，尤其是父母，当然会优先考虑他们的孩子，因为孩子是'未来的希望'。父母希望孩子拥有比他们更好的机会——这就会影响公共政策。不幸的是，要改变人类的生存本能很难！"（UppSem 2016）然而，他也给出了一个比较"社会化"的解释，那就是说，"就发展的各个方面而言，正如千年发展目标所表述的那样，国际社会希望关注每个具体发展目标的有限范围，而不只是教育方面"。他深受新可持续发展目标的鼓舞，因为这些目标并没有将教育的重点仅仅局限于小学教育，而是关注所有层次的教育——终身学习——这一点安娜·罗宾逊-庞特（Anna Robinson-Pant）在同一个研讨会上也承认。因此，切菲说："考虑所有年龄段的教育，是 2000 年达喀尔全民教育议题的特色，现在已经纳入可持续发展目标之中。"他非常乐观地总结说："在不超越目前优先事宜的前提下，这至少为国际发展努力关注成人需求提供了机会。"例如，他认为"联合国教科文组织于 11 月正式通过的《教育 2030 行动框架》（UNESCO 2015）将会引起人们的重视"。教科文组织的这份声明详细阐述了可持续发展目标第四条中 10 个指标，对成人学习的需要给予了充分的认识，并强调儿童、年轻人和成人的终身学习。它指出，在终身学习框架内，"需要采取特别的措施来满足成人学习者的需求"，特别是对与就业技能（TVET）和基础教育的需求。

因此，切菲认为，这里需要建立一个重要的平衡点：一方面要关注成人在儿童学校教育中所扮演的角色，另一方面要认识到成人读写在儿童学校教育中所做的贡献，哪怕只简单地关注父母阅读和写作的学习。

在阿宾汉姆研讨会关于可持续发展目标中成人学习的讨论会中，一位发言人 Mari Yasunaga 也问："成人教育为什么被忽略了呢？"她进一步解释："事实上，一些基金除了面向正规的成人教育之外，还面向诸如社区、非政府组织、私人企业、基层活动的捐赠者、职场教育等，然而国营企业和（或）非国营企业可能对此政策并不完全了解。"因此，有一个重要的问题需要随着基金拨款贯彻下去，认识到一些基金正在惠及成人学习，即使它没有以"成人教育"的名义，也会以技能发展、妇女赋权、卫生健康项目等名义。

Yasunaga 声称，另一个值得强调的内容是让"学习成果和成人教育/读写的成效更加明显化"。事实上，她认为最近一些国际报告确实表明，"'教育'多重利益的证据基础正在扩大"，引用自联合国教科文组织的报告《2015 年后可持续发展始于教育》(UNESCO 2014)。Yasunaga 补充说,我们需要考虑"避免将成人和儿童分开的家庭读写原则"。因此,虽然可持续发展目标中占主导地位的政策观点可能是"普遍性"的一般概念,但是实际上我们可能需要更多地关注回归教育或成人学习与教育(adult learning and education,ALE)。我们采用民族志的方法分析这些项目,以揭示这个规定在多大程度上满足成人和跨代学习的需要。

英国东安格利亚大学联合国教科文组织成人读写和学习促进社会转型方面的教授安娜·罗宾逊-庞特也对阿宾汉姆研讨会上提出的问题发表了评论。她的工作使得她能够更深入地研究政策文件,她建议我们深入检查讨论时用来描述不同环境中正在发生什么的语言。她指出政策文件中的一些变化:"《教育 2030 行动框架》特别强调男女平等,保障妇女和女孩权利,其中有几段重复的陈述,贯穿在可持续发展的各个方面,比如:有一段重要表述说'每一个妇女和女孩都彻底地享有性别平等的权利,所有阻挡赋予她们权利的障碍,不管是法律层面、社会层面还是经济层面的,都必须清除'。"她认为,《教育 2030 议题》中对性别平等和保障妇女权益的承诺(至少在修辞上)为我们研究何种学习和教育的假说有助于实现这些目标提供了一个重要的机会。在这里,她利用罗杰斯(Rogers 2014)非正规学习和教育的区别来探索什么样的成人学习/终身教育可以支持可持续发展目标中第五条的目标(实现性别平等,保障所有妇女和女孩的权利)。成人学习(特别是增强意识)似乎是可持续发展目标中第五条目标的基础(例如"加强赋能技术的应用"),但是没有明确说明。因此,她再次认为定义和术语一定要准确。

然而,这里所引用的参与者不一定都赞同。在这个案例中,罗宾逊-庞特质疑了一些研讨会论文对可持续发展目标关于成人教育的负面解读。正如她所说,"我对可持续发展目标(特别是与千年发展目标或全民教育的议题相比)的解读更积极……我认为第四条目标中只有两个指标(4.1 和 4.2)是专门针对儿童和学校教育的。正如我认为,在其他指标中重视成人学习是合理的,对我来说,问题不在于'可持续发展第四条目标缺乏成人教育',而在于'每个指标都设想了什么样的教育或成人学习'。"事实上,她指出,可持续发展目标 4.7 似乎标志着读、写、算和正式技能/教育开始发生重大改变,有可能支持围绕全球公民身份和文化多样性、性别平等等方面的非正式和非正规学习。

如果我们要寻找为何占主导地位的政策观倾向于关注儿童而非成人的答案,我们可能会超越狭隘的实际限制,更仔细地研究政治承诺的不同形式背后的一些设想。儿童和成人的教育通常都由于学习以外的原因而得到支持。例如,一些得票人把钱花在孩子的学校教育上而非成人的教育上,因为许多成人表示,他们更偏爱孩子的教育,而不是自己的教育。正因如此,再次需要民族志的方法。看看其他议题(次要议题)可能很重要。这里有一些问题,我们可能需要在发达国家以及所谓的发展中国家进行更深入的探究,因为各国政府和非政府组织都试图制定政策,至少在言辞上来回应联合国教科文组织和可持续发展目标的声明(Street 1995a)。

结　　论

　　在本文中,我已经对学习阅读(和写作)的主导方法进行了论述,这种方法将读写看作是个人具备或不具备的一项基本技能,如此,人就可以分为识字和不识字两类。我认为学习读写会自发带来认知和其他的益处,并且认为教儿童和成人阅读(和写作)有一套标准的方法。我认为采用"读写即社会实践"的视角来学习阅读(和写作)会对关于儿童和成人的这些假设发起挑战。采用民族志方法,"读写即社会实践"表明读写有很多种(Street 2015),学习读写的方式也有很多种——"单注入"式读写教授模式不如终身学习模式(尤其是"全方位"学习模式)有效。此外,我认为这种方法有助于我们看到,为了支持基础学校教育,成人读写学习如何在政策和实践层面被严重忽视。因此,我认为重新重视可持续发展目标为纠正这种不对等提供了机会。

(舒敬斌　译)

参考文献

Abadzi, H. (2010). Book review, "Hidden literacies: Ethnographic studies of literacy and numeracy practices" by R. Nabi, A. Rogers, & B. Street. *International Review of Education*, 56(4), 490-493.

Barton, D., Hamilton, M., & Ivanic, R. (Eds.) (2000). *Situated literacies: Reading and writing in context*. London: Routledge.

Convergence (2004). *Education for All: Putting adults back in the frame* (Vol. 37, No. 3). Special edition. *Convergence*.

Freebody, P., & Welch, A. (1993). *Knowledge, culture and power: International perspectives on literacy as policy and practice*. Pittsburgh, PA: University of Pittsburgh Press.

Gebre, A. H., Rogers, A., Street, B., & Openjuru, G. (Eds.) (2009). *Everyday literacies in Africa: Ethnographic studies of literacy and numeracy practices in Ethiopia*. Kampala: Fountains Press. http://www.balid.org.uk/wp-content/uploads/2012/12/Ethiopia-whole-book-knj.pdf.

Gee, J. P. (1990). *Social linguistics and literacies: Ideology in discourse*. London: Falmer Press.

Green, J., & Bloome, D. (1997). Ethnography and ethnographers of and in education: A situated perspective. In J. Flood, S. Heath, & D. Lapp (Eds.), *A handbook of research on teaching literacy through the communicative and visual arts* (pp. 181-202). New York, NY: Simon and Shuster Macmillan.

Kalman, J. (2005). *Discovering literacy: Access routes to written culture for a group of women in Mexico*. Hamburg: UNESCO Institute for Education.

Kell, C. (1996). Literacy practices in an informal settlement in the Cape Peninsula. In M. Prinsloo & M. Breier (Eds.), *The social uses of literacy: Theory and practice in contemporary South Africa*. Amsterdam and Johannesburg: Benjamins/SACHED Books.

Mitchell, J. (1984). Typicality and the case study. In R. F. Ellen (Ed.), *Ethnographic research: A guide to general conduct* (pp. 238-241). New York, NY: Academic Press.

Nabi, R., Rogers, A., & Street, B. (2009). *Hidden literacies: Ethnographic studies of literacy and numeracy in Pakistan*. Bury St. Edmunds: Uppingham Press. http://www.balid.org.uk/wp-content/uploads/2012/12/HiddenLiteracies_all_02.pdf.

Nirantar (2007). *Exploring the everyday: Ethnographic approaches to literacy and numeracy*. New Delhi: Nirantar and ASPBAE.

Openjuru, G. O., Baker, D., Rogers, A., & Street, B. (Eds.) (2016). *Exploring adult literacy and numeracy practices: Ethnographic case studies from Uganda*. Bury St. Edmunds: Uppingham Press. http://www.uppinghamseminars.co.uk/Exploring%20Adult%20Literacy.pdf.

Pahl, K., & Rowsell, J. (Eds.) (2006). *Travel notes from the New Literacy Studies: Case studies of practice*. Clevedon: Multilingual Matters.

Papen, U. (2005). *Adult literacy as social practice*. London: Routledge.

Prinsloo, M., & Baynham, M. (2013). *Literacy studies. Benchmarks in language and linguistics* (Vol. 5). Thousand Oaks, CA: Sage.

Prinsloo, M., & Breier, M. (Eds.) (1996). *The social uses of literacy: Theory and practice in contemporary South Africa*. Amsterdam and Johannesburg: Benjamins/SACHED Books.

Robinson-Pant, A. (2004). *Women, literacy and development: Alternative perspectives*. London: Routledge.

Rogers, A. (2014). *The base of the iceberg: Informal learning and its impact on formal and non-formal learning*. Opladen: Barbara Budrich.

Rogers, A. (2016). Introduction. UppSem (2016): *Report of Uppingham seminar on the adult learning dimensions to the Sustainable Development Goals*. http://www.uppinghamseminars.co.uk/page3.htm.

Rogers, A., & Street, B. (2012). *Adult literacy and development: Stories from the field*. London: NIACE. http://www.learningandwork.org.uk/sites/niace_en/files/resources/AdultLiteracyAndDevelopment.pdf.

Street, B. (1984). *Literacy in theory and practice*. Cambridge: Cambridge University Press.

Street, B. (Ed.) (1993). *Cross cultural approaches to literacy*. Cambridge: Cambridge University Press.

Street, B. (1995a). *Adult literacy in the United Kingdom*. NCAL technical report TR95-05. Philadelphia, PA: National Center on Adult Literacy, University of Pennsylvania.

Street, B. (1995b). *Social literacies: Critical approaches to literacy in development, ethnography and education*. London: Longman.

Street, B. (Ed.) (2005). *Literacies across educational contexts: Mediating learning and teaching*. Philadelphia, PA: Caslon.

Street, B. (2015). Multiliteracies (multicultural) and out of school learning. In K. Peppler (Ed.), *SAGE encyclopedia of out-of-school learning*. Thousand Oaks, CA: Sage.

Street, B. (2016). *Literacy and development: Ethnographic perspectives*. Presentation at Ramphal Conference (April). http://www.ramphalinstitute.org/uploads/2/3/9/9/23993131/literacy_and_development_by_prof_b_street.pdf.

Street, B., & Besnier, N. (1994). Aspects of literacy. In T. Ingold (Ed.), *Companion encyclopedia of anthropology: Humanity, culture, and social life* (pp. 527-562). London: Routledge.

UNESCO (2014). *Sustainable development post-2015 begins with education*. http://unesdoc.unesco.org/images/0023/002305/230508e.pdf.

UNESCO (2015). *Incheon declaration: Education 2030: Towards inclusive and equitable quality education and lifelong learning for all*. World Education Forum, Incheon, Korea, May 2015. Paris: UNESCO. http://unesdoc.unesco.org/images/0023/002331/233137E.pdf.

UppSem [Uppingham Seminar] (2016). *Report of Uppingham seminar on the adult learning dimensions of the Sustainable Development Goals* (7 - 9 April). http://www.uppinghamseminars.co.uk/page3.htm.

Yates, R. (1993). *The value of qualitative research in developing literacy projects*. Unpublished paper. Sussex, UK: University of Sussex.

Yates, R. (1994). *Gender and literacy in Ghana*. PhD dissertation. Sussex, UK: University of Sussex.

观点/争鸣

成人如何学习阅读？实践共同体路径

托雷拉·那噶莎　艾伦·罗杰斯　图鲁瓦科·扎拉拉姆·瓦克涅*

在线出版时间：2017 年 9 月 25 日
©联合国教科文组织国际教育局 2017 年

摘　要　本文从拉夫和温格的"实践共同体"学习法的视角探讨了成人读写能力教学研究能否为成人阅读学习提供一些有用而新颖的见解，尤其是成人读写能力引导教师的作用。通过对埃塞俄比亚综合功能成人扫盲计划的引导教师进行案例研究，本文讨论了他们的读写实践以及读写实践与成年学习者期望的匹配程度，特别在数字读写能力实践方面。

关键词　成人读写能力　实践共同体　读写能力引导教师　数字读写能力　手机

---

* 原文语言：英语

托雷拉·那噶莎(埃塞俄比亚)
　　埃塞俄比亚阿尔西大学教育和行为科学学院院长、教师。他教授成人教育和社区发展方向硕士研究生、心理学和社会工作方向硕士研究生以及攻读研究生文凭的学生。著有《现代教学方法》(2012)，撰写了许多与教学相关的各类文章。
　　通信地址：College of Education and Behavioral Science, Arsi University, Asella, Oromiya, Ethiopia
　　电子信箱：toleranegassad@gmail.com

艾伦·罗杰斯(英国)
　　英国东英吉利大学客座教授，(在英国东英吉利大学，他与安娜·罗宾逊-庞特教授共同担任联合国教科文组织成人读写能力和学习促进社会转型教席)，他教授成人读写能力与发展方向的硕士研究生。他曾担任教育促进发展委员会执行主任。他与布莱恩·斯特里特合著了《成人读写能力与发展：来自田野研究的叙事》(2012)，撰写过许多关于成人学习与读写能力的书籍和文章。
　　通信地址：68 Whiting Street, Bury St Edmunds, Suffolk IP33 1NR, UK
　　电子信箱：rogalaprof@gmail.com

图鲁瓦科·扎拉拉姆·瓦克涅(埃塞俄比亚)
　　埃塞俄比亚巴哈达尔大学成人教育与社区发展系讲师、主任。她是联合国教科文组织农业发展基金国际研究项目国别研究小组成员，该项目由安娜·罗宾逊-庞特教授主持。她目前负责协调安娜·罗宾逊-庞特教授在埃塞俄比亚的研究项目。
　　通信地址：Department of Adult Education and Community Development, College of Education and Behavioural Sciences, Bahir Dar University, P. O. Box 79, Peda Campus, Bahir Dar, Ethiopia
　　电子信箱：tiruworkzelalem@gmail.com

成人如何学习阅读？这个问题自然有很多答案，因为几乎所有的人都认可学习既是个体过程，也是社会过程。正如保罗·贝朗格(Paul Belanger 2011)精辟的总结：学习是"一种既有社会性又富有个体性的活动"(p. 92)，"既是社会化过程，也是个体内驱式建构的过程"(p. 8)。学习不仅有个人的认知因素(参见 Abadzi 1996，以及本期特刊)，还有社会因素："学习过程……总是发生在各种'情境活动'之中"(Belanger 2011, p. 31；Rogoff and Lave 1984)。如果没有社会互动的话，认知便不会产生。认知过程所采取的形式由其所处的"情境活动"来决定，这种情境活动只是所有情境活动的一种(Merriam and Cafarella 2006)。

实践共同体和学习

本文的目的在于探讨学习阅读的社会层面。为此，我们采用了拉夫(Lave)和温格(Wenger)在他们著作中所阐述的实践共同体概念(Lave 1988；Lave and Wenger 1991)。简而言之，它表明实践共同体有各种不同的形式，有些是地方性的小社群(社群动力学称之为"主要社群")，有些是较大的("次要社群")，还有一些是仅以虚拟形式存在的("参照社群")。以鞋匠为例，这个鞋匠(或木匠、厨师等)可能属于他或她所在社区小而主要的鞋匠社群，也可能属于大而次要的鞋匠社群，也可能属于参照的鞋匠社群，虽然这群人素未谋面，但是他们拥有共同的身份认同。他们所共有的就是一些制鞋实践以及基于实践所建构的意义。当然，这些意义不是普遍的，而是情境化的：实践和认识既有世界性，又有地方性；既有特殊性，也有普遍性。

拉夫和温格(1991)认为，学习制鞋是一个"合法的边缘性参与"的过程。它意味着学习者将自己处于或被置于制鞋社群的"边缘"，他们处于边缘，不属于该社群，但是他们是"合法的"，也就是说，人们认为他们与该实践共同体有着特殊的关系。他们不只是坐着观看制鞋，他们在维果茨基"学习脚手架"(Verenikina 2008)的指导下，也参与制鞋社群的实践。随着他们制鞋技术日趋娴熟，他们逐渐进入制鞋社群，最后，完全参与制鞋实践之中。实际上，更重要的是，他们已经成为鞋匠，按照贝朗格(2011)"学习是个体内驱式建构的过程"的观点(p. 8)，他们在认知上已经改变了自己的身份。正如福尔(Faure)和他的同事(1972)告诉我们，他们不但学会了制鞋，还成了鞋匠。这种学习模式的重要性在于它解决了学习动机的问题：渴望加入一个令自己感到被排斥的实践共同体。它还阐述了学习的过程——不是为了做而学习，而是通过参与所期望的活动来学习。

实践共同体和读写能力学习

我们认为这种模式可以适当地应用于成人阅读学习当中。在既充当引导者，又扮演榜样角色的教师的帮助下,成人不仅可以学会阅读(做事),还可以成为读者,改变自己,获得新的身份。许多研究表明,成人学习阅读的动机之一就是对新身份的渴望(参见 Kalman 2005)。

但是,对于那些教成人学习阅读的人来说,这引发了一些重要的问题:他们在多大程度上参与了读者(当然还有作家)社群的实践?因为在人们眼中,引导成人读写的人不仅是教读写的教师,还应该是那种实践共同体的一员。也就是说,他不只拥有很多读写技能,在日常生活中还要从事阅读和写作实践。

我们设计了这个小型的研究项目,将它在本文中描述出来,目的是想知道这种方法是否可行,能否带来有意义的结果。该项目属于研究中尚未完成的一部分,它是一份中期的陈述报告,同时也是研究过程的一个暂停点,之所以停下来是想探究它如何发展以及该研究有无价值可做。

我们全面地研究了一部分成人读写能力引导教师,以期了解他们在日常生活中参与了哪些阅读和写作实践,以及他们在多大程度上使用这些实践鼓励读写学习者学习并成为读者。

我们决定在埃塞俄比亚对少数(最初 4 名)成人读写能力教师(引导教师)进行民族志研究。我们认为这些研究并不具有典型性,也不能给我们提供任何有关成人读写能力引导教师的总结或归纳。但是,它们确实引发了一些有趣的问题,并使我们重新审视我们一直以来对成人读写能力引导教师以及他们所参与的过程所作的假设,因此,用米切尔(Mitchell 1984)的话说,这些案例研究是"有效的"。

阿西大学的托雷拉·那噶莎和巴哈达尔大学的图鲁瓦科·扎拉拉姆在艾伦·罗杰斯的支持下,于 2015 年 12 月至 2016 年 2 月在埃塞俄比亚进行了实地考察。实地考察包括人物访谈、课堂观察、走访学习者家庭以及研究相关文件等。我们选择案例研究是基于方便,无特别用意。我们三位作者在 2015 年 10 月至 2016 年 3 月期间经过一段时期密集的互动后共同撰写了这篇文章。

目前,这个项目还处在早期阶段,但是它已经提出了一些重要的问题。在文章里,我们提供了其中两个案例研究,并分享了其中的一些经验或教训。这本期刊的读者很可能从这两个案例中获得更多的经验(注意:为保护引导教师的隐私,我们修改了案例研究中所有的人名和地名)。在以后的几个月里我们将开展更深入的研究。

案例研究 1

比奇拉(Bikila),男,年轻人,访谈时他刚好 22 岁,出生于农村地区的一个农民家庭,上学到 10 年级,由于他国家高等教育和进修入学考试的分数不够高,未能进入学院或大学的两年预备项目,因此他回到农村务农。他的家人和社区都希望他读大学,然后找一份政府部门的工作,迫于这样的压力,他搬到了他哥哥工作的城市,哥哥在那儿的政府部门工作。他参加了教师进修学院和职业技术学院的入学考试,但由于种种原因,他的分数仍然不够高,无法保证进入这些课程学习。因此他做过一段时间的建筑工人。2014 年,他通过选拔,加入了综合功能成人扫盲计划(Integrated Functional Adult Literacy,IFAL),成为一名读写能力引导教师(用他的话说,"这份工作比较稳定,不需要每天都工作")。目前,暑假,他在大学读书,是一名大学生;其他时间,他是一名成人读写能力引导教师。

他说,当他得到这份工作时,他以为会有很多教学工作。他被分配到一个城市居住区教书。在那里,一到晚上,外来农民工为了躲避当地行政管理就搭起简单的住所。由于这种外来人员的迁徙流动,语言问题便出现了。这个地区的语言(比奇拉所说的语言)与大多数移民使用的官方语言阿姆哈拉语不同,这就导致了这一情况:他班上大多数学习者是希望学习当地语言的小学生。他说,最初,这个地区有150 名男性和 400 名女性被列为"文盲",但是只有 96 人同意入学学习。在我们观察的这个班级,有 15 名男性和 45 名女性登记在册,但是来上课的大多数是儿童。

这个班设在该地区一所小而简陋的公立小学里。比奇拉从他的住处来到这个地区,是那里唯一的成人读写能力引导教师,他负责综合功能成人扫盲计划一年级和二年级的教学。每周上三天课,每次两个小时,上课时间为放学后(下午 5 点到晚上 7 点)。

比奇拉说,在最初的 18 周里,由于没有接受过教学训练,也没有接受过入职培训,因此感到"害怕,情绪失常"。他觉得自己应付不了稀稀拉拉的出勤以及课堂日常安排常被打乱等问题,或者解决不了学习者在课堂上提出的问题:"我要解决学习者的一些生理问题,比如年纪大的学习者眼睛问题、耳朵问题以及各种内在和外在的问题。"于是,他参加了一个为期五天的成人读写能力引导教师研讨会。他说,他的关注点在于搜集资料帮助他提升课堂教学,"帮助开展学习活动,促进自我专业发展,(但是)在这个中心,连用任何语言书写的文字材料都没有找到"。

他的教室空荡荡的,就挂着一张字母表。与其说它是一个阅读中心,不如说是一个学习中心。在课堂上,学习者说他们想学自己的名字、手机号码以及朋友的名字。这种情况来得比较唐突,比奇拉除了使用综合功能成人扫盲计划的教材外,还得制作学习计划,学习用当地语写出数字 1 到 100 的读法。我们观摩了一个班,学习者正在用当地语言在练习本上抄写数字 60 到 90 的生词。

比奇拉还兼做了许多不同的事情:他给成人班上课;他常常在自治街坊联合会(kebele,当地政府机构最小的部门)办公室工作,汇报综合功能成人扫盲计划的进展情况;暑假,他去大学学习。现在,他和另一个学生(他哥哥已经搬走了)合住一套房子。他参加了一个由非政府组织举办的计算机短期课程,阅读他同事使用的一些商业学习材料。实际上,他说,他还带了一些关于创建小型企业的资料到课堂上,与成人扫盲学习者一起讨论。

因此,对比奇拉来说,阅读和写作与他的学习和教学密切相关,他主要的读写活动是学术读写(Lea and Street 2007)。他说他有两个日记本,其中一本是写成人扫盲班的。针对读写能力教学,他准备了年度计划和每日的教学计划。在课堂上,他登记考勤人数,并把名字都写在黑板上。虽然学习者说他们喜欢学习数字,不喜欢学习关于健康、性别和其他话题的冗长的句子,但是他依旧阅读课本,并且在大多数情况下他都遵守如此。他给学习者布置作业,当他们把作业带回课堂时,他会在课堂上来回走动检查和批改作业。偶尔他也会安排一些测试,记录学习者的分数。

比奇拉说,在他的成长过程中,他没有养成"阅读和写作的习惯",因为接触不到图书馆里的书籍或时事通讯。他还说,路边卖的书对他来说太贵了,"我买不起"。现在,他说,他看报纸,学习大学提供给他的公民学和心理学资料,阅读一些"文化和宗教读物"——例如,建国伟人的历史。他采用当地语言编写的小学公民学和社会学的教材教学,发现这些教材对成人班非常有用:

> 我从来没有使用当地语言、国家官方语言和国际语言阅读和写作成人教育资料的经历,也没有接触小册子、传单、时事通讯、教材和互联网的机会。我每周去两次图书馆,阅读时事通讯和其他与暑假在大学所学领域特别相关的辅助性阅读材料。

正如许多人一样,比奇拉在数字读写实践方面有很多技能。他说,他可以通过他手机中的广播获得知识和信息:"有时,电台会广播功能性成人扫盲的事情以及不同地区在参与者、良好的实践、完成率等方面取得的经验。"他指出,他曾经使用网络来获取信息,但是现在他的手机达不到这个目的。

比奇拉的阅读观是为了拓宽知识。他有很多与教学或学习相关的书籍和小册子,包括一本词典。同时,他也学习室友的学习资料。他认为他所属的实践共同体应该是学生社群,这也是他为成人学习者树立的榜样。但是成人学习者认为这种模式跟他们而非上课的大多数小学生有多大的联系,目前尚不清楚。

比奇拉认为他未来的发展不在成人读写能力教学方面,对他来说,成人读写能力教学只不过是满足当下需要的临时举措,绝不是他的事业选择。

> 正如生活在这个国家的所有年轻人一样,我有我的梦想。目前的工作只是个跳板。如果我找到了一份工资更高、更好的工作,我就会跳槽,因为目前这份工作的工资很低。我现在每个月的工资是694比尔,这些钱不够支付房租、吃饭、买衣服、赡养父母和购买健康保险。现在我还在这里,如果工资没有提高的话,我就不想干这个行业了,如果有其他机会,我想提高自己。

案例研究 2

赛拉姆(Selam)是一个快三十岁的已婚妇女,有一个学龄的女儿。(为保护赛拉姆的隐私,赛拉姆的名字和报道中一两处细节都作了修改。)她丈夫是建筑工人。他们住在父母家用塑料和竹子搭成的小房子里。

赛拉姆在她生活和工作的镇上长大,是家里的独生女。她父亲是小学教师。她上学到 10 年级,但是她国家高等教育入学考试的分数不够高,未能进入学院或大学的两年预备项目。她说她想读专科,但是家庭负担不起学费。迫于家庭生计的压力,她曾在建筑工地上做了 18 个月的建筑工人。然后,又迫于家庭压力,嫁给了一个建筑工人,并留在家里照顾丈夫的家人。女儿出生以后,赛拉姆需要更多的钱,于是在当地一家机构找了一份工作,做了一年的门卫,但是后来她还是决定待在家里,做因芥拉(injera,埃塞俄比亚的一种普通食品)来卖。她还帮助婆婆制作和卖特拉(tella,一种饮料)。在此期间,她开始给当地一个组织做一些志愿者工作,"希望有一天他们能给我一份工作"。她的工作就是动员这个地区的人们参加该组织的活动和会议。她还被要求监督该组织下属很多负责处理社会和健康等卫生问题的当地行动小组,向该组织的干事汇报这些行动小组的出勤和活动情况。最终,由于她做了很多志愿者工作,这个教育组织在我们采访她 18 个月之前就任命她为成人读写能力引导教师。她说现在不常做志愿者工作了——她忙于做食品来卖、做家务、捡柴火、去市场进货以及她的班级教学。

她说,在这些活动中,读写能力发挥的作用很小,并且在逐渐减弱。在为教育组织举办的活动做动员工作时,她说根本不涉及读写能力。她口头向人们宣讲会议,并规劝他们参加;她统计参会人数,然后向教育组织作口头汇报。同样,她对当地行动小组的监督也是口头的。虽然教育组织要求书面报告,但是他们也接受她的口头汇报。

赛拉姆的扫盲班设在当地一所学校里,每周上三天课,时间为晚上(6 点到 8 点),其他的夜校也在晚上授课。她说,上课并不总是"需要精心准备"。她没有时间在家里备课,所以很早就到学校,然后"备好课"。有时根本没有学习者来,她就向上级汇报。当学习者都来了,

> 我把他们的名字写在一张纸上,然后……让他们练习把名字抄在练习本上……他们中许多人想学习怎么写自己的名字。那些有手机的人让我教他们数字,怎么打电话,怎么接电话,以及怎么给手机充值……我不常使用(官方的综合功能成人扫盲计划的教材),因为我想满足他们的兴趣。他们经常问我一

些与他们名字和手机相关的事情。而这本教材谈的是健康、性别和其他的问题。

成人扫盲计划的组织者要求书面报告,但是也允许她口头汇报每周班级的考勤情况。她说,上级给了她一份名单,上面有197名"文盲"需要走访,其中只有10人愿意报名参加扫盲课程。许多人都质疑她,说:"你是为了自己的利益,怕丢了工作,才劝说我们的。你为什么不先教你婆婆呢?她也是文盲啊。你读书读到了10年级,还不是在做跟我们同样的事情,做因芥拉,卖特拉,没有什么变化啊。所以,你为什么天天来打扰我们呢?"教育组织的扫盲计划协调员"因没有人来上课而指责我",因为她把时间都花在做因芥拉上了——她应该把全部时间都花在扫盲工作上。但是,正如她所说,每月410比尔的工资不足以支付她家庭的日常开支(工人的最低工资是每月450至650比尔,门卫的工资也高于410比尔)。除了教材和粉笔,扫盲计划组织者没有给她提供任何教学资料:"他们没有给我提供考勤表和练习本,这些都是我自己买的。"她说,当地一所大学的教职员曾举办过一个关于提高成人学习的普通教学法的培训,这个培训为期两天,但是她只参加了部分培训。除此之外,她没有接受过任何关于成人读写能力的培训,反倒常常被教育组织视察工作。

她声称在扫盲班之外,她没有开展任何扫盲活动。即便在购物时,也没有涉及读写活动。她说,她没有对自己的收益活动、顾客或交易做任何记录:

> 记录?有什么好记录的?我很了解我的顾客,因为我每天都跟他们打交道,不需要写下来。我丈夫总是建议我把每天的交易记下来,这样就可以知道我的收支情况。但是,我从没做过,不知道为什么,可能是因为我太忙了……我希望我能养成那样的习惯,但是……

她一般的反应是惊讶,甚至反驳:

> 你想知道我读不读书,写不写东西。我建议你不要浪费时间……瞧,这就是我的笔和纸[指着火]。你在我这儿花了三天多时间,你见我写过或读过什么东西吗?你甚至不用问我,自己就可以知道了,我不想对你撒谎。

我们注意到她会检查女儿有没有做家庭作业,但是当被问到这个问题时,她却说从来不看女儿的书。我们曾看到一个朋友专门给她女儿送了一个笔记本。赛拉姆不再参加以前大多数宗教读写活动了,虽然她家墙上还挂着一些宗教图画,但是她已经把祷告书送给她丈夫了:"每逢神圣的日子,他偶尔会在家为我读经。"另外,很明显,她对手机的数字读写活动很熟练(尽管她做饭时不接电话),她很喜欢教学习者这些读写活动。她还提到她利用银行来赚钱。她房子的墙上有一张大大的字母表,上面写着英语和阿姆哈拉语的字母,还有许多写着"生日快乐"的挂饰(她坚持认为这些挂饰非常好,她"明年不用做了")。我们还注意到,她把扫盲班的教材和其他文件都放在家里。她家有一台电视,看来赛拉姆有足够的读写活动来练习她的读写技能,但是她所能接受的身份,她觉得自己是家庭主妇创业者社群的一员,她认为这个社群不需要读写实践。

赛拉姆是个精力充沛、充满自信、意志坚定的女人,曾在当地一家发展机构做了好几个月的无偿志愿者。在谈心的时候,她透露她常常批判性反思。当被问到竖在房外的牌子时,她评价说,她曾看到:

有一个电视节目关注过这些符号。他们说文盲使用这些符号来交流,但识字的人使用书面的广告来交流。他们只说对了一半,事情并不总是如此。例如:我不是文盲,但是我也使用这种符号来交流,那是因为在这儿,这是一种常用的交流手段。比如说,这种符号意思是有特拉出售。还有很多其他的符号。

她把这些符号看作她所在社区食品商贩的一些做法,对于听到的事情,她不会一味地接受,而是明智地提出质疑,坚持自己的想法。

未来会怎样?她没有把成人扫盲工作作为自己的事业,而是视为在缺乏其他收入来源的情况下所做的直接而暂时的回应。正如她说,她的工资很低,跟上级的关系也不好,所以她觉得可能很快就会换工作:

因为他知道我卖因芥拉的事情,他认为我没有尽心地做好动员工作。他一再警告要我放下因芥拉的活儿,将全部的时间投入到工作当中。然而,那对我来说是不可能的,因为这份工作的工资不够支付我家里的开支……我几乎失去了耐心。我无法忍受协调员的指责和其他刁难。我会努力再工作一段时间,然后辞掉现在的工作,我还能做什么呢?

评 论

虽然这两个案例研究不一定是成人扫盲引导教师的典型案例,但是却教给我们许多经验或教训,比如,我们确定了跟实践共同体主题相关的五个要点。

作为引导教师,每个人的背景或经历各不相同。

虽然开始工作的地方不同(农村和城市),但是比奇拉和赛拉姆却有着相似的教育经历:上学到10年级,迫于家庭压力而继续学习,由于种种原因又无法继续深造,做过一段时间的建筑工人。但是,自那以后,他们的职业生涯发生了分歧。比奇拉成了一名大学生,未婚,可以把时间花在业余学习和工作上来养活自己。赛拉姆,已婚,有一个女儿,为了赚更多的钱,她做起了小规模的食品零售生意。同时,还在当地的一家机构做志愿者,希望能在那儿找到一份工作——最后她成功了。这两条轨迹折射出性别因素具有很强的影响力:社会对赛拉姆的期望与对比奇拉的截然不同,她的选择要窄得多。当然,这并不一定适用于所有成年男性和女性读写能力引导教师。但是我们可以从中得出结论:我们概括不了成人读写能力引导教师,因为他们的情况各不相同(我们后面的案例研究将更加清楚地揭示这一点)。每位引导教师都属于不同的实践共同体,我们必须在他们的情境中认识他们,因为不仅每位引导教师不一样,每份工作的环境也不一样。对比奇拉来说,他在一个贫穷的城市移民居住地工作,在那儿当地语言与国家官方语言阿姆哈拉语互相竞争;对赛拉姆来说,她在一所小学工作,这所小学位于镇里非常贫穷的地区,离她住处很近。

实践共同体

通过观察他们的实践共同体,我们可以更加清楚地看到他们之间的差异。重要的是记住这一点:人可以同时属于几个不同的实践共同体,这些社群不是固定的。例如,赛拉姆,她脱离了原来的宗教实践共同体。显然,她认为自己正在全身心地进入关心家庭和小生意的实践共同体,正如她指出,她要把她的食品零售社群变成一个无读写实践的社群——这种现象在其他地方也有(Rogers and Street 2012, pp. 93 - 94)。同样地,当她担任当地机构志愿者助理时,她也将她的实践共同体建设成为一个无读写的实践共同体——尽管教育组织要求书面报告。除了成人扫盲班,她在日常生活中很少开展读写活动,没见她做过。她似乎正在逐渐退出扫盲活动,更多地将自己视为家庭主妇和挣钱者社群的一员,在这个社群里,扫盲活动再次脱离"日常"。例如,当她检查女儿有没有做家庭作业时,她让丈夫检查家庭作业的内容。另外,比奇拉已经成为学生实践共同体的一员,正如他在埃塞俄比亚所做的那样,他不仅上大学,还学习其他课程,博览群书,在办公室、图书馆和同事那里搜寻资料。他现在也不是真正的东正教徒了,但是我们以前也没发现他从事任何宗教读写活动的迹象。他参加学生社群的读写实践:学术读写。

学习者如何看待他们的引导教师和读写能力?

我们有明确的证据表明,与赛拉姆同辈的人认为她是一个失败的中学毕业生,谋生的方式跟未受过教育的人没有什么两样,教着她自己都并不怎么练习的读写。她也强烈地感受到了这种评价,因为它一次又一次地出现在她的表述和行动中。比奇拉扫盲班的学习者似乎并不认为自己会成为学生,尽管其中两名较年轻的学习者表示，他们希望进入正规的学校学习。在比奇拉和赛拉姆的班上，学习者都没有强烈的意愿加入他们各自成人读写能力引导教师所代表的读者社群——从他们偏离综合功能成人扫盲计划的教材内容就可以看出。他们认为全国的读写实践共同体——以教材和两名负责教学的引导教师为代表——无聊、难学、与他们的生活无关，这并非他们想要加入的社群，也不是他们想做的事情，这就是为什么两个班的学生流失率很高的原因。赛拉姆无法帮助她"合法的外围参与者"进入她的读写社群，因为她也不属于读写社群，这可能就是她学生逐渐退出扫盲班的真正原因。比奇拉正在用自己的一些读写活动来帮助他的学生。虽然他坚持写日记，但是他不鼓励班上的学生也这么做。

手机用户的实践共同体

但是有一件事是比奇拉和赛拉姆在课堂上都经历过的。事实上，根据他们的汇报，这儿有一个显著的特征，那就是赛拉姆和比奇拉都属于手机用户的实践共同体。然而，他俩的情况不太一样。赛拉姆似乎甚至正在退出这样的实践共同体，尽管这有助于提高她的读写能力，她在家里或做生意时也很少使用手机。另外，比奇拉不仅使用手机与人交流，还用手机搜索信息（因为他手机的问题，目前这一点不太可能实现）。

数字实践共同体是两个班读写学习者都希望加入的社群，或者说他们都想成为熟练操作手机的那群人，因为他们想成为真正自信的手机使用者。两位引导教师都在课堂上教了数字读写，只不过他们没有采用教材的方式，而是使用他们带到课堂上的手机和电话卡，以实用的方式教学（见图3）。真正合法的外围参与是一种有效的学习途径：通过"真实的"实践来学习，它不仅包括学习数字读写，还学习用拉丁语和阿姆哈拉语认读和书写他们的名字以及家人和朋友的名字，（因为他们的手机里没有别的书写字母）——发送和接收短信是"第二轮"学习的内容，被认为是"一项高级的技能"。学习也是多模态的——一些班级的学习者使用符号（花、铃铛等）代替文字来识别哪些人是他们想要拨打电话的人，哪些人是他们想要记住的人。

这些引导教师如何看待他们作为成人扫盲教师的角色？

比奇拉和赛拉姆对他们作为引导教师角色的看法截然不同。比奇拉花时间准备教学。由于学习者说综合功能成人扫盲计划的教材难懂、枯燥，他从其他地方收集资料（比如：他同学的商务学习教材），并用这些资料代替综合功能成人扫盲计划的教材来教学。赛拉姆几乎不备课，除了数字读写活动之外，好像几乎不教别的。然而，这很难评价对错，由于学生们不来上课，所有的教学目的只好搁浅。她汇报说,学习者认为教材跟他们没有关系,它代表了学习者不愿加入的实践共同体。有一样东西能让比奇拉的学生一直留在课堂继续学习,那就是他的课堂有一个重要的语言因素——学习当地语言——学习者都觉得他们需要加入当地语言使用者的实践共同体,而赛拉姆的课堂环境没有这样的因素。

目前尚不清楚他们在多大程度上认为自己向学习者表现了"读写能力"。在他们的读写教学中,两人都有一种强烈的孤立感和无助感(然而,与赛拉姆不同的是,比奇拉的周围有一群其他学生支持他)。

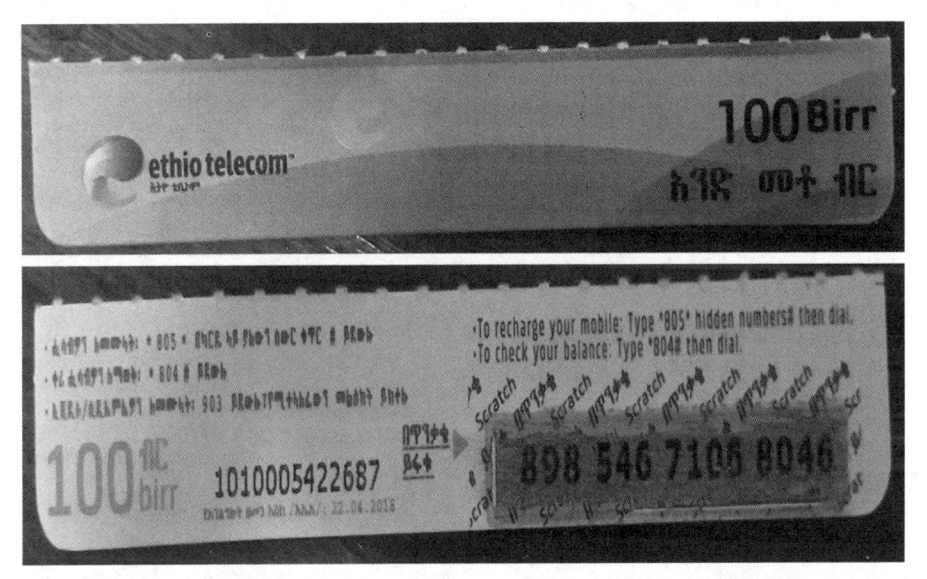

图3 赛拉姆的学习者带到课堂上的两张用来学习如何读写的2种字母系统的电话卡

两人都曾试图寻找有关读写能力的培训,但都没有找到。两人都觉得自己的价值被贬低了,工资过低(他们工资的差别不在于性别,而在于地区差异);两人都没有将成人扫盲教学工作视为事业,而是看作一种权宜之计,一块迈向高收入生活方式的跳板。他们都没有完全加入"成人扫盲引导教师者"的实践共同体,都觉得自己只是该社群临时的一员。他们都在寻找新的实践共同体,比奇拉希望能成为一名真正的教师,赛拉姆希望通过电脑培训课程后能成为一名政府公务员——对她来说,这仍然是一个梦想。

结　　论

我们不建议将实践共同体的方法看作研究成人读写能力学习项目的唯一途径。这类项目有许多不同的研究方式。其中一个方式就是将读写能力视为课堂上的一套基本技能，学习者可以在不同的生活领域使用这些技能，并将它们视为终身教育的基础(Hanemann 2015)。另一种方式认为，读写能力是一套发生在文化和权力环境下的社会实践(Barton et al. 2000；Street 1996)。除了上述观点之外，我们所要探寻的是，将读写能力视为读写者的实践共同体的研究是否会增加我们对读写能力及其学习的理解。

我们的研究表明，使用实践共同体的方法来研究成人扫盲班给我们提供了一些有用的见解(参见 Barton and Tusting 2005)。学习阅读不仅是学习某种读写技能，甚至不只是学得许多不同的读写能力。相反，学习阅读是学习成为读写能力使用者，成为那些在自己文化背景下进行阅读和写作的虚拟社群的一员。学习阅读还是一种身份认同，这种身份认同可以通过与更加熟练的参与者的互动不断发展。这方面还有很多有待探讨的地方，我们打算进一步使用这种方法来进行更多的案例研究。

（舒敬斌 译）

参考文献

Abadzi, H. (1996). *Adult literacy: A problem-ridden area*. Washington, DC: World Bank.
Barton, D., Hamilton, M., & Ivanic, R. (2000). *Situated literacies: Reading and writing in context*. London: Routledge.
Barton, D., & Tusting, K. (Eds.) (2005). *Beyond communities of practice: Language, power and social context*. Cambridge: Cambridge University Press.
Belanger, P. (2011). *Theories in adult learning and education*. Study guides in adult Education. Opladen, Germany: Barbara Badruch.
Faure, E., Herrera, F., Kaddoura, A.-R., Lopes, H., Petrovsky, A. V., Rahnema, M., et al. (1972). *Learning to be: The world of education today and tomorrow*. Paris: UNESCO.
Hanemann, U. (2015). Lifelong literacy: Some trends and issues in conceptualising and operationalising literacy from a lifelong learning perspective. *International Review of Education*, 60(1), 295–326.
Kalman, J. (2005). Mothers to daughters, *pueblo* to *ciudad*: Women's identity shifts in the construction of a literate self. In A. Rogers (Ed.), *Urban literacy: Communication, identity and learning in development contexts* (pp. 183–210). Hamburg: UIE.
Lave, J. (1988). *Cognition in practice: Mind, maths and culture in everyday life*. Cambridge: Cambridge University Press.
Lave, J., & Wenger, E. (1991). *Situated learning: Legitimate peripheral participation*. Cambridge: Cambridge University Press.
Lea, M. R., & Street, B. V. (2007). The "academic literacies" model: Theory and applications. *Theory into Practice*, 45(4), 368–377.
Merriam, S., & Cafarella, R. (2006). *Learning in adulthood*. San Francisco, CA: Jossey Bass.

Mitchell, J. (1984). Typicality and the case study. In R. F. Ellen (Ed.), *Ethnographic research: A guide to conduct* (pp. 238–241). Chichester, UK: Wiley.

Rogers, A., & Street, B. (2012). *Adult literacy and development: Stories from the field*. Leicester, UK: NIACE.

Rogoff, B., & Lave, J. (Eds.) (1984). *Everyday cognition: Its development in social context*. Cambridge, MA: Harvard University Press.

Street, B. (1996). *Social literacies: Critical approaches to literacy in development*. London: Longman.

Vereinikina, I. (2008). Scaffolding and learning: Its role in nurturing new learners. In P. Kell, W. Vialle, D. Konza, & G. Vogl (Eds.), *Learning and the learner: Exploring learning for new times*. Wollongong, Australia: University of Wollongong.

专　　栏

导读：学会阅读——从研究到政策和实践

艾伦·罗杰斯[*]

©联合国教科文组织国际教育局 2017 年

摘　要　本导读汇总了本期适时的双特刊所有来稿中涌现出的一些关键论点。因为近年来涌现出一系列国际化的教育测量工具，学会阅读已经成为全球公众所关注的一个要点。人们认为阅读学习是非常复杂的；这种学习过程发生在正式、非课堂和非正式的学习情境中——这些情境包含了不同身份和人工制品的集聚，也受到了来自许多其他意识形态和高压攻势政治的压力。本导读据此得出以下结论：阅读教学并不存在唯一正确的方法，但对现有的阅读文化进行调查和研究是通往阅读教学的必要第一步。

关键词　阅读　识字能力　学习　语言　阅读教育

布莱恩·斯特里特和本期特刊的编辑过程

最初本次双特刊邀请了布莱恩·斯特里特教授担任客座编辑，而且他也欣然接受了邀请。本次特刊的所有供稿作者都由布莱恩教授所挑选，他也已审阅了除一篇以外的所有文稿。布莱恩教授是享誉全球的著名学者，他的研究范围包括：将基本识字能力和运算能力视为一种社会实践，识字能力的运用，以及通过多种多样的运用方式来习得识字能力。经由布莱恩先生所挑选的绝大多数文章自然而然地会从这个角度来审视阅读学习。但另外一些学者也获得邀请来加入此次讨论。

---

[*] 原文语言：英语

艾伦·罗杰斯（英国）

英国东英吉利大学客座教授，在该校（与安娜·罗宾逊-庞特教授合作，安娜教授也是联合国教科文组织辖下普及成年人识字与学习以促进社会转变项目的主席）教授成人识字教育与发展方向的硕士课程。他同时也是诺丁汉大学的客座教授。此前他曾担任教育发展项目的执行主任。与布莱恩·斯特里特教授有着长达 30 年的合作，其中包括 LETTER（通过民族志科研的培训来促进赋权学习）项目，该项目在印度、埃塞俄比亚和乌干达开展识字教育培训。他也曾与布莱恩·斯特里特教授一起合著《成人读写能力与发展：来自田野研究的叙事》（Leicester, UK：NIACE, 2012）以及其他许多有关成人学习和识字教育的书籍和论文。

通信地址：68 Whiting Street, Bury St Edmunds, Suffolk IP33 1NR, UK

电子信箱：rogalaprof@gmail.com

然而布莱恩教授身患重病,并且难以继续担任本刊的编辑一职。从本次项目伊始,笔者就经常与布莱恩教授进行讨论,并且有幸(在征得了老先生的首肯之后)受邀来继续这次编辑任务。然而不幸的是,布莱恩教授在本期特刊的最终编辑准备阶段不幸辞世,但是我依然有幸能在他过世前几天与他讨论过本次特刊。

写作这份导读时,我感到非常踟蹰——事实上在整个项目进行期间,我都担任着布莱恩·斯特里特教授的合作编辑一职,这种踟蹰让笔者觉得自己像是一位作曲家,被人要求来补充谱完一位著名作曲大师所遗留下的遗作。因为布莱恩·斯特里特教授是识字教育领域当之无愧的大师,尤其是从国际视角来看待他的大师地位。在此我并非是在为布莱恩教授再一次致哀悼词——因为这种哀思在很多其他场合都得到了表达。但想要沿着他的足迹继续前行对我而言尤为艰巨。

布莱恩教授把这些文章留给了我,其中很大一部分在他看来已经是终稿,另外有一份却只有摘要。然而因为已经过去了很长时间并且改换了编辑,因此笔者觉得需要再次对所有论文进行最终评审;无论如何,为了能写好这份导读,笔者都需要仔仔细细地阅读所有这些文章。笔者认真做到了这一点,并且邀请其中的一些供稿作者对他们的论文进行了一些微小的修改,有时是为了让他们的论文能更贴近本期特刊的主题:"学会阅读"。当然我们都以最快的速度完成了一切,因为谁都不想耽搁本期特刊的付梓出版。绝大多数作者都对这个编辑过程表示谅解,而对于那些觉得自己已经等了很久的作者,或者被要求进行了几次修改的作者,笔者谨在此对您表达诚恳的歉意,并且希望这次特刊的出版能让我们所有的努力变得值得。我们大家共同度过了这段悲伤的时光,有时周遭的环境也会给我们带来各种不小的压力。

布莱恩教授自己的文章并没有能够最终完成——虽然文章的主体部分已经成型,但笔者依然还是对其进行了大量的修订以便能够让这篇文章也融入本次特刊。笔者对这篇文章进行了修订,把其中的一些部分纳入了这份导读,并续写了最终的结论部分。无论从哪方面来看,这篇文章都是属于布莱恩教授自己的文章。

布莱恩教授为本份导读留下了若干注释。笔者采纳了其中的一些。但是笔者觉得,作为布莱恩教授的合作编辑者,笔者本人也可以为本期特刊注入自己的新点子。笔者调整了本次期刊其中一些文章的先后顺序,并且起草了本份导读以及之后的评论。在做出所有这些修改时,笔者都尽最大的可能去遵循《教育展望》的责任编辑为布莱恩教授制定的编辑指导原则,尽最大可能去遵循我所知道的布莱恩教授的思路,作为一名曾经和他一起在英国和海外共事了将近30年的老友。而这份导读也就是我对这次特刊所做出的微末贡献。

"学会阅读"在一个不断变化的世界中的重要性

  来自《教育展望》的编辑在为本次特刊委派调查范围时,做出了如下表述:他们期待"如果可能的话,这份导读可以总结本次特刊中所有呈现的调查研究,并且为教育政策制定者提供一些可供汲取的经验和教训。本期特刊旨在让研究和政策之间的联系变得更为强大和更为显眼"。笔者将在这份导读接下来的部分中努力满足以上要求。为实现这一目标,本文将提炼各份供稿中涌现出的关键主题,并将它们汇总后与教育政策和教育实践建立联系。

  作为本卷的第一篇文章,阿巴兹(Abadzi)博士所关注的是全球对阅读学习的兴趣正愈发高涨,而促使这种兴趣增长的原因不仅仅是那些国际教育测量工具,比如国际学生评估项目(PISA)和国际成人能力评估调查(PIAAC)所测得的国家教育排名。几乎所有的研究专家都能证实这种兴趣增长的存在,而本期特刊本身也是这种兴趣增长的一个标志。本次特刊所收录的文章包括但不限于科研。几乎所有收录的文章都与教育政策有所关联,在有些情况下与教育实践有关:其中绝大多数都会明确地指出他们所进行的科研对教育政策制定者的意义和影响,而另一些文章则会带来潜在的影响,其他一些文章也对教育实践者有所启迪(比如 Gregory;以及 Negassa, Rogers, and Warkineh)。

  本刊所收录的作者中鲜有人认为专注于"阅读"这个主题是狭隘的——他们中的绝大多数把阅读放在更宽泛的识字教育情境中进行审视,并把识字教育放在更宽泛的交际实践情境中进行审视。阅读发生在各种不同的情境中,而阅读学习也发生在各不相同的情境中;事实上,人一直在阅读,在学习阅读某种东西,即一段特定的文本:一个人无法脱离文本而去学会"阅读"。"阅读"并不是一个不及物动词,它是一个及物动词,尽管有时我们并不明确指出它的宾语。我们学着去读的,可能是一封信件,或音标卡片,或写在黑板或白板上的那些内容,或一本识字入门教材,或一些"来自全真情境的材料"(Jacobson et al. 2003)或学习者自身所创作的材料——无论怎样一个人总在学习怎样去阅读某种东西。

  本期特刊所有收录的文章都把阅读这个动词后省略的宾语视为打印出的文本——即"阅读"某种形式的书面文本。但是一个人学着阅读的某种东西可以有着非常丰富的指涉——不仅仅可以用来指多种形式的书面文本,比如手机短信或音乐乐谱,也包括远远超越这些常见书面文本的表情符号、涂鸦和卡通;一个人也能够学着去阅读艺术或者面部表情以及其他非语言交际,一个人甚至可以通过阅读天空来了解天气。近期有一份科研旨在研究如何学习阅读电视节目(即学会辨认和解释由电视剪辑和音乐变化等元素所给出的提示,从而读懂意义),这份研究给我们提供了很多新的信息(Mackey 2017)。

因此笔者非常清楚地认识到一个事实：在阅读学习这一研究领域中有一个方面受本次特刊的关注并不如笔者所预想的那么多：所谓的"新科技"已经开始给阅读学习带来了很大影响。这是一个巨大且影响深远的新领域。当然本次特刊并没有忽略这个方面——"对使用手机过程中的阅读和写作的研究兴趣正日益高涨"（Renganathan；同时参见 Negassa, Rogers, and Warkineh; Gregory）——但笔者觉得似乎还值得更为详尽地探讨这一方面。从近期的一些科研（尤其是 Parry, Burnett, and Merchant 2017）中可以看出一种危险的做法，那就是把这个新的研究和实践领域看作是一个与主流阅读教学相分割的单独新领域。因为这个新领域很难轻易地融入现有的教育理论与识字能力教育等研究领域；该领域的话语形式显得有些不同。把一些年轻人（以及一些成年人）"玩"新型电子设备这件事视为一种进入学习世界的过程，这种理念与正式教育相去甚远；但正如 Wohlwend（2011）所指出的那样：现在的儿童是在玩乐过程中学会了识字。

识字教育往往与那些旨在培养合作式文化产出的开放空间进行协作：也就是说，在阅读、写作、设计、玩耍中没有一样是凌驾于其他之上的，相反，它们彼此之间在即时的交互过程中互相组合，最终集聚形成识字能力（Medina and Wohlwend 2014, p. 114）。

在一个嘈杂的房间内，每个学习者都以个体或者小组的形式，忙碌而频繁地与新技术进行交互，从而创造出一种充满活力的，但也乱糟糟的创造力活动——这种活动不受语法、标点和拼写的制约，甚至有时还会发明自身的语用规则，[笔者曾经听到过如下的对话："不能那样做。""为啥不能？""因为。"无言以对。]在这种情境中究竟该如何去界定什么是"阅读"呢？不能把阅读与写作、画画、拍照、说话、大喊、唱歌、争论、大笑、口角甚至跳舞区分开来，正如此刻我们无法把"工作"和"娱乐"区分开来。此刻学习者的整个身体都参与到了学习的过程中，而并非只是他们的头脑有所参与。即使"多元学习模式"一词都不足以描述这种阅读课程中的符号阐述，但是在看到符号创造者的信念以及由此创造的交际产物能够被接收者所阅读（即能够被接收者视为有意义的交际），这能够提醒我们阅读只是整个交际链条中的一个阶段。这是一个迅速发展的新研究领域，并与阅读学习直接相关联，因此值得我们在未来更多去关注它。或许我们应该再出一个专刊？

对本次专刊所收录的论文进行评论

笔者在尝试对本刊所收录的论文进行总结的过程中，希望能够聚焦于所有这些论文都无一例外地关注的三个关键点：

1. 阅读学习是一个复杂的领域——并不像很多人认为的那么简单。
2. 阅读学习不仅仅通过正式学习场合来实现,在非正式场合中阅读学习实现得更频繁;这些多重情境中的关联值得人们仔细探究。
3. 并不存在唯一正确的阅读学习方式——一切全都依赖情境。

以上三点皆对教育政策制定和教育实践有着非常重要的意义。拟详述如下:

一门复杂的学科

在此,本文想首先界定"复杂"这个词。我们在此所说的并不仅仅只是指研究者有所发现,然后教育制定者和教师把研究者推荐的方案执行下去(似乎有些教育专家是这么觉得的)。索莱尔(Soler)非常清晰地为我们描述了现状:在以下三方人员之间存在着非常复杂的关系:委派研究任务并经常资助研究的政策制定者,有权决定研究取舍的科研人员,真正完成促进学习这个任务并经常成为"被研究者"的一线教师。上述三方人员彼此交流互动,并没有哪一方能够脱离另外两方独立行动。除此以外,还应看到学习者以及(对学校而言)对阅读持有强烈己见的家长,而这种家长给自家孩子提供的阅读教育甚至超过了学校教师所提供的。这不是一个简单的问题,并且需要研究者运用多种科研方法来开展非常复杂的研究。

这种复杂性意味着:尽管人们常把阅读看作是一个战场、一个充满争论的场所,但不应该把阅读轻易地缩略成非常简单的二分极端——即认知学习派对抗社会建构主义学习派,语音学习派对抗语言整体学习派(参见 Gregory),把识字能力视为技能对比把识字能力视为社会实践(缩写为 LSP,参见 Street),母语对比抗政治强势语言(DeGraff),儿童学习者对比成年学习者(Negassa,Rogers,and Warkineh)。本次特刊将质疑并挑战所有这些简单二分法。如果把教学情境用上述的二分极端来进行审视的话,那么就是在过分简化这个问题。那噶莎和同事指出,并不存在认知发展与社会建构学习非此即彼、水火不容的二分极端——两者其实是同时发生的。斯特里特指出,把识字能力视为一种社会实践并不意味着否认识字能力中存在的技能要素,但他进一步提出,所有这些技能永远是在一些特定的活动中得到应用,无论这些活动发生在教室内还是校外。德格拉夫(DeGraff)指出,语言取向远远比简单区分母语和全国官方语言要复杂得多。本期特刊的作者们直接质疑儿童和成人学习者之间的区分:斯特里特支持"以家庭为单位的识字教育从而避免分隔成人和儿童这一原则",切菲(Cheffy)和同事指出,应当"在非正式学习情境中对成人教育和儿童教育进行协同"。因此在笔者看来,尽管本期特刊收录的文章在观点上存在各种明显差异,但笔者觉得所有作者明显都在关注同一个问题。大家在一些关键议题上意见一致,只是使用的表述方式不同而已。

学习

笔者想要指出的第二个要点是，本期特刊的主题是学会阅读。尽管学习有时会包含教导这个环节，但更多的学习过程中并不涉及教导。克拉尔(Kral)和施瓦布(Schwab)指出"学习和刻意的教学指导之间存在着本质区别"，本特刊收录的其他一些文章也持相同的观点。尽管大量的学习发生在正式和非正规(教导)学习环境中，但绝大多数的学习发生在没有得到任何指导的非正式的日常过程中——有时这些过程是未被察觉的或者并非刻意的(导致了"默示知识库"和技能储备；参见 Moll et al. 1992)，有时是有着明确学习目的的自我主导的学习。这是被称为看不见的"冰山在水面之下的基础部分"(参见 Rogers 2014)，这种看不见的基础非常庞大——为看得见的学习提供了稳定的基础。本期特刊所收录的一部分文章基本上只专注于在正式情境(即包含教学环节)中的阅读学习，但生活中也有很多阅读学习是极其非正式的，尤其是通过手机和其他新技术所进行的阅读学习。这与通过社会交往来学会个人的第一语言的过程非常相似，能够获得来自同伴和其他周遭的人和事物的支持性协助，儿童和成人都能够从日常情境中去学习阅读，尤其是在日常的玩耍工作和宗教礼拜中，当然他们也能够通过正式和非正规的学习项目来学习阅读，他们在此过程中所运用的被动学习技能和主动学习技能很难进行彼此区分。而且阅读学习并不仅仅局限于一个人的童年——阅读学习是持续一生并且涉及生活的方方面面的；我们所有人都在不断地学着去阅读新鲜事物，比如一个新工具的操作手册或者一个新的电脑程序或游戏。

学会阅读的情境

但是所有种类的阅读学习都发生在一个特定的情境中。本期特刊所收录的所有文章都以各种形式来强调阅读学习所处其中的情境的重要性，无论这种情境是否包含教学环节。因此有必要解析这种情境中所包含的各种要素，尤其是当我们在探索阅读学习情境以及其对学习过程所产生的影响时。

身份和关系

本特刊收录的很多文章都揭示了与身份有关的内容，在进入特定的学习情境时，无论是正式情境(比如一所学校或者一间大学教室)还是非正式情境(比如一间体育俱乐部或者一个宗教场所等)，人们会选取并执行和扮演不同的身份。教师在走进教室授课时会扮演与平时不同的人格面具，学习者也是如此(无论是儿童还是成人学习者)。而且这些身份都是动态的——教师和学生的角色以及教学实践在一对一的教学环境中与在小组教学的环境中并不相同，正如 Bloome and Kim；Gregory；da Silva and Castanheira；以及 Negassa 和同事这三篇文章所指出的那样。

布罗姆指出以下事实：有些阅读学习练习采用的形式更多是一种"向教师展现自己的语言和认知过程，而并不是从本质上与意义建构相关"。身份扮演也不仅仅只发生在学生和教师之间——也存在着学生与学生之间的身份，此时如果得到鼓励或允许的话，则会发生很多同伴学习。此外这些身份都是"不稳定的"，从一定意义上而言，他们经常在阅读学习的过程中发生变化。

集合体

第二，当人类身处某情境中通过互动游戏来促进学习，这种情境并不是静态的。拉图尔（Latour 2007）提出的角色网络理论以及其他一些学者比如德勒兹学派（参见Masny and Cole 2012）教导我们应当把学习情境看作是一种不断运动着的人类、物品和环境行为体的集合体。近年来对"充满物体的世界"的讨论（Holland et al. 1998），尤其提醒人们注意物品在学习中所发挥的重要作用——在这里，"物品"指的是包括黑板、翻页图册、纸张、铅笔、钢笔、蜡笔、油画颜料、喷绘罐、课桌椅、照明（正如很多成人教育家所知道的那样，很难借着烛光来进行阅读教学）的所有物品；这些行为体的结合体覆盖了所有那些需要学生参与到学习中去的学习实践。事实上，这些集合体究竟是以怎样的方式彼此整合彼此影响，以及究竟是怎样影响教学与学习过程的，是一个值得进一步研究的新领域。

在更宽泛情境中的情境

第三，这些情境都不是与世隔绝或完全脱离外界影响的，即使学校内的教室也是如此。每一个参与者都把自身所属的外部世界带入了这个情境。正如上文所述，本特刊的很多作者指出以下事实：阅读学习发生在很多场合，其中的绝大多数并非学校课堂教学，而往往是非常规或非正式的学习场合，无论是对儿童或成人学习者而言。布罗姆和金指出，很多教育家（包括本次特刊的若干作者）认为所有这些外部环境因素只有当它们是否能够帮助或阻碍阅读学习过程时才与阅读学习有所关联。但这两位专家质疑了这种判断，他们所给出的一个重要论断是：所有这些环境（家庭、社区、教堂等场景）本身就是一种学习情境；在这些情境中发生了大量的学习，在学校教学环境以外的情境中也能够促成很好的学习。并且，除非学校教学环境中发生的学习与这种非教学情境中的学习同时发生或者从后者汲取成果，那么最好的结果会是两者之间的权限分离（即在另一个情境中学到的知识并不会迁移或针对教学情境做出改变），而最坏的结果会是混乱。

布罗姆和金恳请并敦促一线教师关注学生在课堂以外所学到的其他阅读实践："[学校阅读实践]并不是儿童所习得的唯一阅读实践，儿童可能会在家庭环境、宗教机构或游乐环境以及其他各种社会或文化环境中学到独特的阅读实践。学校阅读实践与其他阅读实践之间的关系"值得所有教师关注。正如苏珊·琼斯最近指出的那样,"如果识字教育的模式未能意识到人们日常生活中与文本交往的现实情况,那么以这些模式为出发点构建的教学支持结构,事实上可能反而会加重那些缺乏接触基于文本的教学资源的学习者所面临的困境"(Jones 2017,p. 69)。

这对阅读学习中的意义构建而言尤为正确。任何一位认为阅读学习并不仅仅只是一个把符号转变为声音的专家都会认同以下观点:阅读是创造意义。正如阿巴兹在她这篇非常重要的文章中所说:"每一代人所学到的符号组都是他们在环境中幸存下来所必须的。……人类并不会轻易记住那些没有意义的形状。"正如她所说,所有那些符号那些形状的意义"取决于人们以前所获得的知识",这也是其他研究阅读的神经语言学家的共识(参见,例如 McDougall 2015,pp. 100 - 101)。每一个读者都在构建自身所解读的意义,正如玛格丽特(Margaret Meek)所说:"文本教读者该去学习哪些内容。"(Meek 1988)本章所有作者都认同以下观点:阅读的意义来自更宽泛的情境,而这些情境符合即时和宽泛的环境提出的要求;或者,如卡尔曼(Kalman)和雷耶斯(Reyes)所述,来自"情境化的文化",以及如德格拉夫、克拉尔和施瓦布、麦卡弗里(McCaffery)所述,来自历史。就像很多非洲和亚洲的学校那样,每一个学习情境,无论是正式的还是非正式的,都应当向其所身处其中的即时物理环境和社会文化环境保持开放。尽管阅读中的大量意义建构仍将来自教师以及他自身的情境化文化,所有的学习者也会把自身的情境化文化带入学习情境,而每个学习者也会通过提取来自教师和其他学习者的情境化文化来对自己的文化和另一些当地文化进行利用,从而创造意义——在此过程中,他们将创造出 Gutierrez 所说的家庭和学校之间的"第三学习空间"(Gutierrez 2008)。

一种鼓励阅读的文化

这对阅读学习有着最为重要的影响。此次特刊收录的所有文章都认同这一观点:阅读(和写作)如果想要在一个情境化文化中拥有意义,那么阅读(和写作)的学习实践,就必须是"符合生活常态的"活动(参见 Negassa,Rogers,and Warkineh)。当阅读并非是一种生活常态时,在这种文化背景中要想学会阅读可能需要花很长一段时间(Renganathan;Kral and Schwab);因此在帮助学习者发展新的学习实践的同时,也必须促成文化做出一些改变。否则,阅读学习实践会被认为只与学习情境有关,即,虽然一开始在学习情境中学会了阅读,但阅读却与学习以外的生活情境没有关联——这一点可以在一些非洲和亚洲的成人识字教育学习项目中看到,对于这些项目中的成人学习者而言,阅读只发生在课堂中(很容易听到成人学员说"我能够读懂识字课本,但是在此以外我就没有任何可以读的东西了")。而这种课堂学习实践与日常生活工作中的"常态"之间的差别有时会非常大,因为学员在家或社区以及宗教生活中鲜有开展阅读实践的机遇。

学习情境中的权力

另一点必须要指出的是，正如本次特刊许多文章所指出的那样，无论是正式或非正式的阅读学习，都发生在一种权力的情境中。有权选择使用哪种语言的并非学习者（即使是在德格拉夫设计的由学生来创作教学材料的项目中也是如此）也很少是教师，而是学术专家和政治家/教育管理方。德格拉夫谈到了"精英圈地"，索莱尔提到了在选取教学语言学习方法和教学材料时的"做决定的权力"。卡尔曼和雷耶斯提到了阅读教育项目中"不对称的权力关系"下的情境。麦卡弗里、克拉尔和施瓦布、雷根纳什（Renganathan）都提及了以边缘群体为背景的阅读学习项目中的权力。

因此，尽管人们可以非常轻易地把阅读学习所发生的情境进行简化。但是这种情境却是动态的、不断变化的、充满张力的，它将决定阅读学习在多大程度上以怎样的形式进行下去。经常发生的常态是从非正式教育转向非课堂教学，最终转向课堂正式教育，然后再次开启循环。所有的教育政策制定者、教育项目规划者、教育管理者以及所有教师都应当探索课堂以外的情境及其对教学任务所产生的影响。

如何进行阅读教学？

那么所有这些对阅读教学究竟有何意义呢？这让笔者想到了格雷戈里（Gregory）所写：所有试图去追寻唯一最佳的促进阅读学习的方法都是一种不切实际的空想，注定会以失败告终。本次特刊所收录的所有文章都认同：阅读学习并不存在"唯一正确方式"，并不存在普遍适用的万灵药。阅读学习完全取决于情境。

首先，这取决于阅读时所使用的语言。阿巴兹非常清楚地认识到了这一点。用英语来学习阅读和用一种有着很高的"语言内部一致性"的语言来学习阅读是非常不同的；书面文本和语言使用方面的差异会给阅读学习带来巨大的差别。她所指出的一个不容否认的事实是，绝大多数旨在提升阅读的教学项目是基于西方模式的；她谴责了很多阅读学习项目中出现的英语中心论，她认为在很多发展中国家使用英语来进行阅读教学是最糟糕的模式，并给全球的阅读教学带来了很大的问题。麦卡弗里也提出了相同的观点："西方在向全球大量输出自己的教学模式。"但学习阅读依靠的是究竟被学会的是哪种类型的阅读。

第二，阿巴兹指出，阅读学习项目的有效性也取决于项目创造者的"信念和假设"。德格拉夫表示，选择使用哪种语言"是深深植根于海地的殖民史和新殖民史，以及其作为法语区成员的地缘政治身份的"。麦卡弗里描述了信念和假设是如何决定是否向旅行者群体提供教育供给以及教育供给的形式。这一点在德·席尔瓦和卡斯塔涅拉（da Silva and Castanheira）的描述中尤为清晰，他们描述了教师是怎样做出假设来判断学生是否拥有阅读能力的——这种假设遭到了部分学生的质疑。卡尔曼和雷耶斯谈到了项目参与者的"理念和价值观"。雷根纳什指出，当地政府持有以下信念：认为其少数族裔群体从整体上而言"自尊心低下，家长缺乏对教育重要性的认识，并且原住民学生本身就非常'懒'"；从这种信念的表述中，我们很容易发现当地政府把"阅读水平低下"归咎于学习者自身而非政府。因此本期特刊所收录的所有文章都贯穿了这一主题：阅读学习不是一种中性的、不带假设的活动；它深深植根于那些（经常并不明说的）来自学术科研者、政策制定者和教育实践者的理念和假设，这将有助于对研究对象和教学内容进行取舍。

所有这些都能支持本文在之前所得出的结论：并不存在一种唯一正确的有助于阅读学习的方式，这是本期专刊的最重要的结论之一。笔者相信，这也是布莱恩·斯特里特教授会从所有选录的论文中得出的结论。笔者也曾就此议题与他进行过多次讨论。

从上文可以看出，有必要把正式的课堂阅读教学——无论是专注于语音或者语言整体，无论是用母语还是政治主导语言——与所有人，包括无论年幼年长的阅读学习者，参与其中的非正式学习方式彼此结合。如上文所述，学习者和我们其他人一样，他们在学会自己的第一语言时，是通过参与多种多样的活动，有些是非正式的，有些是正式的教学活动，有些是带有学习目的的，有些不是。因此我们不能够荒唐地认为，唯一正确的学习阅读的方式就是去无视所有课堂以外的学习，并且只推崇一种正规的课堂教学，由教师来主导一系列顺序固定的学习活动。克拉尔和施瓦布提倡"对正式教学和非正式习得进行整合"。那噶莎和同事建议以社区的形式来组织阅读学习实践，切菲、麦卡弗里和斯特里特对此观点表示支持，并且设计了"以当地的阅读和写作方式开展的学徒制"。德格拉夫把学习者所创作的材料作为教学材料。格雷戈里、布罗姆和金与许多其他成年人识字学习项目一样，使用了学习者自己所讲述的故事。世界上还存在着千千万万个故事来讲述阅读是怎样被学会的。但所有这些故事都会与特定的情境相关，而学习正是发生在这些情境之中："首先去研究情境，然后你才能够开发出合适的学习项目"——这就是我们想要传递出的关键信息。

在此我想再次引用克拉尔和施瓦布来为本文作总结：

> 当务之急是，我们必须要拓展自己的认识，深入了解年轻人是怎么习得知识、实践和秉性的，而年轻人需要所有这些才能够成长为一个社会群体或文化社区中的合格成员。……如果那些身处偏远地区的少数族裔年轻人［当然也可以是任何其他人］都能够独立自主地学会那些让他们能够自处以及在社区中扮演成熟角色的知识技能和意识，那么研究者就不应该把注意力只集中在学校教育和正规的成人识字教学项目上，而是更应去关注语言、识字和技术知识是如何在社会交往中被习得的，更多去关注作为终生过程的学习在学校等教育机构以外的情境中是如何发生的。

本期特刊中的所有作者都以某种方式表述了相同的观念:"在你试图去教学习者如何阅读之前,请先去尝试了解[即研究]更宽泛情境中的学习者,以及这种社会文化环境所创造出的符号体系。"

(朱　正　译)

参考文献

Gutierrez, K. (2008). Developing a sociocritical literacy in the third space. *Reading Research Quarterly*, 43(2),148-164.
Holland, D., Lachicotte, J., Skinner, D., & Cain, C. (1998). *Identity and agency in cultural worlds*. Cambridge, MA: Harvard University Press.
Jacobson, E., Degener, S., & Purcell-Gates, V. (2003). *Creating authentic materials and activities for the adult literacy classroom*. Cambridge, MA: Harvard, NCSALL.
Jones, S. (2017). Literacies and inequality. In B. Parry, C. Burnett, & G. Merchant (Eds.), *Literacy, media, technology: Past, present and future* (pp. 63-78). London: Bloomsbury.
Latour, B. (2007). *Reassembling the social: An introduction to actor-network-theory* (2nd ed.). Oxford: Oxford University Press.
Mackey, M. (2017). Television as a new medium. In B. Parry, C. Burnett, & G. Merchant (Eds.), *Literacy, media, technology: Past, present and future* (pp. 25-40). London: Bloomsbury.
Masny, D., & Cole, D. R. (2012). *Mapping multiple literacies: An introduction to Deleuzian literacy studies*. London: Bloomsbury.
McDougall, R. (2015). Seeing in and out, to the extended mind through an EEG analysis of page and screen reading. In M. Grabowski (Ed.), *Neuroscience and media: New understandings and representations* (pp. 89-107). London: Routledge.
Medina, C. L., & Wohlwend, K. E. (2014). *Literacy, play and globalization: Converging imaginaries in children's critical and cultural performances*. London: Routledge.
Meek, M. (1988). *How texts teach what readers learn*. Stroud: Thimble Press.
Moll, L., Amanti, C., Neff, D., & Gonzalez, N. (1992). Funds of knowledge for teaching: Using a qualitative approach to connect homes and classrooms. *Theory into Practice*, 31(2),3-9.
Parry, B., Burnett, C., & Merchant, G. (2017). *Literacy, media, technology: Past, present and future*. London: Bloomsbury.
Rogers, A. (2014). *The base of the iceberg: Informal learning and its impact on formal and non-formal learning. Study guides in adult education*. Opladen: Barbara Budrich Publishers.
Wohlwend, K. E. (2011). *Playing their way into literacies*. New York, NY: Teachers College Press.

专　栏

学习阅读：第三种视角

伊夫·格雷戈里[*]

在线出版时间：2017 年 9 月 25 日
©版权归作者所有　2017 年　本文为开放存取出版物

摘　要　孩子如何学习阅读是一个备受争议的问题。因为读写教学一直是学校教育的一个主要目标，所以教育学和教学方法通常奠定了研究和实践的框架。心理学家和语言学家在我们理解"读写学习"方面发挥了重要的决定作用。虽然他们对下面问题看法不一：孩子读写学习从语音开始，然后到意义，还是刚好相反。但是他们都将教学任务限定在个体的认知和语言能力范围之内。在本文中，我认为应该将这个范式扩大，赋予社会文化理论跟心理学和语言学观点同等的价值。通过一些在伦敦开展的民族志研究的例子，我表明了孩子在成为理想社群一员的过程中是如何学习复杂课文的。通过玩耍、排练、建模和实践，孩子明白了读写的价值，也学会了学习所需的认知和语言技能。

关键词　社会文化理论　玩耍　协调者　彩排　预期叙述法　学习阅读

"学习阅读"在不同的时间和地点对于不同的人来说意味着不同的东西。在 19 世纪的英国，对于许多贫穷的孩子和他们的家庭来说，"学习阅读"意味着在主日学校里认真学习《圣经》或其他宗教经文，熟记经文的方法一直延续到今天，因为这些经文通常用牛涩的语言或正式又难懂的措辞来表达。对一个穆斯林孩子来说，学习阅读《古兰经》意味着认真学习一本用陌生语言或方言书写的课本，并且达到能熟练背诵它。

---

[*]　伊夫·格雷戈里（英国）
　　伦敦大学金史密斯学院教育系语言和文化荣誉教授。作为民族志学者，她从事家庭和社区民族志研究 25 年以上。她主要关注儿童在家庭或社区，在兄弟姐妹或祖父母的陪伴下学习语言和读写。最近她正在研究儿童在宗教环境中学习语言和读写。这项研究基于多语言社区，主要在伦敦东部进行。同时，该研究还得到了经济和社会研究委员会，Leverhulme 信托基金和斯宾塞基金会的资助。她撰写和编辑了许多著作，包括：《城市读写：跨代和跨文化阅读学习》(伦敦：Routledge, 2000)(合著者：A. Williams)；《论写作教育民族志：共谋的艺术》(Stoke-on-Trent, Staff, 英国：Trentham, 2005)(合著者：J. Conteh, C. Kearney 和 A. Mor-Sommerfeld)；《学会用新语言阅读》(伦敦和纽约，纽约：Sage, 2008)。
　　通信地址：Goldsmiths College, University of London, 8 Lewisham Way, New Cross, London SE14 6NW, UK
　　电子邮箱：e. gregory@gold. ac. uk

印度教的孩子也用这种方式"阅读"古老的梵文。相比之下,英国的课堂老师往往将语音作为教学重点,并把它视为理解课文含义或将它与孩子生活联系起来的前提。这两种关于阅读的理解与看小说消遣、给朋友发短信、读信号或曲谱时的认识是迥然不同的。如今人们理解"学习阅读"有很多种方式,这些只是其中的小部分。

在这些方式中,可能存在两个不言而喻的道理:从智力上来说,学习阅读常常涉及符号化学习,解释一些符号;从教育的角度来说,符号化的教学如何巧妙地发生,这个问题引起了老师、家长和政客的激烈争论。因此,下面这些问题依然存在:孩子怎样才能很好地开始学习阅读?教育者怎样才能最有效地教他们?在本文中,我首先研究了现有的对英国学校课程产生影响的心理学和语言学观点,然后,从儿童家庭和社群的纵向研究和民族志研究中列举一些例子,支持第三种视角的结论——用社会文化理论解释小孩子如何自信、成功地学习阅读。

"简单"对"复杂"的方法:心理学视角和语言学视角

现有的调查研究如何解释孩子学习阅读以及老师如何教他们?这些研究表明大家对此看法不一。阅读、语言和思维之间的关系一直是个备受争论的问题。爱德华·休伊(Edward Huey)曾写过一本具有革命性的著作《阅读的心理学和教育学》,这本书于1980年在纽约出版。在这本书中,他声称阅读是"一项高度复杂的任务,它涉及思维中很多最密切的运作"(p.6)。自那以后,针对这些"思维的运作"如何精确地产生,以及它们有多复杂或简单等问题,教育者和研究人员提出了一些自相矛盾的观点。

发生在20世纪传统的争论(1967年卡希尔称之为"最伟大的争论",亚当斯对其进行过详细的解释)就介于两种观点之间:孩子是"自下而上"地学习阅读?还是"自上而下"地学习阅读?这些专业术语可能很难懂,但是理解这些术语和其他关键术语很重要,因为它们反映了一些截然不同的理论,而这些理论对20世纪至21世纪初的早期阅读教学产生了很大的影响。

第一种观点:自下而上理论

简而言之,心理学研究(Rose 2006;Stuart and Coultheart 1988)支持自下而上或"简单"理论,正如它声称,学习阅读的过程是从具体到一般的:从最小的意义单位(单个声音,或音位)到最大的(世界知识,或语义知识,语言结构知识,或句法知识)。那些支持自下而上阅读理论的人认为,学习需要在一个词的图形表现基础上重构词的声音形式,正因为有了对词的声音形式正确的重构,才产生理解。换句话说,声音解码和词的发音被视为获得理解的两种手段。完全基于自下而上理论的早期阅读教学强调,首先教孩子们将音位(声音)与图形(符号)联系起来,然后,逐渐构建上一级单位——词(词汇)和更大的意义单位。有时这种方法被简单地称为早期阅读的"语音方法"。

第二种视角:"自上而下"理论

"自上而下"理论,与"自下而上"理论的观点刚好相反,它产生于语言学(Goodman 1996; Smith 2012)。该理论假定理解是从一般到特殊的,从语篇知识、一般文化知识到预测和阅读单个生词和字母。那些支持"自上而下"理论的人认为,识别印刷或书面符号只能刺激读者回忆起基于过去经验的意义,并刺激读者运用已掌握的概念重构新的意义。早期阅读教学就受这种观点的影响,强调使用现有的语义和句法知识教初学者,从而达到能够选择和预测书面语的目的。这种方法有时被简单地称为"自上而下"方法。

在 21 世纪,教育者普遍认为,解码(自下而上)和构建意义(自上而下)是达到熟练阅读的重要组成部分。争论双方的研究者和老师都同意,系统的语音训练有益于所有开始学习阅读的孩子。然而,他们就以下问题产生很大的分歧:应该给予多少语音训练,在哪个年龄,什么类型的? 应该给予多少构建意义的训练,在哪个年龄,什么类型的? 关键是,解码和构建意义应该分开单独来教,还是它们本来就交互在学习阅读的过程中?

从 20 世纪后 30 年到今天,有关早期阅读教学的理论和政策一直在不断变化。在 20 世纪 70 年代,"看与说"(整词认读)是最常见的方法,随后,20 世纪 80 年代,在英国出现"学徒"方法(由有经验的读者进行引导性阅读)。到 20 世纪末,英国官方政策采用一种折衷的方法(将整篇课文与引导阅读、语音教学和视觉词认读结合起来),它类似于美国的整体语言教学法。然而,在 21 世纪初期,美国和英国的官方政策都急剧转向支持争论中"自下而上"理论的倡导者,其中一些倡导者声称,语音训练应该"最先教,并且快速教完"(Miskin 2005, p. 20)。21 世纪前 10 年,英国的早期阅读政策受"阅读的简单理论"影响,这种模式(如下所述)最初由 Gough 和 Turner 提出,在 2000 年由美国国家阅读小组采用。

那么,如何开发早期解码或单词识别能力呢?"简单观点"认为在最初阶段完全限制阅读教学,采用合成语音课程。合成语音从单个字母和它们所代表的发音开始(Lloyd 2003)。老师教几个字母和发音(包括一个或两个元音)之后,孩子看包含那些字母的、简单的生词,然后试图发出每个字母的音来(起初没有使用单音双字母),然后,将单个发音组合起来,拼读出一个词的正常读音。老师从一开始就展示生词中所有位置上的字母。通常情况下,第一个字母是 s, a, t, i, p, n,第一个单音双字母是 sh, th, ai, oa。这样做的目的是为了让孩子们在单词与发音的对应关系不断增加的同时,能够将越来越多的单词混合在一起。例如:at, dog, hen, spot, hill——也是为了让这种学习早点儿产生,孩子们就能自学生词了。通过这种方式,倡导者声称合成语言课程"赋予了孩子们力量"(Miskin 2005,p. 14),如果他们能毫不费力地解码,就可以全身心地学习书本内容。

因此,在这些早期阶段,老师只能介绍孩子们阅读那些含有已学的发音和单音双字母的书籍(例如:只阅读属于相关出版计划的书籍),以免对他们的学习造成困惑,或者避免遇到无法解码的生词,挫败他们的积极性。在课程的第二阶段,老师向孩子们介绍单音双字母(两个字母组合发一个音),孩子们通过例子,练习将单音双字母组合成规则的生词,例如:b-oa-t、sl-ee-p 和 sh-ou-t。在第三个阶段,老师呈现一些不太规则的生词,通常每周学习两到三个生词。如果孩子们发某个生词的音发得不准确,老师就会让他们找出不规则的部分;例如:"do"的"o"发"oo"的音)。关键的策略在于拼合发音,从最小的发音逐渐上升到生词。

但是,支持这种观点的人不只是争论中的讨论者,还有一群同样强大的人,对他们来说,语音教学只是众多策略中的一种(合成拼音法也只是众多语音教学法中的一种),在他们看来,意义和解码是内在联系的。这些研究者和实践者都来自许多说英语的国家,他们都拥有一种根深蒂固的信念,即学习阅读没有简单的方法,也没有"通用的方法"(Adams 1995,p. 23)。在全面回顾和分析关于这个话题的基础与应用研究之后,亚当斯(Marilyn Jager Adams,伊利诺伊大学厄巴纳-香槟分校阅读研究中心)坚决认为在早期阅读中(1995),解码(或语音)和意义(或语境)息息相关,二者应该在早期阅读的课程中同步教学。亚当斯认为音位意识不仅包括语音模式的知识,还包括音韵意识和拼写(正字法)模式的知识——音位意识是构建的基础,意义也是阅读过程中固有的一部分。她总结说:"(孩子)必须意识到语言结构,从句子、生词到音素。最重要的是,他们必须对课文的形式和功能,以及课文对他们生活的价值有基本的认识。"(Adams 1995,p. 422)

第三种视角:阅读的个人价值

在本文中,我提出了学习阅读的第三种视角,它与亚当斯所指的"个人价值"有关,但是我对它的理解有别于亚当斯。具体来说,我从社会文化的角度来理解亚当斯关于阅读的解释(Street 1993,1995)。因此,我认为对孩子来说,重要的不是课文本身的价值,而是阅读作为归属感的重要组成部分的价值,或阅读作为成为特定文化实践一员的价值。我们如何解释年幼的孩子在无法轻易理解文章语音或实际含义的情况下,就能学习阅读冗长而复杂的文章?按照这个观点,阅读对孩子的价值不是次要的,而是很重要的。探究学习如何发生的研究已经从关注老师的教学方法转向了学生对其学习的控制。这种观点基于维果茨基理论,该理论认为从源头上来说,心理过程具有社会性,人们通过使用文化产物,参与社会实践,与个体互动,从而调节心理过程(Daniels，Cole，and Wertsch 2007；Vygotsky 1978)。通过完成他们重要的文化实践，孩子们自己就能成为熟练的实践者(Gregory，Long，and Volk 2004)。从这个角度来看，孩子在阅读中的个人价值与孩子在文化实践或社群中身份的重要性密切相关。

迈克尔·科尔(Michael Cole)赞同文化心理学的观点，他认为"心理是内化的文化，文化是外显的心理"(1998，p.292)，并进一步阐释了经常用来审视学习的"社会文化方法"的含义。预期叙述法和协同作用是社会文化方法必不可少的一部分。通过预期叙述法，我谈到过程，在这个过程中，监护人(通常是父母或祖父母)根据自己的经验来规划孩子的未来，从而增长代际知识，加强代际理解的连续性。这可能就发生在日常活动中，但是在语言或宗教实践的领域尤其明显。在这些领域中，与孩子关系密切的老一辈知识丰富，充当文化实践的调解者。其他社会文化理论的研究都赞成预期叙述法，但同时，研究也说明了几代人之间的协同作用，即文化中年长者，通过教学行为或学习对现有实践产生影响的新知识，也可以向年轻人学习。利用数字和互联网学习就是这样的例子(Flewitt，Messer，and Kucirkova 2015；Gregory，Arju，Jessel，Kenner，and Ruby 2007；Kenner，Ruby，Jessel，Gregory，and Arju 2007)。按照这个观点，老师想探究的问题是：在哪种社会和文化实践中，阅读对孩子起重要作用，它是孩子不可缺少的一部分？这些实践发生在哪里？多久发生一次？采用什么方法或交互模式？我们如何分析学习的本质，并详细说明参与其中所需的读写技能？谁来调节孩子的学习？调节是怎么发生的？作为教育者，我们从这种知识中能学到什么用以促进课堂教学？下面，我将探究最近在儿童家庭和社区进行的民族志研究中的三个例子，并讨论社会文化观点是如何解释早期阅读发生的。最后，我将说明个人价值如何成为所有例子中活动必不可少的一部分，以及它与包含各种活动的文化实践的关系。

我分别从小孩子与兄弟姐妹学习、与祖父母学习以及在宗教环境中学习等三项民族志研究中得到这些例子：(经济及社会研究理事会资助了这三个项目，我从中收集了资料：Gregory(1999—2000)；Kenner，Gregory 和 Jessel(2003—2004)；Gregory，Jessel，Kenner 和 Lytra(2009—2013)。它们是对其他我所描述的类似研究的说明(例如：Volk with Acosta 2004；Drury 2007；Pahl and Rowsell 2010；Marsh and Bishop 2012)。在这些研究中，研究者在儿童的家里对他们的家人进行了纵向研究。下面的摘录将谈到那些父母或祖父母非出生在英国的孩子和那些在国内就熟悉其他语言的孩子。参与者亲自收集了摘录1和摘录2的资料。研究者给有兄弟姐妹研究项目组的孩子们分发几台小型录音机，孩子们在大人不在场的情况下自己录音。由参与者熟知的研究者拍摄祖母们和她们孙子的学习。摘录3(from the BeLiFS project，www.belifs.co.uk)的研究者提供的资料是一段孩子们在宗教和家庭环境中背诵的祷文。

摘录来源

玩耍：兄弟姐妹和学校学习的价值

　　第一个摘录描述的是 11 岁的 Wahida 和她 8 岁的妹妹 Sayeda 在玩"模拟教学"游戏。她们出生在英国，住在东伦敦，但是她们的父母都来自孟加拉国。跟附近许多学校一样，她们学校的学生几乎都来自孟加拉国东北部的锡尔赫特地区。这两个女孩既去社区语言课堂学习孟加拉语读写，也去古兰经课堂学习用古典的阿拉伯语阅读古兰经。然而，在玩"模拟教学"时，她们一直使用英语。这段摘录选自整个录音中靠近中间的一段，整个录音在家录制，长达一个小时。在录音中，Wahida"教"妹妹算术、拼写、科学和诗歌，听妹妹朗读。虽然她们生活在一个伦敦口音很重的地区，但是说的却是与老师一样的标准英语。

Wahida 与 Sayeda 的"模拟教学"游戏记录表

Wahida	Sayeda
1：做得好！只错了两个。现在，我们来学习同音词。谁知道什么是同音词？没有人知道吗？这样，我给你们讲一个例子，然后你们自己想一些例子。比如：watch，你的手表，问时间的，意思是"手表"。watch 的另一个意思是我在"看"你，我能"看"见你，懂了吗？Sayeda，你已经在书上写了一些例子了吧？你能告诉我一些吗？Sayeda，就三个，好吗？	
	2：噢，我想出了五个。
3：不用这么多，Sayeda，时间不够了，再过五分钟，我们要去集合了，你猜谁会去呢——Kudija 老师。	
	4：好吧。
5：准备好了吗？现在告诉我一个吧。	
	6：儿子是跟女儿相对的……
7：对。	
	8：太阳……嗯……在天空闪闪发光。
9：说得好！对的。还有吗？	
	10："cell"意思是你去……坐牢……。"sell"意思是卖钱……他们给钱。
11：最后一个呢？	
	12：听！"hear"意思是你在听什么……别人在告诉你什么。"here"意思是来这儿，来。
13：非常好！现在你可以去集合了。Sayeda，按顺序排好队。否则，回来重新排队。记住你的位置，懂了吗？很好，Sayeda，就在你自己的位置，Kudija 老师会带你去，我还要做一些事情。	

Wahida 自豪地将自己标榜为老师,她相信老师的知识。Sayeda 是她的好学生。维果茨基(1978)认为,通过社会戏剧性的游戏,孩子表现得比在现实生活中成熟一些,我们可以清楚地看到这是如何发生的。关键是,我们还看到了协同作用是如何发生的,两个孩子互相学习。Wahida,年龄稍大一点,通过运用她的同音词知识,模仿布置教学任务(第 1 轮)来学习。Sayeda 最近在课堂上学习了同音词的概念,姐姐的进一步教学可以帮助她巩固学习,给她信心。两个孩子都内化了读写所需的语言模式、技能和知识,我们看到她们是如何评价和认同自己读者身份的。

预期叙述法与协同作用:祖父母与孙辈之间学习的价值

下面的例子阐明了预期叙述法和协同作用是如何在代际交流中发生的。Razia 现年 50 岁,出生并住在孟加拉国吉大港。然而,她的三个儿子和两个女儿已经搬到纽约、加拿大和伦敦去了。她漂洋过海花很多时间去看望她的孙子。现在,她在伦敦,正在跟 6 岁的孙子 Sahil 一起读 Chora(孟加拉国的一种宗教韵文或祷文)。这篇韵文描述的是一个孩子如何从醒来之际开始计划他的一天,以及他如何从社区德高望重的长辈的智慧中学习经验。

Razia 通过朗读韵文中的几个词来引导孙子,她的语气有点儿严肃,这样被认为是一种比较正式的学习方式。Sahil 跟着她朗读,他非常关注生词怎么发音,声音从哪里来,比如喉咙还是鼻子;他用嘴的哪个部分发音;甚至他的脸颊怎么动会影响他判断孟加拉语发音的好坏。在学习过程中,Razia 不断地示范、纠错和帮助 Sahil。Razia 领读,Sahil 跟读这种循环模式不断继续。这是孟加拉国一种传统的教学模式,尤其在教新的或不熟悉的材料时。虽然 Sahil 的孟加拉语足以让他理解故事的部分内容,但是也有一些不熟悉的生词,在祖母的帮助下他坚持不懈地学习(Jessel, Gregory, Arju, Kenner, and Ruby 2004,pp. 18,21)。

> Sahil:*Akhane ki bole*?[这个生词是什么意思?]
> Razia:*Konta*?[哪个?]

在其他情况下,比如玩电脑,Sahil 会带头学习。操作鼠标时他表现得很自信,他对要玩的游戏很熟悉,同时操作电脑也非常熟练。Sahil 在电脑上设置了纸牌接龙游戏:

> Sahil:*Asho akhane*.[来吧。]
> Razia:*Oita ami akhono khelte parbo na tomi khelo*.[我不会玩儿,你玩吧。]

在 Sahil 教她之前,Razia 不知道怎么玩纸牌接龙游戏。

  Razia：*Amake bolo tomi ki ki korso.*［告诉我你做了什么。］
   ... *Dekhi to tomi.*［让我看看。］
   ... *Erm bolo na Dadu* ... *bolo na.*［告诉祖母……告诉我。］
  Sahil：*Aita akhan rakhte* ...［把它放在……］

Razia 似乎很感兴趣,她看着 Sahil。Sahil 努力解释他在做什么,他把电脑屏幕上的纸牌重新洗了一下。

  Sahil：*Aita khotai rakhi，akhane?*［这张牌我该放在哪儿,这儿吗?］
  Razia：*Hmm* ...
  Sahil：*Na aikhane okhane airokom kore.*［不,这张在那儿,像这样。］
  Razia：*Dadu tho computer khelte pari na tomi dekhai dou.*［祖母不知道怎么用电脑,你教我吧。］
  Sahil：*Akhane akhane*［这儿,这儿。］
   ... *Ami jani* ... *tomi koro.*［我知道……你会。］

然后,Razia 伸手去拿鼠标,开始滑动它,试着按鼠标中心的滚动轮。当她这样操作时,Sahil 把手放在她的手上,引导她点击鼠标左键,然后,Sahil 继续手把手教 Razia 操作鼠标。Sahil 继续引导,对话的文字记录表明他对这个角色有信心:

  Sahil：*Akhane koro，na akhan* ... *akhan koro.*［把它放在这儿,不是这儿……现在来做一下。］

  在摘录的第一部分,Razia 向她的孙子教授了重要的文化、语言和读写知识。Sahil 不太能理解整篇韵文的真实意思,因为韵文是用孟加拉语书写的正式的文学作品,而不是用他所懂的吉大港方言。祖母朗读的语调、节奏和重复重申了这是多么的特别,这显然对他有很大的价值,使得他与祖母更加亲近,更加接近尚未学会的宗教信仰。摘录的第二部分转而说明了 Sahil 很会操作电脑鼠标。与兄弟姐妹研究项目组一样,模拟老师的角色成为学习的重要组成部分。

  祷文:通过宗教学习

  万福玛利亚祈祷文(或波兰语 Zdrowas' Maryjo)是圣母玛利亚的祷文,对波兰天主教徒来说,它具有特别的宗教、文化和历史意义。

波兰天主教家庭的孩子从父母那儿学习万福玛利亚祷文。通常在睡前,父母在家里祷告,这时周围幽静,孩子们反思当天及当天的事情。父母鼓励孩子用自己的话祈祷。例如,为他们所做的错事道歉,为发生在他们身上的好事而感谢上帝,在困难或紧要的情况下向上帝寻求帮助。

在波兰教会附属学校,每周六早上集会时,大家一同朗诵万福玛利亚祷文、主祷文和圣灵祷文。牧师站在讲台上,孩子们、家长和老师面向他,用波兰语齐声祈祷。这很好地说明了文化和语言的归属感,因为在场的每个人对祷文都很熟悉。

万福玛利亚祷文用一种特殊的语言,以文学形式向波兰孩子介绍了对话的概念。祷文本身有很强的节奏感,听起来像诗歌。它向孩子介绍了老波兰语动词形式 zdrowas'(迎接)和 błogosławionas'(蒙福),还有一个古老的波兰词 niewiasta(女人)。现在,这些词在日常语言中不再使用了,因此祷文提高了孩子对古波兰语的语言意识。祷文和它重要的文化、历史和政治背景——经父母传给孩子——强化了母亲在孩子生活中的重要性。

洗礼之后,对于波兰天主教的孩子来说,第一次圣餐礼是生命中非常重要的一件事情。准备第一次圣餐礼的孩子,在朗诵玫瑰经的时候,需要熟记万福玛利亚、其他教义祷文和戒律。他们必须学习万福玛利亚经文,这并不容易记住,所以要求他们充分利用记忆力去记住它。

对于波兰天主教徒来说,万福玛利亚祷文详细地将圣经和宗教与波兰文化、历史和政治结合起来,因此它的学习是多模态的,比如:经文、口语和交织在孩子头脑中的图像。诵经是单独进行的,可以跟亲密的家人诵经,也可以在波兰社区跟同龄人和成年人一起诵经。它增强了文化和语言的归属感和社区凝聚力。孩子把自己看作家庭(神圣的三位一体)的一部分,在这个家庭中,女性玛丽扮演着重要的角色(Gregory et al. 2013,p. 243)。

这篇描述摘录的祷文代表了四个宗教社团的孩子处理困难的等级,我们对他们的研究长达四年之久(www.belifs.co.uk)。尽管如此,所有孩子都努力背诵经文,通过学习,了解它对他们信仰的意义。孩子处理读写的水平远高于他们在自下而上或自上而下的正规课堂学习中处理读写的水平。我认为,他们能够做到这一点,因为他们拥有强烈的动机想要加入这个群体,同样,这个群体也很想接纳年轻的成员。这种个人价值很特别,因为孩子认为他们不是为了自己或家人而学习,而是为了上帝,这样一来,意义就被赋予在了熟练地诵经和其他象征性的行为之中,而不是经文本身的内容上。

总　　结

今天,大量的研究揭示了少儿家庭的各种读写能力实践,尤其是游戏和虚拟世界中的数字读写能力(Flewitt，Messer，and Kucirkova 2015；Marsh and Bishop 2013；Wohlwend 2010)。所有这些都表明孩子在没有接受正规的课堂教学情况下也能获得各种读写技能和知识。然而，矛盾的是，Spencer，Knobel 和 Lankshear (2013)声称"关于小孩子日常读写行为的民族志类型调查仍然比较少"(p.134)。他们的话正好强调了我的论点，即现有的早期读写学习理论本质上是建立在教育学和课堂教学之上的，而非孩子家庭学习基础之上。确实，对孩子家庭中实际发生的事情进行的民族志研究表明，学习是不可预测的，不受老师和决策者的控制。然而，本文目的在于说明第三种视角在读写研究中的重要性——给予它与阅读的心理学理论和语言学理论同样的重视。只有在比较复杂的框架内，我们才能充分承认学校之外的无形世界，公正地对待它，并从中学习。

(舒敬斌 译)

参考文献

Adams，M. T. (1995). *Beginning to read：Thinking and learning about print*. Cambridge，MA：MIT Press.

Bakhtin，M. (1986). *Speech genres and other late essays*. Austin，TX：University of Texas Press.

Chall，J. (1967). *The great debate*. New York，NY：McGraw-Hill.

Cole，M. (1998). Can cultural psychology help us think about diversity? *Mind，Culture and Activity*，5(4)，291–304.

Daniels，H.，Cole，M.，& Wertsch，J. V. (Eds.) (2007). *The Cambridge companion to Vygotsky*. Cambridge：Cambridge University Press.

Drury，R. (2007). *Young bilingual learners at home and school：Researching multilingual voices*. Stoke-on-Trent，Staffordshire：Trentham Books.

Fairclough，N. (1989). *Language and power* (2nd ed.). Harlow，Essex：Longman.

Flewitt，R.，Messer，D.，& Kucirkova，N. (2015). New directions for literacy in a digital age：The iPad. *Journal of Early Childhood Literacy*，15(3)，289–310.

Goodman，K. (1996). *On reading*. Portsmouth，NH：Heinemann.

Gregory，E. (1999–2000). *Siblings as mediators of literacy in 3 communities*. Research project funded by the Economic and Social Research Council. RES 000-22-2487.

Gregory，E.，Arju，T.，Jessel，J.，Kenner，C.，& Ruby，M. (2007). Snow White in different guises：Intergenerational and intercultural exchanges between grandparents and young children at home in East London. *Journal of Early Childhood Literacy*，7(1)，5–25.

Gregory，E.，Choudhury，H.，Ilankuberan，A.，Kwapong，A.，& Woodham，M. (2013). Practise, performance and perfection：Learning sacred texts in four faith communities. *International Journal for the Sociology of Language*，220，27–48.

Gregory，E.，Jessel，J.，Kenner，C.，& Lytra，V. (2009–2013). *Becoming literate in faith settings：Language and literacy learning in the lives of new Londoners*. Research project funded by the Economic and Social Research Council. RES 062-23-1613.

Gregory, E., Long, S., & Volk, D. (Eds.) (2004). *Many pathways to literacy: Young children learning with siblings, grandparents, peers and communities*. London: Routledge.

Huey, E. (1908). *The psychology and pedagogy of reading*. New York, NY: Macmillan.

Jessel, J., Gregory, E., Arju, T., Kenner, C., & Ruby, M. (2004). Children and their grandparents at home: A mutually supportive context for learning and linguistic development. *English Quarterly*, 36(4), 16-23.

Kenner, C. Gregory, E., & Jessel, J. (2003-2004). *Intergenerational learning between children and grandparents in East London*. Research project funded by the Economic and Social Research Council. RES 000-22-0131.

Kenner, C., Ruby, M., Jessel, J., Gregory, E., & Arju, T. (2007). Intergenerational learning between children and their grandparents in East London. *Journal of Early Childhood Research*, 5(3), 219-243.

Lloyd, S. (2003). Synthetic phonics: What is it? *Reading Reform Foundation Newsletter*, 50 (Spring), 25-27.

Marsh, J., & Bishop, J.C. (2012). Rewind and replay? Television and play in the 1950s/1960s and 2010s. *International Journal of Play*, 1(3), 279-291.

Marsh, J., & Bishop, J.C. (2013). Challenges in the use of social networking sites to trace potential research participants. *International Journal of Research & Method in Education*. doi: 10.1080/1743727X. 2013. 820642.

Miskin, R. (2005). Contribution to Teaching children to read. Eighth report of session 2004-2005, House of Commons Education and Skills Committee. London: The Stationery Office.

Pahl, K., & Rowsell, J. (2010). *Artifactual literacies: Every object tells a story*. New York, NY: Teachers College Press.

Rose, J. (2006). *Independent review of the teaching of early reading*. Nottingham: Department for Education and Skills.

Simpson, P. (1993). *Language, ideology and point of view*. New York, NY: Routledge.

Smith, F. (2012). *Understanding reading: A psycholinguistic analysis of reading and learning to read* (6th ed.). New York, NY: Routledge.

Spencer, T., Knobel, M., & Lankshear, C. (2013). Researching young children's out-of-school literacy practices. In J. Larson & J. Marsh (Eds.), *The Sage handbook of early childhood literacy* (2nd ed.). London: Sage.

Street, B.V. (Ed.) (1993). *Cross-cultural approaches to literacy*. Cambridge: Cambridge University Press.

Street, B.V. (1995). *Social approaches to literacy in development, ethnography and education*. New York, NY: Routledge.

Stuart, M., & Coltheart, M. (1988). Does reading develop in a sequence of stages? *Cognition*, 30, 139-181.

Volk, D., & Acosta, M. (2004). Mediating networks for literacy learning: The role of Puerto Rican siblings. In E. Gregory, S. Long, & D. Volk (Eds.), *Many pathways to literacy: Young children learning with siblings, grandparents, peers and communities*. London: Routledge.

Vygotsky, L. (1978). *Mind in society: The development of higher psychological process*. Cambridge, MA: Harvard University Press.

Wohlwend, K. (2010). A is for avatar: Young children in literacy 2.0 worlds and literacy 1.0 schools. *Language Arts*, 88(2), 144-152.

专　　栏

教育学课程中阅读文本的学校化

伊丽莎白·玛丽亚·德·席尔瓦　玛丽亚·露西亚·卡斯塔涅拉[*]

©联合国教科文组织国际教育局2017年

摘　要　本文对巴西一所联邦大学几位大一和大四学生进行了半结构化访谈，以此来审视在学术情境中对阅读文本采取的读写素养教育行动有哪些特征。本文将从社会学和人种志的角度来研究读写素养，经研究分析后，本文发现对阅读文本采取的读写素养教育行动往往与一种学校化的读写素养实践——这种实践由学校的教育目标和测评逻辑组成并以之为导向——之间彼此联系，同时这种读写素养活动对其参与者而言属于一种相对的隐性默示知识。本文同时发现大学本科课程规定的阅读目的与中学阶段的目的是相同的。在这种阅读观中，学生被要求运用阅读来完成一个既定的教学活动——而推荐给课堂的阅读文本则自动成了教学目标。本文得出结论：教育工作者需要更多关注在学术情境中的阅读教学，鼓励教育工作者致力于对发生在学术情境中的阅读目的和方式培养和创造出一种个人内省式态度，从而为拓展学生的学术读写素养实践做出贡献。

关键词　学术情境　阅读　读写素养实践　教学　学者化

在学术读写素养这一研究领域中，笔者发现很少有研究关注高等教育中的阅读

---

[*]　原文语言：英语

伊丽莎白·玛丽亚·德·席尔瓦（巴西）

执教于巴西坎皮纳格兰德联邦大学，是语言和教学理论研究集团的成员，她在该集团中主要从事葡萄牙语教学研究。在教学中，她主要与不同领域（如工程、心理学）的学生一起研究跨学科写作。她在米纳斯吉拉斯联邦大学获得博士学位，研究的焦点是心理学和教育学课程中的学术读写实践。

电子信箱：professoraelizabethsilva@gmail.com

通信地址：Federal University of Campina Grande, 109 Severino Cândido Fernandes Street, #306, Bairro Catolé, Campina Grande, PB CEP: 58410-453, Brazil

玛丽亚·露西亚·卡斯塔涅拉（巴西）

巴西米纳斯吉拉斯联邦大学教育学院教授。她同时也是该大学读写素养研究中心的研究员。她的研究兴趣包括学校和高校内外的读写素养实践评估，旨在理解具备读写素养的意义和结果。她尤其关注对学习机会的社会建构、话语分析和互动人种志研究方法。

电子信箱：lalucia@gmail.com

通信地址：Federal University of Minas Gerais, Belo Horizonte, Brazil

实践。例如在阿根廷,学者格拉谢拉·费尔南德斯和保拉·卡利诺(Graciela Fernández, Paula Carlino 2010)对布宜诺斯艾利斯大学的人文学科和兽医学科课程的教授和学生进行了调查,旨在对大学和中学的读写实践进行对比。

在英国,厄休拉·温盖特(Ursula Wingate)和韦罗尼卡·格斯卡-费尔南多(Weronika Górska-Fernando)证实了在学术读写素养教学中需要更多去关注阅读。温盖特(2015)对学术读写素养的教学方法提出了一种新的一揽子方案,其中包括对阅读和写作进行整合。在这种整合过程中,这位学者提倡一种学术界迫切需要和期待的教学活动,即先阅读后写作,也被称为"从资源开始的写作"。格斯卡-费尔南多(2016)进而论证了应该在学生的写作实践中包括并整合自省、阅读和讨论环节,以此来对写作进行支持。

笔者在自身所属的巴西情境中也观察到了这种相对缺乏学术阅读科研的情况。2015年,笔者对巴西大学情境中的阅读研究情况进行了一次调查。笔者访问了两家虚拟图书馆:高阶个人发展委员会期刊(CAPES;或称高水平个人提升委员会期刊[HLPIC])和巴西学位论文和博士毕业论文数字图书馆。在整个调查期间,笔者只找到了一篇相关论文,其科研方向是对修读图书馆情报学课程的大学生阅读习惯的文化方面进行研究(Bortolon et al. 1998);以及一篇由阿奎诺(Aquino 2013)撰写的硕士毕业论文,研究的是社会人文学科大学生在阅读学术文本时表现出的社会表征。

尽管笔者开展的这次巴西国内相关科研现状普查可能并不全面,但从中依然能看出巴西非常缺乏对学术阅读的调查和研究。由于相关科研的匮乏并且笔者意识到学术读写素养中不仅包括写作也应包括阅读,因此笔者决心开展本次科研来探索学生如何评价学术情境中开发的阅读素材的特征。

本文对读写素养采用一种社会学视角(Gee 1996;Street 1984)和人种志视角(Green et al. 2005;Heath 1982;Street 2003)来开展科研工作,由两位笔者中的一位对巴西贝洛奥里藏特市米纳斯吉拉斯联邦大学教育学系的三位大一学生和四位大四学生进行访谈。在得到了学术伦理委员会的授权后,她对受访的大一学生在三个时间点进行了访谈(即2015学年的开始、中间和结束),对大四学生在两个时间点进行了访谈(同一学年的开始和结束),她对每位学生进行了一对一访谈,每次访谈时间在40到60分钟。

在对访谈结果进行分析后,笔者把注意力转向了学生的主位(emic)视角(Headland et al. 1990),考察受访对象用来描述阅读学术文本时采取的读写素养行动的特征时用到的语境化提示物(Gumperz 2002)和推论选择(Ivanic 1994)。笔者将把大学情境中的文本阅读看作是一种读写素养行为,读写素养行为这个概念由卡斯塔涅拉等人(Castanheira et al. 2007, p. 8)提出,其理论基础是斯普拉德利(Spradley 1979)把行为这个概念界定为"主体在参与具体的社会交往中所采取的带有明确意图的行动"(译自 Castanheira et al. 2007)。基于上述这个最终定义,笔者把"读写素养行为"定义为参与者在进行社会互动的过程中运用阅读和写作时所表现出的实际的和可见的行为。

在对几份访谈内容摘要进行探讨前,笔者将首先介绍一些用于支撑本文分析的概念和定义。

新读写素养研究

本文的科研将采用一种社会学视角(Gee 1996;Street 1993,2003)来考察读写素养,并用这种视角来审视在特定语境中究竟什么才能被算作读写素养(Street 2013)。笔者在下文的数据分析过程中将从这一视角出发去探索三个主要概念:读写素养的自主模式和意识形态模式(Street 1984)以及读写素养实践(Street 1984,2013)。

自主模式把读写素养看作是一系列普世的、不变的认知技能,一旦被学会,就能对其他社会和认知实践产生影响,并且有助于个人的自我发展(Street 1984)。这个模式同时还假设,光靠这些技能就能够改变任何已经学会这些技能的人们的生活轨迹,无论这些人拥有怎样的社会和经济条件背景。

在斯特里特(Street 1984)看来,读写素养的自主模式源于以下事实:即掩盖了运用阅读和写作过程中永远都存在着的意识形态问题,并且把掌握和学习读写技能的过程看作是一种中性的和普世的习得过程,对任何社会团体而言都是充分的。如果说自主模式并未考虑到这些问题,那么意识形态模式则因为更关注读写素养的社会学属性,从而将对这些问题进行充分证明(Street 1984)。

把读写素养视为一种社会实践,则意味着"以一种从文化上更敏感的观点来看待读写素养实践,因为它在不同的情境中都各不相同"(Street 2013,p. 53)。这一读写素养的意识形态模式强调必须拥有一种开放的心态,并且敏锐地意识到读写素养既不是中性的也不是普世的(即与自主模式的看法相反);与前者形成反差的是,这一意识形态模式认识到在跨越不同社会情境以及在社会情境内使用写作永远都包含着身份认同问题以及话语权问题。

而读写素养实践这个概念从本质上与读写素养的意识形态模式有所关联。斯特里特(1984,p. 1)把这种实践定义成了"各种社会实践活动及其对阅读和写作概念的认识"。Street 在定义中使用了复数形态的"实践活动(practices)"和"认识(conceptions)",并以此方式来论证和分析:根据不同的情境,事实上存在着多种不同的方式去理解阅读和写作。读写素养实践与以下要素有关,其中包括信仰、价值观、态度、情绪和社会文化关系,而这些深层次的要素构成了人们应对阅读和写作任务方式的基础(Street 2013)。为了能更好地理解这些要素,有必要对以下问题进行探索和思考：参与者在一个既定的文化情境中与读写素养实践之间究竟建立了怎样的关系？在这种关系中他们建构了怎样的意义？他们对这个过程又有怎样的思考？采取了怎样的行动？

本文思考了如何将以上三个概念——读写素养的自主模式和意识形态模式以及读写素养实践——更好地运用在本文对学术情境中的阅读文本采取读写素养行动这个议题所开展的科研中。笔者将专注于讨论参与本次科研的大学本科生是如何描述自身修读的教育学和心理学本科课程中的阅读以及相关研究的。笔者相信，本文的受访对象在谈及与这些课程中的阅读实践相关的读写素养行动的特征时，在这种陈述的深处有着对读写素养的某种既定认知和理念，而这些理念定义了以何种方式去理解、评估和标示在本地情境中究竟哪种活动才可以被视为阅读。

在学术情境中阅读文本

笔者在本章节中将会呈现五份访谈的记录摘要，以此来探索受访对象如何描述阅读文本过程中采取的读写素养行动的特征，并思考以下三方面问题：阅读内容、阅读目的和阅读方式。第一份摘要来自与学生拉克尔（Raquel）的一次访谈：

> 采访者：请谈一下你在修读这门课过程中的阅读体验。
>
> 拉克尔：当我来到这里[大学]后，我不得不阅读非常困难的文本。我们[学生]在基础教育阶段并没有接触过这种类型的阅读。那时我们读到的只有教材中非常短小的文本。我不知道是不是因为我的中学太差了，但是那时我读到的只有课本中的小文本，并且以编写海报的形式来展现我的作业成果。在我来到这儿之后[语气中带着自嘲的笑意]，我不得不阅读那些来自非常有名的学术期刊中的文本，它们充斥着理论，而我不得不以学术研讨会的形式来呈现观点。当教授说"你来用学术研讨会（seminar）的形式发表观点吧"时，我一脸疑惑地问道："你在说什么？什么是学术研讨会？我完全不知道学术研讨会是什么。"

这份访谈摘要记录的是一位修读心理学课程的大四学生拉克尔描述她在该课程中阅读到的内容，并给出了她的阅读目的之一。针对阅读内容，拉克尔对比了基础教育情境中所要求阅读的文本类型（来自中学教材的文本）与高等教育情境中所要求阅读的文本类型（来自学术期刊的文本）。在做出这种对比时，她贬低了来自中学教材的文本，她通过在描述中学文本时使用"小"这个形容词来暗示这一点："课本中的小文本。"这种话语选择暗示了中学教材中呈现出的文本对她而言是简单的和容易的，而这与高等教育要求的文本存在很大差别，她暗示后者是非常复杂的，这一点可以从她在话语选择中选用了某些特定的形容词（"困难的"和"有名的"）和短语

("充斥着理论")看出。

拉克尔引述了这门教学课程要求的阅读目的之一：以学术研讨会的形式来呈现观点("我不得不以学术研讨会的形式来呈现观点")。在话语中选择使用动词"呈现"暗示了学生在此过程中学习自主性很低：这意味着他们阅读的文本是教授指定的，并被要求在课堂中交流文本中呈现出的信息。而这实则与普遍意义上的学术研讨会的要求有所不同：真正的学术研讨会所需处理的是对在研讨过程中涌现出的主题进行探讨并指出各种观点的问题所在。从阅读目的这个角度来看，受访者在讨论中学阅读和大学阅读时选用了相同的动词"呈现"，这表明她认为两者非常相似，正如她说自己在(中)学时"要以编写海报的形式来展现我的作业成果"以及在大学"我不得不以学术研讨会的形式来呈现观点"。在两种情境中，教师都规定学生阅读特定的文本以便能完成某种教授规定的特定学校作业(海报和学术研讨会)的要求，然后教授会对这种作业进行评判，并按照不同教育机构——中学和大学——的相应规定对学生进行打分。

从这个角度出发，尽管拉克尔一口咬定说基础教育与高等教育"完全不同"，但是在这两种情境中她读到的文本内容和阅读方式存在相同的区分方式，在这两种教育机构中阅读发挥的功能都是教育性质的。学生必须阅读指定的文本，以便能完成由教师/教授界定的教学目标，而后者会对学生在指定作业中的表现进行评估和打分。

下一个访谈的对象是索朗热(Solange)，她描述了自己的阅读内容和阅读目的，从这份访谈摘要中也能够轻而易举地看出阅读所发挥的教育功能：

采访者：你是否还记得自己在课程开始阶段的阅读体验是怎样的？你在课程进行过程中又是怎样取得进步的？

索朗热：是的，在一开始我们对自己所面对的阅读类型感到非常害怕，因为我们习惯的是[中]学的文本类型，中学课本里的语言非常好懂，并没有太高的学术性。然后，当我开始修读大学的教育学课程时，我发现我们必须回答与社会学相关的问题，回答与布尔迪厄著述的文本相关的问题。然后这种文本非常学术，非常难。想要读懂这种文本中的语言时遇到了非常多的困难。我认为它用的语言太难了，与我的文化和社会背景差得太远了。

在上述访谈摘要中，大四学生索朗热与拉克尔一样，对比了在大学课程开始阶段规定阅读的文本类型与她在中学中读到的文本类型。在这种对比中，索朗热着重提到了文本中的语言。她把大学学术文本的特征描述为"非常学术"；"非常难"；"所用的语言非常难"。请在这段摘要中她就用了四次"非常"这个副词，并且其中两次在语调上对这个副词("非常")进行强调和重读，所有这些语境化的语用惯例都加重了索朗热在把学术文本的特征描述为复杂困难时的措辞选择的强度和语气：她接连使用了"非常学术"、"非常难"、"难以理解"以及"与我的文化和社会背景差得太远"。值得注意的是索朗热用以描述学术文本的这些语用惯例和话语选择与她描述自己所知的中学情境中的文本（来自中学教材的文本）时选取的语言截然不同——在她看来，中学的文本"非常好懂"、"并没有太高的学术性"。

索朗热在访谈中提到的基础教育阶段课程中读到的文本与大学读到的文本之间的区别与费尔南迪斯和卡利诺（Fernández and Carlino 2010）的科研成果保持一致。这两位学者对布宜诺斯艾利斯一所大学的人文学科和兽医学科大一新生进行了访谈。这两位学者根据受访学生的反馈得出以下结论：参加访谈的学生承认他们在中学时的阅读量并不大，读的主要是一些短文本，比如教材。这批学生承认自己到了大学后已经读到了来自更广范围的文本，其内容更为复杂，并且信息密度更高、更专业。

尽管拉克尔、索朗热和参加费尔南迪斯和卡利诺（2010）访谈的受访对象都表示学生在中学和大学的阅读之间存在差异，但这种差异实际上有着一种特定的性质。当人们把阅读所用的文本放入一个更大的包含了两种教育机构（中学和大学）的宽泛情境——即学校化的情境——中去，就会发现两者之间的差别被稀释了，因为两种教育情境要求的主要阅读目的从整体上依然是教育性质的。

在上述访谈摘要中，索朗热也提到了大学阶段的阅读目的之一：回答问题："我们必须回答与社会学相关的问题，回答与布尔迪厄著述的文本相关的问题。"这种陈述证明在对学术情境中的阅读文本采取读写素养行动时确实存在着教育目标。尽管这位学生对教授所提问题做出的回答并未被她自己阅读，但她做出回答的过程实际上包含着一种完成既定教学目标的阅读目的，因此就能与其他阅读目的之间做出区分（Kleiman 2010），比如为了获得乐趣或获得信息而开展的阅读。

第三位学生雅思米姆（Yasmim）在下文中所给出的描述同样也证明在教育学课程要求的学术文本阅读过程中存在着教学目的：

采访者：你能否描述一下自己在第一学期被要求阅读学术文本时的经历？

雅思米姆：一开始，我记得自己有种奇怪的感觉，觉得这种体验非常碎片化，因为有时你[指学生]会收到一个课程计划，[其中]包括了……一份对下一次课内容的说明文件。下节课的课前任务可能会是"阅读一篇文章"。然后教授会在下一堂课上讨论这篇文章。在另一课上，有时我们又会被要求阅读书中的一个章节。在另一次课上，又有可能是一本书的前言部分。……在另一次课上又有可能是[阅读]另一个作者的著述。总之非常碎片化，往往会变得愈发碎片化……

在这份访谈摘要中,雅思米姆引述了她在一门课程开始阶段被要求阅读的一些文本类型——"文章"、"书的一个章节"以及"前言"。她把课堂所规定的阅读此类文本方式的特征描述为"碎片化":"[在一次课上,必须]读一篇文章。……在另一堂课上,有时你必须阅读书中的一个章节。在另一堂课上你必须阅读一篇前言。在另一堂课上又有可能是[阅读]另一个作者的著述。"这位学生通过描述一系列课程对所需阅读的文本类型做出了多种不同要求,从而得出了"碎片化"这一概念和印象:每次当她提到一"堂课"时,她都会使用形容词短语"另一个的"来指称一种不同类型的文本:"文章"、"书中的一个章节"以及"前言"。每提及一种不同类型的文本前就重复一次这个形容词短语是一种语境化的语用惯例,这表明在雅思米姆的认识中,她下意识地强调她认为这门课程在挑选哪种类型的文本以及哪位作者的著作来给学生布置阅读任务的过程中并不存在符合逻辑的排序,因为每一堂课都会处理一种不同类型的文本,由某位特定的作者著述,出自某种给定的出版物(比如学术期刊或专著)。这位学生用以巩固自己认知的另一个语用惯例是她对"碎片化"这个短语的不断重复,她一并使用了这个短语的形容词和名词形态,这标志着在这位学生心目中她对课堂所规定的阅读方式的特征进行了一种归纳。

雅思米姆所做的上述特征归纳表明她不熟悉在一门既定学科所指派的各种不同文本之间是可以建立联系的。通常,教授会挑选在课堂中要求学生讨论的文本,这种挑选的基础往往是为满足课程所规定的教学目标而做出的宏观规划。基于这种宏观规划,教师有时会觉得没有必要一次性把整本书的所有章节或一份学术期刊中的所有文章都布置为一次课的阅读任务;或者在另一些情况下,他们觉得布置几本书而不是一本书或布置一本书中的多个章节会是更有成效的做法。然而,如果教授没有把这种不同文本之间的彼此关系向学生挑明,或者学生自己无法在不同文本之间建立联系,那学生往往会把教授布置的一系列文本的特征归纳为"碎片化的",就像雅思米姆那样。

高校中这种指定阅读文本但不明示文本之间关联的做法表明学术知识存在着一种默示的性质(Jacobs 2005)。根据雅克布斯(Jacobs 2005)的研究发现,发生在学术情境中的学习始于一种隐性不可见的过程,因为这种学习预先假定了参与其中的学习者——作为熟悉该领域的圈内人——从一开始就熟悉并知晓这个情境中所有的规范和规则。然而这种所谓圈内人群体中的绝大多数实际上并不知道这些规则。利利斯(Lillis 1999,2001)认为之所以会发生这种学生不熟悉学术规范的情况,是因为"教育机构内存在一种对自身实践保持神秘的惯例做法":学术惯例对那些身为学术界圈内人的教授、学生和学者而言并不是透明的。这种学术知识的不透明性以及弥漫在学术圈的"神秘感"导致一些学生(比如雅思米姆)很难认识到阅读文本以某种方式呈现给他们的意义所在。

雅思米姆提到的这种"碎片化"现象同样也发生在中学层面。教材——作为基础教育阶段课堂中的主要教学资源——在受访对象自身看来同样也是"碎片化的"，这和雅思米姆对这个术语的界定保持一致，因为教材中的每个章节都包含了一篇或多篇属于不同篇章类型的文本。此外，当这些在不同写作情境中写就的、发表在各种不同出版物上的文本最终被收录在教材中时，它们立刻就会因为需要服务于教学目标而成为二手文本。（例如，当一本教材在呈现"来自真实生活的"文本时——比如来自一份报纸的新闻——教材可能并不会收录这种真实文本的一些特征，比如报刊专栏那种特定的组织和排版格式，教材在呈现这种文本时所实现的也不是该文本的最初目的——在这个例子中，来自报刊的文本的原初目的是让读者能有机会了解最近发生的天下大事。而当这个文本进入了教材之后，其目的就变成了教导学生理解"新闻"这一文体的具体特征。）一位学者在研究了葡萄牙语教材后指出：一方面教材中存在着来自多种不同文体类型的多样化真实文本，另一方面文本在被教材印刷和收录的过程中存在着不可避免的学校化过程——将其从原始的领域中提取出来并把它们本身转变为学习目标（Bunzen 2007）。根据本生（Bunzen 2007）的研究发现，这种阅读文本被转变成了具体的教学目标，以便能够达成既定的学校教育目标。教材在呈现了来自特定篇章类型的一篇给定文本后，往往会立刻列出有关这篇文本的阅读理解问题，但却不会考虑与这种篇章类型有所关联的真实社会实践。

本生（2007）在基础教育阶段教材中所观察到的这种学校化过程同样也出现在大学阶段布置的阅读文本排序方式中。雅思米姆在访谈中提到的"书中的章节"、"文章"和"前言"最初都是基于一定的创作条件来进行编写的，并且在一些特定的社会情境中传播。但是一旦这些文本被引入了教材和课堂教学中，所有这些创作条件就会被抹消，以便文体类型本身能够成为教学的目标，因为该类型文本在这种课堂情境中的阅读目的变成了方便组织课堂讨论（"教授将会讨论这篇文章"）。

在上文的访谈摘要中，索朗热提到了布尔迪厄著述的文本，这种由专家编写的文本一旦变成了大学教授布置给社会学课程的阅读文本学习任务后，也会变得学校化，而索朗热修读的正是这类社会学课程。这份刊印在某本特定学术专著或某一期特定学术期刊中的布尔迪厄著述的文本在被改编成了要求特定类型的学生在一堂社会学课堂上思考和讨论的具体课程教学目标后，最终成了一种学校教育目标：教授规定学生必须阅读这个文本并且在下一堂课上回答教授对这个文本所提的问题。删除了文本创作时所处的社会背景条件意味着在对一个文本进行学校化处理的过程中削减了其文体类型特征：由教这门课程的教授来选择文本，并且在布置作业时要求学生朗读某个特定文本以便成功地开展某种特定的教学活动，从而实现某个特定的教学目标。

卡拉（Carla）是笔者采访的另一位大一本科生，她在接受访谈时也给出了学术情境中的阅读内容发生了学校化过程的实际事例，尤其是她在访谈中强调了自己所读到的文本是由理论的宣传介绍员（即那些对经典的、权威的作家和学者比如弗莱雷或杜尔凯姆的作品和思想进行总结的写作者,这个词引自将在下文中呈现的与这位学生的访谈内容中)编写的,而不是权威学者的原著。以下段落是对卡拉进行的一次访谈的记录摘要,它显示了本段谈及的内容:

有些教授非常担心,所以他们会说"我不会给你们发经典文本原稿[即那些被整个学术界认为是权威的文本],因为有些原稿太老了,而你们[指所教的大学生]读这种文本一定会非常费劲,因为它的语言很难懂"。但是至少对我本人而言,这种情况并没有发生。最近我收到了与杜尔凯姆有关的阅读文本,因为有两位教授谈及了杜尔凯姆并布置了相应的阅读任务,但是两位教授提供给我们的都不是杜尔凯姆自己撰写的原稿。但是我并没有觉得杜尔凯姆原稿的文本有多难。我是一个勤于思考的人,因为有很多概念、很多东西,其实都很难在这种[理论宣介员编写的]改编总结稿中找到。[此处说话的语气中带着笑意]

在这份访谈摘要中,卡拉讲述了有些教育学课程的教授并不会布置权威作者,比如杜尔凯姆,自己写的原稿作为阅读任务指定的文本,("有两位教授谈及了杜尔凯姆并布置了相应的阅读任务,但是两位教授提供给我们的都不是杜尔凯姆自己撰写的原稿。")并且教授对这种权威的原稿做出的评价是"有些原稿太老了,而你们[指所教的大学生]读这种文本一定会非常费劲,因为它的语言很难懂"。她不认同教授的这种观点,并且分享了自己的阅读体验:"我也有去找杜尔凯姆的原稿进行阅读。……我不觉得它们有多难。"

卡拉所做的上述两个论断:"我并没有觉得杜尔凯姆原稿的文本有多难"和"我是一个勤于思考的人,因为有很多概念、很多东西,其实都很难在这种[理论宣介员编写的]改编总结稿中找到"以及她在说这两句话时语气中带着的笑意都证明这位学生并不认同教授在布置阅读任务时选择不布置权威学者著述的经典著作原稿的做法。就同时也暗示:教授选择不布置这种原稿作为阅读文本的行为意味着对学生阅读能力和对经典文本的理解能力的贬低,即教授低估了学生的学习潜能,因为她在阅读杜尔凯姆的原稿时并没有遇到太多的理解困难。

参与访谈的另一位修读了教育学课程的本科一年级学生玛丽安娜(Mariana)与卡拉有着相同的看法,认为非常有必要去阅读提出某理论的原作者所撰写的文本内容。

采访者:本次采访的最后一个问题:现在整个学期已经结束,请你谈一下你在这个学期这门课程中的写作和阅读经历,以及你会怎么评价这个学期。
玛丽安娜:我修了一门课,教这门课的教授并没有给我们作者的原稿让我们阅读。这位教授说布置给我们的是一个经过简化的版本,由另一个人来谈论他[指那位提出理论的权威学者]。为什么他在布置补充阅读任务时,不[布置]原作者的原稿来让我们阅读呢?那么谁有能力阅读原作者的原著呢?……当然,我知道原著很难。总有很多阅读任务布置给我们。每一门学科都布置了很多阅读作业。是的,多得令人吃惊呢。真的是这样。但是我有一种感觉,我觉得我们不能因为别的原因……就放弃所阅读文本的质量,因为这对培养我们的阅读能力是非常关键的。

在这份访谈摘要中,玛丽安娜引述了她在一门教育学课程的开始阶段所读到的内容以及她对这种阅读的感受。在谈论阅读内容时,玛丽安娜提到了这门课的教授"并没有给我们作者的原稿让我们阅读"——并没有布置第一手的学术资源——而是更倾向于"给我们的是一个经过简化后的版本,由另一个人来谈论他[指那位提出理论的权威学者]"。和卡拉一样,玛丽安娜对教授没有布置来自权威学者的原稿而感到不开心,并且暗示教授其实可以选择把原稿布置为一种补充阅读:"为什么他在布置补充阅读任务时,不[布置]原作者的原稿来让我们阅读呢?"在她看来,不布置原稿可能会损害对本科生的阅读能力的培养,因为她认为原稿文本的质量更高:"我觉得我们不能因为别的原因……就放弃所阅读文本的质量,因为这对培养我们的阅读能力是非常关键的。"

就课堂中发生的阅读方式而言,玛丽安娜表示课堂中有大量的阅读活动:"总有很多阅读任务布置给我们。每一门学科都布置了很多阅读作业。是的,多得令人吃惊呢。真的是这样。"她重复了好几次"很多"这个形容词并且重读了这个单词的第一个音节,此外还使用了副词"非常",这些语境化的语用惯例都显示了教育学课程中阅读发生的高频次。

卡拉和玛丽安娜在接受访谈时所提到的教授布置的阅读文本往往来自理论宣介员的改编——而非原作者的经典原稿——这同样也表明学术情境中的阅读所挑选的文本存在着一种学校化的过程。卡拉和玛丽安娜在接受访谈时以假设的方式给出了授课的教授可能会说的话——分别是"我不会给你们发经典文本原稿[即那些被整个学术界认为是权威的文本]"和"教授并没有给我们作者的原稿让我们阅读"——这都表明教授指定给学生阅读的文本存在着一种学校化改编,尤其是两位受访对象在话语选择中都选用了动词"给"。在两份访谈摘要中,这个动词都标示了教授做出的一种教学行动:向学生提供一些并非是权威著者写作的原稿文本来进行阅读。虽然在这两份摘要中,两位受访对象并没有明确解释为什么教授会布置这种文本来作为阅读任务的对象,但鉴于教授跟学生都身处一个以评估过程作为明确特征的学校化情境中,所以很有可能给卡拉和玛丽安娜授课的教授们主张学生阅读这种类型的文本是为了能够达到既定的教学目标(例如,让学生阅读后再在下一堂课上开展讨论,或者通过阅读来完成学校的作业)。

索尔斯(Soares 2011)同样也对文本的学校化过程进行了观察,但其观测对象是基础教育阶段课堂中儿童和青少年学习与文学相关的内容。这位巴西学者讨论了学校化过程与儿童青少年文学之间的关系。索尔斯认识到并且指出文学文本进课堂时存在着不可避免的学校化过程,而学校运用这一过程是为了服务于培养学生和达成教育目标。索尔斯(2011)总结道:这种学校化的过程是不可避免的,因为在文学被引荐给学校的过程中,学校作为一种教育机构,其本质任务是对知识进行一种学校化的改编。

因此,既然大学也是一种教育机构,是一种对学术知识进行创作和评估的空间,而学术知识在大学空间中得到建构和/或传播,因此阅读文本的学校化改编是不可避免的,这一点与中学情境相似。

结　论

在本文中,笔者主要关注学术情境中对阅读文本所采取的读写素养行动,研究的切入点是探索大学本科生以何种方式来描述自己修读的教育学课程中所读到的文本内容、阅读目的以及阅读方式这三方面的特征。

就阅读内容而言,受访学生表示大学中读到的文本与中学中读到的文本类型存在差异;两者使用的语言也有所不同;他们阅读到的文本来自理论宣讲员对原稿的改编,这种改编稿的质量不如第一手的原稿文本。就阅读目的而言,受访学生表示他们的阅读目的主要是回答与给定的文本相关的问题,以学术研讨会的形式来呈现自己观点,或者在课堂中讨论某一个文本。就阅读发生的方式而言,受访学生表示他们阅读了很多文本,但这种阅读是"碎片化的"。

本文通过对多份访谈摘要进行分析来探索本次研究的受访对象所使用的语境化语用惯例和话语选择,这些都表明学生在描述对阅读文本所采取的读写素养行动的特征时受到了自己身处的更宽泛情境的影响:学校化的情境。

笔者认为大学里的阅读目的和中学里的阅读目的是相同的——都是为了能够顺利完成一种特定的教学活动——笔者同时提出以下观点:当用于阅读的文本被引荐给某一门特定课程的课堂教学时,就会自动地变得学校化,这和中小学发生的情况是一样的。尽管在大学里有着多样化的文本类型("文章"、"书中的章节"和"前言"),文本可能属于不同的篇章和文体类型,并且与各种不同的创作和传播情境有关,但每当新文本被推荐进入大学课堂教学时,它们那种多样化的创作情境就会被抹消。所有这种文本都会被转变成教学目标。在笔者看来,对学术文本阅读所开展的读写素养行动与读写素养实践彼此联系,而读写素养实践的性质是学校化的,并且对参与这种实践的参与者而言是相对默示的,这就能很好地说明读写素养实践与阅读内容、阅读目的和阅读方式之间所存在的疏离和隔阂。

认识到这一点——即大学里的阅读目的和中学里的是一样的——让笔者得以拓宽当下对学术阅读这个话题的学术研讨,对来自阿根廷的费尔南迪斯和卡利诺(2010)和来自英国的温盖特(2015)研究成果再次进行讨论和思辨。

费尔南迪斯和卡利诺(2010)通过科研捍卫了以下这种观点:基础教育阶段和大学阶段所规定和要求的阅读实践之间存在差异。然而,参加本次访谈的受访学生使用的话语选择和语境化的语用惯例表明,从阅读目的的角度出发来看,中学和大学在针对阅读采取的读写素养行动中并不存在着这种差异。在中学和大学这两种教育情境中,文本阅读都发挥了一种教学功能。

温盖特(2015)提出教育工作者在教授学术写作的同时也应该教授学术阅读,并且应当向学生说明阅读教学的目的,即通过阅读来促进更好的写作。然而本次研究揭示了在学术情境中还存在着其他的阅读目的:阅读后以学术研讨会的形式来呈现观点,以及阅读后参加下一堂课的相关讨论。所有这些阅读目的——包括以读促写(Wingate 2015)和以读促说(从本次研究受访对象的访谈内容中所推测出的)——都可以由一个更宽泛的目的来进行界定:通过阅读来完成一种既定的学术活动。

最后笔者想要强调的是有必要在未来对阅读开展更多的科研,并更多地去关注发生在学术情境中的阅读教学。通过援引利利斯(1999,2001)的观点,笔者认为学术情境中的阅读同样也是"教育机构中的神秘做法"中的一部分,有时教育工作者并不总是会对学生清楚地说明,例如,为什么必须阅读一种特定的文本(而非其他类型)?为什么必须以这种方式(而非其他方式)来阅读这篇文本?这篇文本的出处是哪里?如何在文本和作者之间建立联系?阅读并不是一种能一蹴而就即刻学会的、专属于个体的并在任何情境中都能被调用的认知技能,尽管这是读写素养的自主模式对阅读的看法。在笔者看来,阅读应当是一种社会实践,这也是读写素养的意识形态模式的观点,因此对于作为社会实践的阅读,需要根据它所处的各种不同具体情境来进行考察。温盖特(2015)的研究发现能够鼓励人们培养一种自省的姿态,以此来审视阅读目的以及阅读是以何种方式出现在学术情境中的,从而为拓展学生的学术读写素养做出更大贡献。

(朱 正 译)

参考文献

Aquino, L. V. (2013). Representações sociais de educandas e educandos do curso de licenciatura em educação do campo sobre a leitura de textos acadêmicos [Social representations of students in the graduate field of education, on the reading of academic texts]. Master's thesis. Belo Horizonte,

Minas Gerais, Brazil: Universidade Federal de Minas Gerais.

Bortolon, A. M., da Tomaz, D. D. S. M., Alves, D. R., & Lopes, U. D. S. (1998). Levantamento das características culturais no hábito de leitura da comunidade acadêmica do curso de biblioteconomia da Universidade Federal de Santa Catarina [Survey of cultural characteristics in the reading habits of the academic community of library studies at the Federal University of Santa Catarina]. *Revista ACB*, *3*(3), 113–123.

Bunzen, C. (2007). O tratamento da diversidade textual nos livros didáticos de português: como fica a questão dos gêneros? [The treatment of textual diversity in Portuguese textbooks: What is the question of genres?]. In C. F. Santos, M. Mendonça, & M. C. B. Cavalcante (Eds.), *Diversidade textual: Os gêneros na sala de aula* (pp. 43–58). Belo Horizonte, Minas Gerais, Brazil: Autêntica.

Castanheira, M. L., Green, J. L., & Dixon, C. N. (2007). Práticas de letramento em sala de aula: Uma anaálise de ações letradas como construção social [Literacy practices in the classroom: An analysis of literate actions as social construction]. *Revista Portuguesa de Educação*, *20*(2), 7–38.

Fernández, G. M. E., & Carlino, P. (2010). En qué se diferencian las practices de lecture y escritura de la universidad y las de la escuela secundaria? [What are the differences between the reading and writing practices of the university and the school?]. *Lectura y Vida*, *31*(3), 6–19.

Gee, J. P. (1996) [1990]. *Social linguistics and literacies: Ideology in discourses* (2nd ed.). Bristol, PA: Taylor & Francis.

Górska-Fernando, W. (2016). Ways with writing: An ethnographically oriented study of student writing support in higher education in the UK. PhD dissertation. London: King's College.

Green, J. L, Dixon, C. N., & Zaharlick, A. (2005). A etnografia como uma lógica de investigação [Ethnography as a research logic]. (trans: Rodrigues, Jr., A. D., & Castanheira, M. L.). *Educação em Revista*, *42*(1), 13–79.

Gumperz, J. (2002) [1982]. Convenções de contextualização [Contextualization convention]. In B. T. Ribeiro, & P. M. Garcez (Eds.), *Sociolinguística interacional* (trans: Meurer J. L., & Heberle, V.) (pp. 149–182). São Paulo: Edições Loyola.

Heath, S. B. (1982). Protean shapes in literacy events: Ever-shifting oral and literate traditions. In D. Tannen (Ed.), *Spoken and written language: Exploring orality and literacy* (pp. 91–117). Norwood, NJ: Ablex.

Headland, T., Kenneth, P., & Marvin, H. (Eds.) (1990). *Emics and etics: The insider/outsider*, Frontiers of Anthropology Series. Newbury Park, CA: Sage.

Ivanic, R. (1994). It is for interpersonal: Discoursal construction of writer identities and the teaching of writing. *Linguistics and Education*, *6*(1), 3–15.

Jacobs, C. (2005). On being an insider on the outside: New spaces for integrating academic literacies. *Teaching in Higher Education*, *10*(4), 475–486.

Kleiman, A. (2010). *Texto e leitor: Aspectos cognitivos da leitura* [Text and reader: Cognitive aspects of reading] (13th ed.). São Paulo: Pontes.

Lillis, T. M. (1999). Whose "common sense"? Essayist literacy and the institutional practice of mystery. In C. Jones, J. Turner, & B. Street (Eds.), *Students writing in the university: Cultural and epistemological issues* (pp. 127–140). Amsterdam: John Benjamins.

Lillis, T. M. (2001). *Student writing: Access, regulation, desire*. Literacies Series. London: Routledge.

Soares, M. (2011). A escolarização da literatura infantil e juvenil [The schooling of children's and youth literature]. In A. A. M. Evangelista, H. M. B. Brandão, & M. Z. V. Machado (Eds.),

Escolarização da leitura literária (2nd ed.). Belo Horizonte, Minas Gerais, Brazil: Autêntica.

Spradley, J. P. (1979). *The ethnographic interview*. New York, NY: Holt, Rinehart, & Winston.

Street, B. V. (1984). *Literacy in theory and practice*. Cambridge: Cambridge University Press.

Street, B. V. (Ed.) (1993). *Cross cultural approaches to literacy*. Cambridge: Cambridge University Press.

Street, B. V. (2003). What's "new" in New Literacy Studies? Critical approaches to literacy in theory and practice. *Current Issues in Comparative Education*, 5(2), 77-91.

Street, B. V. (2013). Políticas e práticas de letramento na Inglaterra: uma perspectiva de letramentos sociais como base para uma comparação com o Brasil [Policies and literacy practices in England: A social literacy perspective as the basis for a comparison with Brazil]. *Cadernos CEDES*, 33 (89), 51-71. doi: 10.1590/S0101-32622013000100004.

Wingate, U. (2015). *Academic literacy and student diversity: The case for inclusive practice*, New Perspectives on Language and Education Series. Bristol, UK: Multilingual Matters.

专　　栏

讲故事：作为社会文化过程的阅读学习

大卫·布罗姆　金敏贞*

ⓒ联合国教科文组织国际教育局 2017 年

摘　要　本文将论证青少年在学校的阅读教学并不是一个单体的过程，而是由多种不同形式和途径组成，其中包含了在一系列宽泛社会文化情境中对多元化阅读实践和文化意识形态进行习得。这种阅读学习观重新界定了阅读和读写素养、阅读者的身份以及一些与阅读、学习、教育相关的概念。笔者把学校幼儿早期阅读教学视为一种社会文化过程，并为其构建理论框架。然后笔者将描述一个讲故事教学项目，该项目旨在为学校早期读写素养学习重新构建理论框架。

关键词　早期阅读　读写素养　讲故事　读写素养实践　作为社会过程的阅读　课堂教育

学术界对幼儿早期阅读教学有着大量的研究和讨论（相关研究综述参见 Foorman and Connor 2011；Hall, Larson, and Marsh 2003；Larson and Marsh 2012；Neuman and Dickinson 2001；Pollatsek and Treiman 2015）。几乎所有这种研究都基于以下假设：即把阅读定义为一系列相对稳定的、脱离语境的认知和语言

---

*　原文语言：英语

大卫·布罗姆（美国）

俄亥俄州立大学教育学与人类生态学学院教育与学习系的教育学与人类生态学（EHE）杰出教授。他专注于研究人们是如何使用口头语和书面语来进行学习、教育、创造社会关系、构建知识、创建社区、社会机构以及共享的历史和未来。

通信地址：Department of Teaching and Learning, College of Education and Human Ecology, Ohio State University, 225 Ramseyer Hall, Columbus, OH 43210, USA

电子信箱：bloome.1@osu.edu

金敏贞（美国）

麻省大学洛威尔校区教育学院课程大纲与教学系语言艺术与读写素养方向的副教授。她的研究方向是幼儿早期读写素养教育、故事讲述、批判性意识、民族志研究、批判性话语分析、互文性以及特殊需求儿童教育。

通信地址：College of Education, University of Massachusetts-Lowell, University Crossing, Suite 420, 529 O'Leary 61 Wilder St., Lowell, MA 01854, USA

电子信箱：Minjeong_Kim@uml.edu

过程(一个例外请参见 Hall 2007)。尽管学术界对这些认知和语言过程究竟是什么以及如何以最优方式来对其开展教学依然有争论(参见 Barr 1984；Baumann, Hoffman, Moon, and Duffy-Hester 1998；Kirby and Savage 2008；Israel and Duffy 2014)，但是阅读的这一定义依然长期主导着那些针对学校阅读教学所开展的科研，以至于对阅读的其他定义和观点一直处于边缘状态(Papen 2016)。但是人们依然有充分理由去思考该如何重新认识幼儿早期阅读学习。其中一个主要理由是为了以更广泛的视角去探索幼儿是如何使用书面语言的——即何时、何地、与谁、拥有哪些类型的社会文化输入——以及他们的书面语使用是如何演化的(Papen 2016)。拓宽思路能够让人们拓展自身对阅读学习的认识，并为学校的阅读教学创造出新的可能性。

笔者认为幼儿早期学校阅读教学并不是一个单体的过程。相反，它由多种不同形式和途径组成，这其中包括了对一系列宽泛社会文化情境中的多元化阅读实践和文化意识形态的习得。这种阅读学习观包含了对阅读本身(和读写素养)、阅读者的身份以及与阅读、学习、教育相关概念的重新界定。(尽管本文关注的重点是对幼儿早期阅读教学，但实际上阅读学习可能会发生在人一生中的任一时刻。)

本文将首先简要介绍一个把幼儿在学校的阅读学习视为一种社会文化过程的理论框架(同时可参见 Hall 2007)。然后本文将描述一个与讲故事有关的教学项目，该项目旨在为学校早期读写素养学习重新搭建理论框架，本文将以该项目来示例一种拓宽学术视野的方法(同时可参见 Bloome, Champion, Katz, Morton, and Muldrow 2000；Kim 2012)。

为把学校阅读学习视为社会文化过程构建理论框架

在美国，针对阅读教学的学术争论主要围绕着如何以概念化的形式来理解和认识那些用于定义阅读的认知和语言过程，以及如何以最优方式来对这些过程进行教学。这种学术争论非常激烈并且高度政治化，政府会对学校阅读项目以及教师职前和在职培训项目进行干预。例如，在本文其中一位笔者(布罗姆)所居住的俄亥俄州，州政府当前正在要求本州所有的幼教教师必须在现有职前培训所包含的阅读和读写素养教育课程以外，再接受一门语音教学方面的课程培训。

在很大程度上，有关幼儿早期阅读教育的学术争论、立法、规则制定以及科研都或显性或隐性地受到以下这个问题的引导："什么方法才能最有效最确切地教会所有儿童如何阅读？"在这个问题和其他相似问题的深处是以下假设，即认为阅读从本质上而言是单体的，并且除某些特殊需求儿童外，所有儿童都以大致相同的方式学会阅读。这个问题及其深层假设为阅读科研、教学和评估限定了维度，使其围绕着以下这些问题："哪些认知和语言过程可以用来定义阅读？""哪种方式才能让儿童最有效地习得这些过程?""哪些因素会干预并介入这些过程的习得?"

斯特里特(Street 1984,1995)把这种阅读观和阅读教学观称为阅读的"读写素养自主模式",因为该模式无视并规避了那些可以用来定义阅读和读写素养的社会文化情境。这一自主模式降低了社会文化过程和语境的地位,只将其视为一种调节因素,有时干脆完全无视它们。因此信奉该流派的学者往往会提出以下这种问题:儿童的社会文化背景是如何干预和调节用于构成阅读的那些认知和语言过程的习得的。这种问题为传播阅读学习的缺损模式提供了理论框架。这种缺损模式把一些儿童的社会文化背景视为能够促进有效习得那些用于定义阅读的认知和语言过程——另一些儿童却缺失这种背景。其结果是,倡导这种模式的学者往往会把一些儿童诊断和判定为缺少那些能用于定义阅读的认知和语言过程背景,并对这种儿童施教某种教学修复项目。在美国(以及其他一些国家),这种弱势儿童往往来自那些不说国家主导语或官方语的社区;他们往往不是白种人,并非中产阶级家庭出身,不以英语为母语。这是在社会的宽泛社会阶层、经济和政治结构中对种族、经济和语言进行区隔。

学术界并非没有察觉到这种区隔。作为对这个问题的回应,一些学者和教育家提倡以积极的方式来审视那些说着非官方主导语社区儿童的社会、文化和语言背景的教育模式(例如,LadsonBillings 1995;McIntyre, Hulan, and Layne 2011;Souto-Manning 2009)并对教师教育项目做出相应修改(例如 Gay 2002)。尽管这些教学模式常常明显表现出一种反种族主义、反本族中心论、反对以英语为中心的倾向,但这些模式未必会公然挑战阅读和阅读学习的深层定义;而这种深层定义从一定程度上促成了对儿童、家庭和社区形成一种缺损模式的语言结构和词汇观。

一种阅读学习的"实践"观(Street[1984,1995]将其称为"读写素养的意识形态模式")认为应当把阅读定义为一种横跨了各种不同社会情境的社会实践,因而在一种社会情境中被认为是适切的书面语使用在另外一个社会情境中或许就是不恰当的。以斯特里特(Street 2000)和希斯(Heath 1983)分别提出的读写素养实践和读写素养事件的定义为基础,笔者把阅读实践定义为一种重视书面语使用的社会实践;或者以更简单的语言来表述,阅读实践通过一种特定方式来使用与一种特定类型的社会情境有关的书面语言。阅读实践(以及更宽泛意义上的读写素养实践)是抽象概念——是人们共享的、后天习得的、在社会实践中得以实现的文化模式(当其中包含了对书面语的有效使用和重视时,则被称为"读写素养事件")。例如,一位家长在家里给孩子讲睡前故事的阅读实践与小学一年级课堂上由一位教师和七名学生所组成的一个教学小组的阅读实践相比,就是两种迥然不同的阅读实践,两者所要求的社会、文化和语言互动方式都各不相同(Heath 1982),而这两种阅读实践又与在法庭上或在快餐店中的书面语使用截然不同。在任何一次特定的睡前讲故事事件中,睡前故事阅读实践可以被修改和改编以应对这一特定社会事件中所包含的社会、文化和互动要求。因此,始终存在着一种矛盾,沃洛西诺夫(Volosinov 1929)把这种矛盾的双方称为"反射(反映)"(按照抽象的文化模式来参与阅读实践)和"折射"(对其进行修改和改编以适应特定的社会情境)。从一种读写素养的意识形态模式的视角出发,个体在阅读学习中所学到的内容是一整套的各种阅读实践以及(通过修改和改编来)为与一种特定社会情境相关的阅读实践重新构建语境,使其能适用于其他类型的社会情境以及其他特定的读写素养事件(Van Leeuwen 2008)。

在从阅读学习的自主模式转向把阅读视为一种社会实践的视角的过程中,关键的一点在于这种转变涉及一系列宽泛的、与阅读(或以其他任意方式对书面语和口头语的使用)相关的社会动力。每当一个个体开始使用语言(包括阅读)时,他实际上正在同时做着以下这些事情:与他人构建社会关系、宣告自身的社会身份和定位、标识自身在世界上所处的位置,以及构建对世界本身的认识和理解(指一个个体所居住的具体世界以及宽泛意义上的世界;参见例如 Bloome 1985a;Wallace 2003)。阅读学习的自主模式把阅读从这些社会文化过程中剥离出来,把它们缩减成了一些能够促成或阻碍个体以适当方式参与阅读过程的心理因素。笔者认为这些社会动力是阅读实践的核心——是所有阅读实践中都包含的一个不可分离的维度。笔者同时认为用于构成学校幼儿早期阅读教学的阅读本身就是一组特定的阅读实践活动。它们并非幼儿所习得的唯一一组阅读实践活动;儿童同样也可能在家庭情境、宗教场所或游乐情境中习得特定的阅读实践——更不用提其他社会文化情境。

学校阅读实践与其他阅读实践之间的关系取决于很多因素。第一个因素是在自主模式之外缺乏一种针对阅读和读写素养的理论模型,缺乏基于相应模型的学术语言来谈论幼儿早期阅读学习。一些学术术语,例如"阅读准备程度""阅读进步""学业成就""成功""失败""课程大纲""教学评估""学习",甚至"成为学习者""非学习者",不断地被各种学者赋予新的意义和定义,或者甚至会变成一种无法进一步解释的荒谬说辞。此外,现行阅读教学中所用的语言在以学校为中心的方式以外只提供了非常少的其他方式来呈现阅读。阅读由学校化来进行定义,针对幼儿书面语使用的所有活动都以其能以何种方式来对学校阅读学业成就做出贡献来进行界定。因此,除开一些偶见的例外,绝大多数的教育工作者和阅读方面的研究学者在为睡前讲故事这个活动构建理论框架时,并不会将其首先看作是一种家庭事件,在这种事件中儿童和家长都能有机会去分享对彼此的爱意或感叹世界的无奇不有,而是将其视为一种能够帮助儿童为学校阅读学习做好准备的教育机会(Jordan, Snow, and Porche 2000;Shanahan, Mulhern, and Rodriguez-Brown 1995;Whitehurst et al. 1994;例外情况请参见 Bloome 1985b)。

第二个因素是那些基于自主模式的教育结构是如何体现在幼儿早期阅读教育中的。在美国以及其他一些国家,学校化所发挥的一个主要作用是在一定程度上对每一位儿童根据其学业表现进行区分(继而,让他们准备好接受分层并且有差异的教育深造，以及最终在成年后获得分层并且有差异的经济机会和工作机会），阅读和读写素养的自主模式所宣传和倡导的幼儿早期阅读教育的组织方式是让教学组织结构允许对不同的学生个体和学生群体根据其学业表现进行区分和比较（Collins 2000；Luke and Baker 1991）。这种教学组织形式不仅包括那种用以汇报每一位儿童阅读学业成就的成绩登记汇总表，同时也包括对教学方法和教材的分层和分级。儿童阅读学业成就的结构化不仅催生并反映了家长和社区的焦虑和期望。进而，这种结构化也推广了对学生就其社会身份进行分层，把学生划分为优秀阅读者、普通阅读者、阅读困难者和不会阅读的文盲，而最后这个学生群体甚至会被划分至"需要接受阅读修复的人群"或"有着特殊阅读需求的学生群体"（例如，患有诵读困难症的学生或者罹患学习能力障碍症的学生）（Compton-Lilly 2006；Martínez, Durán, and Hikida 2017；McDermott, Goldman, and Varebbe 2006；Mojeand Luke 2009）。因此，改变阅读教学的组织形式（以及对推动这种组织形式成型的阅读进行重新定义）不仅对学校也对家长提出了挑战，尤其是那些子女在现行阅读教学组织形式中获得最优待遇和既得利益的家长们。

然而儿童使用书面语言的方式往往与学校阅读实践之间差异甚大。吉尔摩尔（Gilmore 1987）的研究汇报了以下这种阅读实践：年轻的女孩们把"密西西比（Mississippi）"这个单词中的各个字母用在了跳房子游戏的各个格子中。这种阅读实践反映了儿童中间一种流传甚广的文化活动（儿童玩耍中用到的歌曲和字母游戏都源自她们自身的非裔美国人文化和传承），书面语的使用在这种文化活动中并不如集体互动事件中的社交实践那样重要。尽管有学者会认为这种跳房子游戏能够帮助提升儿童在学校的阅读学业成就表现，但这种观点似乎会对该事件强加一种"……化"的维度。可以就该事件提出的问题有："在这个事件中实现了哪些社会和文化功能（例如，促成友谊）？""书面语在实现这种社会文化功能的过程中扮演了怎样的角色？"针对学校内阅读实践和校外阅读实践之间关系的问题与后者能在多大程度上通过提升与"阅读"相关的认知和语言技能来为校内阅读实践做出贡献无关，而是以下这类问题："儿童是以何种方式在多元化社会情境中以及不同情境之间通过努力达成社会和文化功能来习得一系列多样阅读实践的？""儿童是怎样改编一种社会情境中的阅读实践使之能适应另一情境的？"为了能提出这些问题，研究者需要从一种演绎式研究转向使用一种反绎推理（类比式）研究，并且相应地从运用统计数据进行概括推广的研究方法转向运用民族志原理的研究方法（Bloome, Carter, Christian, Otto, and Shuart-Faris 2005；Green and Bloome 1997）。

正如前一段所讨论的那样，为了更好地理解学校幼儿早期阅读教育所需建立的阅读实践框架，需要以下这些先决条件：（1）描述并书面记录现行学校阅读教学活动中的阅读实践，其中包括幼儿在这些阅读实践中是以何种方式来使用书面语去完成社会和文化功能的；（2）辨识出学校阅读教学中的各种不同阅读实践中所列举的各种观念和意识形态;(3)描述学校内与校外阅读实践两者之间的关系;(4)审视阅读实践在各种社会情境中以及不同社会情境之间(其中包括学校化的情境以及其他社会情境)是怎样演化的。

例如,请思考以下这个幼儿园课堂教学活动,它发生在学年开始后的第三个月。教师在之前的课时中已经教过孩子们如何去辨认形状、字母和数字。这种课堂教学的组织形式往往是让儿童围绕着教师坐在地毯上,由教师来展示一个数字、字母或形状,然后让儿童齐声回答或单独回答教师提出的问题。这种提问的形式有以下这些:"有谁知道这是什么字母[形状、数字]呀?""这个字母发什么音呀?""哪些单词会以这个读音作为开头呀?"学生们会通过举手或大声喊出答案来竞争做出回答的机会;每当他们回答正确就会得到教师表扬,或者在得到教师的纠正和支持后在再次尝试回答时给出正确答案,又或者教师会指定另一名学生来回答。然后教师会向学生分发活页练习纸,并要求学生回到自己的课桌后,坐下来练习书写这些字母、数字或形状。字母和数字练习纸上通常会印有一条一条的横线来方便学生抄写(同样也印刷在这一页上的)字母模板;形状练习纸上则印刷着作为示范的形状(例如一个正方形)来让学生模仿着描画。在每个学生的课桌上放着铅笔和一大盒的蜡笔供他们使用。在练习纸上完成作业的过程中,学生们会互相交谈并使用不同颜色的蜡笔来书写字母、数字或描画形状。一些学生在写完后会走到教师面前向她展示他们已经填完的练习单,以寻求教师的表扬;另一些学生则会安静地坐在自己的课桌后,等着教师来到他们面前并对他们的作业进行评阅和表扬。在全班都完成了这个环节后,一些学生会把练习纸翻到背面,然后在纸背上画画。另一个需要指出的重点是教师会把班级学生的名字印在教室里的很多地方(例如,在点名表上、在合唱列表上、在教室里的玩具小屋和积木上),而教师会花好几次课的时间来教孩子们书写他们自己的姓名、地址和电话号码(所使用的教学方法与前文中提到的教法相同)。下文所呈现的塞缪尔的作业并非来自一堂以字母、数字或姓名为主题的课,但笔者认为那种课时对塞缪尔在这份作业中所书写的内容产生了影响。学生们先听教师讲述一个故事,然后被要求回到自己的课桌后并画出一张与刚刚听过的故事有关的图片,或者自己编一个故事。

塞缪尔用铅笔书写并独立完成了这份作业。当教师来到了他的课桌旁时,他告诉老师自己写了和画了什么,然后老师用标准字体把他刚刚讲的内容写了下来。他在作业中勾画出了一些形状,画了一张自己家的图片,写下了自己母亲的电话号码,写出了来自自己姓名以及来自教室中其他一些关键单词(例如,在教室中印着的他的朋友的姓名)中的一些字母。(教师在分发作业之前就已在靠近练习纸底端的位置画上了粗体的水平横线,以此方式来鼓励儿童模仿真实绘本书的页面排版组织形式:上半部分是图片,下半部分是文字说明。)从塞缪尔的上述作业中能够推断出他把先前在有关字母、数字和形状的课上所学到的内容运用在了这堂课的阅读实践

图 4 塞缪尔的作业单

中。通过把自己的家画在水平线之上,并把字母练习书写在水平线之下,塞缪尔很好地把先前课上所学到的知识融入了本堂课所要求的图片—故事书阅读的阅读和写作实践中去。

笔者在对塞缪尔进行观察并在检查了他的作业后发现他(和他的同学们)已经掌握了多种不同的阅读和写作实践,其中包括以下社交实践:在反复出现的特定类型课堂社交活动中抄写字母、形状和数字,以及用写作的方式在课堂里展示所抄写的内容,这种课堂内社交活动中还包括因为学生参与了所有这些阅读实践并正确呈现了学习成果而获得的教师表扬。对于这些读写素养实践而言,最重要的是其中涵盖了一系列师生之间的社交互动关系(例如,得到自己非常尊敬的一位成年人的认同和表扬),这种社交关系的达成依靠的是对书面语的元语言侧进行前景化显性表征(请比较,Street and Street 1991)以及通过展现一系列阅读和写作流程(例如,抄写字母、数字和形状)作为学生取得阅读成就的标志。与阅读故事书有关的阅读实践同样也发生在以下这种情境中:图片往往出现在文字上方——这并不是一个排版格式问题,而是一个教学流程和信息索引问题。这之所以是一个教学流程问题是因为在学生看着这张图片的同时,由教师指着图片下的文本并把它们朗读出来,在此过程中学生习得了这种阅读实践,并将其视为一种特定的模型:这种模型中规定了某些特定类型文本的用途(例如解释图片)以及学生应该以何种方式在课堂情境中与这种文本进行互动。在更高的年级,教师还会介绍和讲解其他"把阅读作为流程"

的文化模型,并期望学生能在一组特定的课堂社交活动中展现出一种遵循所有这些文化模型的学习姿态;然而教师并不会把这些阅读的文化模型呈现为——也不打算让学生觉得这些模型是——情境化的阅读文化模型,而是将其视为一种以跨情境方式对阅读本身所作的定义。从意识形态的角度来看,塞缪尔参与的阅读实践实则是在把阅读定义为一种本质上带有元语言性质的和评估性质的活动,即认为阅读就是让学生向教师展现语言和认知过程(这与那种认为阅读从本质上而言是意义建构的观点相反)。

人们可能会提出的另一个问题是为什么笔者会把塞缪尔所写的作业定义为一种"阅读实践"。这份作业之所以是一次阅读实践,部分原因是在这个实践过程中所指明和索引的社会实践是教师(和学校)以明确方式命名为"阅读教学项目"中的一部分(同时请参见 Pearson and Tierney 1984)。这个项目的教学目标是通过要求学生抄写字母和数字来强化先前课程对字母和字母读音的教学成果。笔者在此处想要论证的并非是学生未能从这节课和填写作业活页过程中习得字母的命名方法以及字母的读音;事实上,孩子们可能已经成功地做到了这一点。相反地,笔者提及这一点的目的是想要对以下两个研究议题进行重新定义并为其重新构建理论框架:儿童所习得的阅读实践以及通过与他人交往以及使用书面语来习得阅读实践的意义。

在本文的下一个章节中,笔者将描述一个讲故事教学项目,详细阐述该项目所倡导的阅读和写作实践。该项目是一次由大学研究者以及学前班和幼儿园教师合作完成的教学合作项目,旨在让儿童参与故事的讲述、写作、阅读和分享。

学会阅读：讲故事教学项目

本文所开展的讲故事教学项目的施测场所是一所公立学校的早教中心(其中包括早教班和幼儿园),该早教中心的服务对象是来自一个以非洲裔美国人为主体的低收入社区中的家庭(参见 Bloome et al. 2000,以获得对该讲故事教学项目的具体描述)。在一整年的时间内,来自当地一所大学的研究者会以一周两次的频率向儿童讲述以非洲或非洲裔美国人为主题的故事(例如民间传说),所有这些故事都由非洲作者或非洲裔美国作者所编写。然后研究者会邀请儿童到教室前面来讲一个自己知道的故事。在完成故事讲述环节后,儿童会回到自己的课桌后并"写作"一个故事。儿童往往会使用看似涂鸦、奇怪的形状或线条来表示书面文本,同时他们往往也会画出一些图画来配合自己的故事文本。当然,正如 Rowe(1994,2008)所指出的那样,儿童的涂鸦并非是随机的也不是无意义的,相反它们构成了儿童对书面语的符号潜能的理解和认识。人们可以把幼儿参与以下这些符号表征行动看作是一种书面语发展的关键时刻(Vygotsky 1978),这种符号呈现行动包括:参与角色扮演的戏剧、画画以及写作。针对儿童所使用的符号系统与培养其写作能力之间的关系,戴森和弗里德曼(Dyson and Freedman 1991)认为儿童作为书面符号的创造者在习得与像书面语这种第二序列符号系统相关的技能之前,就已经牢固掌握了像口语和画画这样的第一序列系统,这意味着儿童会使用第一序列的符号系统来支撑自己对书面印刷文本的早期使用(Dyson 1989)。尤其需要指出的是,在所有这些第一序列符号系统中,画画和阅读图片是参与此次故事讲述项目的儿童最多使用的主要阅读媒介。本文经研究发现,幼儿的绘画是他们在构建读写素养过程中所用到的符号体系的有机组成部分。换而言之,儿童通过绘画(Dyson 1989)、解读以及陈述自己绘画内容的表征意义等方式来参与读写素养活动,并且把这三种方式作为自己的故事讲述、阅读和写作实践的基础(Kress 2005;Nicolopoulou, McDowell, and Brockmeyer 2006;Walsh 2003)。

教师和研究者会在儿童中间来回走动,并且询问他们已经写了什么,然后以标准字体把儿童告诉他们的内容写下来。一旦儿童完成了写故事环节,教师和研究者会邀请学生向全班朗读自己的故事。一年中有三次,所有学生都会从自己所写的故事中挑出一个来,然后把全班的故事合辑起来编成一本"书"(把孩子们讲述给研究者听的故事打印出来并粘贴装订成册)。然后教师会组织一次"作者派对"并邀请家长和亲戚来学校聆听他们的孩子朗读这本书中的故事,同时享用曲奇饼干和果汁。

参与此次讲故事教学项目的学前班和幼儿园教师同时也教授那种传统方式的阅读课程,比如上文中描述的塞缪尔所接受的那种课堂教学。然而,很多教师(包括下文即将描述的这种课堂中的教师)决定以一周五天的频次在自己的课堂上实施讲故事教学项目,尽管研究者当初设计的频次只是一周两天。教师把自己决定这么做的原因解释为:因为儿童非常喜欢这种活动并且教师认为这种讲故事教学项目能够促进培养儿童的阅读和写作能力。

下文呈现的是一位四岁儿童阿尔娜莎所写作、讲述和朗读的故事。阿尔娜莎所在的班级参与了本次讲故事教学项目。在阿尔娜莎写下下文中呈现的这份作业的当天,研究者已经给孩子们讲述了一个来自非洲的传统民间故事,故事的主角是一只叫做阿楠西的蜘蛛。然而需要指出的另一个重点是,教师在之前的一堂课上已经给学生们朗读了一本与三只小猪有关的绘本故事书。另外,包括阿尔娜莎在内的一部分学生很有可能在之前已经从其他渠道听到过或了解过三只小猪的故事,因此在阿尔娜莎所讲故事中的那只大灰狼似乎指向了学校或者也可能是家中的大人向她讲述过的故事。

研究者朗读完这个有关阿楠西的民间故事后,接着就邀请孩子们到教室前面来讲述自己的故事。阿尔娜莎并没有参与这个环节。在完成这个环节后,研究者要求儿童回到自己的课桌前去写一个故事。放在每位儿童课桌上的练习册实际上是一本由一张(印着报纸内容和彩色几何图形的)封面和四张空白练习纸装订而成的活页练习册。在此次课前,教师决定制作并选用由多页空白新闻纸组成的活页练习册而非单张的白纸,是希望儿童在创作和写作时能让自己的故事横跨多页并表现出起承转合的演化,而非让自己的故事被框死在一页白纸上。一部分孩子(其中包括阿尔娜莎)以教师设计这种练习测试所期望的方式这么做了,但另一些孩子只是在每一页上写字和画画,并没有把不同页面串联起来或进行排序(然而,即使是这些孩子最终也写出了按照图片顺序来排序的故事)。在孩子们写故事的过程中,教师和研究者在孩子们的课桌之间走动并且在记录单上用正式字体写下孩子们讲给她们听的故事。阿尔娜莎所说故事的标题是"坏蛋大灰狼",具体请参见图5。

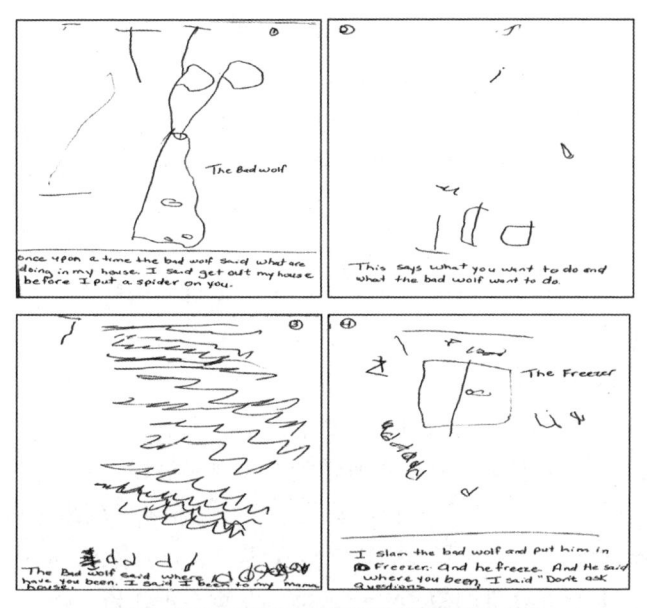

图5 阿尔娜莎所讲的故事:"坏蛋大灰狼"

在孩子们写完了故事后,教师和研究者会邀请孩子们以自愿的方式来到教室前面朗读自己所写的故事,阿尔娜莎参与了这个环节。学生们围坐在小地毯上,抬头看着阿尔娜莎并听她讲故事;教师坐在一把椅子上而阿尔娜莎站在她身边讲故事。由于当时并未对这个故事进行录音,笔者接下来将根据现场记录笔记来描述阿尔娜莎讲故事的内容和方式。她打开了自己的活页练习册,然后说出了自己的开场白:"我的故事标题是坏蛋大灰狼。"教师请她把自己画的图片向全班同学展示,阿尔娜莎以非常快的速度翻完了自己所画的四张画,因为翻页太快,几乎没有人能真正看清她所画的图片。阿尔娜莎镇定地开始讲述:"很久很久以前有一只坏蛋大灰狼"——接着加重了自己的语气并以一种非常夸张的语调喊道:"你在我家里干吗?滚出我的家!"从底下坐着的学生脸部表情和身体姿态可以看出他们对这个故事非常感兴趣。然后她用与前一句同样的语调和抑扬顿挫的节奏继续说道:"从我妈妈的房子里滚出去!然后我把大灰狼扇进了冰箱。"在座的学生们抱以"喔哦哦哦"的回应,他们中有人微笑,有人大笑,有人做出了一种大力扇冰箱门的动作。阿尔娜莎看也不看教师或者同学一眼,很快地说道:"故事讲完啦",然后就回到了自己刚才在地毯上所坐的位置。

在辨识和描述阿尔娜莎参与的阅读实践前,笔者认为有必要对有些学者在阅读实践和写作实践之间所做出的区分进行重新论证。在学校中,教育工作者往往会把阅读和写作看作是彼此独立的两个课程领域,并且把它们分开教授。然而,正如阿尔娜莎的书面语使用所表明的那样,阅读和写作极少互相分离,也不应被视为彼此可拆分的社会实践。在一些可能会被描述为阅读实践的活动中也会发生写作;反之亦然。因此在把一种社会实践标识为"阅读实践"时,不应把写作或对相关符号(例如图片)的运用排除在外,而是应当明确指出这种社会实践是以何种方式在社会实践的制度化构架中得到定位的。笔者在此想指出的是:讲故事教学项目构成了课堂阅读教学课程大纲中的一部分(在有些班级中则是非常重要的一部分)。

就阿尔娜莎的阅读实践而言,她以玩乐的方式运用了一系列叙事实践(反射和折射;请比较 Volosinov 1929),她在先前的课堂教学中以及校外生活情境中接触过这些叙事实践。其中之一是在每一期讲故事教学项目开始阶段都会教授给儿童们的口头故事讲述实践。笔者注意到,孩子们在讲故事的叙事过程中最为关注并且做出最多回应的是特定的话题、单词和图像,而非叙事结构。如果课上提到了一只熊、一只怪兽或一只蜘蛛,那么很多学生就会选择讲述或写作一个有关熊或怪兽或蜘蛛的故事;换而言之,学生们从讲故事中所学到的主要是故事内容。然后学生会把这种内容与来自他们生活中其他部分或与其他生活情境相关的叙事进行结合,这种叙事可能来自他们的家庭生活或者他们所接触到的大众文化(例如电视等),但学生并未学会自己在课上所听故事的叙事结构。思考儿童在创作叙事的过程中使用了哪种类型的资源(例如家庭经历)是非常关键的,因为儿童对书面语的理解将作为其自身整体符号储备集合中的一部分而自发涌现(Vygotsky 1978)。为了能更好地理解儿童整体符号认知能力的培养,必须把发生在家庭和社区中的读写素养活动以及口头和非口头的社会交往纳入研究思考范围。学术界应当关注儿童用来解读学校读写素养活动的各种不同文体和资源类型,尤其是当学生在家中的读写素养经历与学校中的经历不同时(Genishi and Dyson 2009;Heath 1982)。在家中和在学校中发生的读写素养活动以及口头交际都能强化儿童语言与读写素养能力的发展和成长。换而言之,儿童与家庭成员和社区成员之间的社会交往经历差异将使他们每一个人的写作方式都变得各不相同(Dyson 1995)。

阿尔娜莎所讲故事中的大灰狼广泛存在于民间儿童故事中,尽管那位教师在当天的大人讲故事环节中并未提到它,但在之前的日子里肯定有提过。大灰狼也出现在其他孩子所写的故事中,因此阿尔娜莎肯定见过这种故事或者在听同学向全班朗读故事环节中听到过。她选取了大灰狼这个角色并把它放进了自己的家这个故事情境中去。在她所讲的故事中有故事的开篇和发展——大灰狼来了,并对她的家庭构成威胁,因为它是一只大灰狼——有高潮——阿尔娜莎把大灰狼扇进了冰箱——也有结局(在阿尔娜莎所写故事的最后一页上)——"我说了不要向我提问"。这种故事结尾与Champion(1998,2002)研究描述的那种非裔美国人社区中以道德教化为中心的叙事方式非常相似。阿尔娜莎对"狼"这个常见故事主题和篇章类型进行改编并将其应用到自身的家庭情境和家庭生活中去。然而在此过程中,她所参与的阅读实践远远不限于她的故事中所描述的那些内容。

  阿尔娜莎所写的是一个将会向全班朗读和分享的故事。从她之前参与此次讲故事教学项目的先前经历出发,她知道老师会走到她的身边并询问她这个故事是关于什么的,然后她将有机会听到老师做出以下类型的表扬:"这个故事真棒"(根据笔者对该课堂所作的现场笔记显示,这种表扬经常发生)。在阿尔娜莎讲故事的过程中,坐在她附近的同学也会仔细聆听她讲故事并做出一些反馈。一些学生甚至可能决定拿阿尔娜莎故事中的一部分内容(例如大灰狼)然后把它纳入他们当时正在写作的故事中去。阿尔娜莎同样也知道,在自己完成了故事写作环节后,将有机会向全班朗读自己所写的故事。这种阅读实践与塞缪尔参与的阅读实践不同,因为塞缪尔的阅读实践中包含的写作环节和教学目标是为了评估他是否有能力在写作中表现出自己知晓这些有关字母、形状、数字、自己的姓名、电话号码等方面的知识。塞缪尔所参与的阅读实践更重视把语言作为教学对象并对元语言过程进行教学;或用更简单的话来表述,在这种实践中,书面语本身的呈现在书面语教学情境中是非常重要的(请比较 Street and Street 1991)。此处,笔者并非认为其中一种实践比另一种优秀(如果需要这么对比的话,笔者就必须先定义什么是"更优秀",这其中就包括:笔者必须推崇一种特定的社会文化意识形态框架);笔者想在此处论证的只是两者是不同类型的阅读实践,其中包含着对书面语的不同使用方式、不同的人员配置,以及阅读实践所处其中的不同社会活动。

  对于阿尔娜莎而言,向全班同学大声朗读自己所写故事则是另一种与运用书面语和其他符号(例如图画)来创作故事相关的阅读实践。阿尔娜莎更关注自己在这次活动中的表现,而非使用尽可能精确的书面文本来进行表述。如果把阿尔娜莎所讲故事看作是一种活动表现,那么它无疑是成功的,因为它牢牢抓住了听众的注意力并且听众还称赞了她的朗读。这种阅读实践与以下这些阅读实践非常相似——或者从后者改编而来——其中包括她父母所讲的睡前故事、教堂中的朗读圣经阅读实践、教师向全班朗读绘本书的阅读实践以及其他类似实践。但与上述所有实践相比,它又是一种截然不同的阅读实践,因为双方之间存在以下这些重要差异:她在阅读中所扮演的角色不同,听众群体不同,文本在此过程中发挥的作用不同,意义得到协力构建的方式不同,阅读实践的目的不同。尽管如此,阿尔娜莎可能用到了其他类型阅读实践中某些方面的活动表现,并对其进行改编以适应她自身现在所处的特定社会情境。

阿尔娜莎并不是唯一一位使用以活动表现为导向的阅读实践的学生。在整个讲故事教学项目期间,其他学生也有这么做(参见 Heath 1983,该文描述了一种与本文相似的讲故事实践)。事实上随着整个学年的时间推移,参与此次项目的学生中有越来越多的孩子在阅读实践中更专注于自身的活动表现。

布罗姆、卡茨和钱皮恩(Bloome, Katz, and Champion 2003)的论文描述了讲故事教学项目中另一位儿童在故事讲述环节中的表现,并且认为在此过程中最为重要的是其展现出的、教授的以及要求的语言中所包含的观念和意识形态。基于对儿童所讲故事的分析,这篇论文对比了将叙事作为文本与将叙事作为活动表现这两种语言观念。尽管所有的故事讲述中都包含了一定程度的活动表现,但最关键的一点是参与其中的各方所评估的究竟是什么,重视的又是什么。同时,阿尔娜莎的阅读实践反映了一种把语言看作表现以及把语言看作(与她的同伴、母亲和家庭成员之间的)社会关系的语言观,而非一种把叙事看作文本并且把阅读看作必须要忠实于书面文本的语言观。问责议题同样也存在于塞缪尔和阿尔娜莎所参与的不同阅读实践中。在塞缪尔参与的阅读实践中,问责对象是对作为学校代表的教师、文本以及通过课堂阅读教学来使全班学生得以参与其中的阅读实践这三方面进行问责(这三种问责形式体现了[Michaels, O'Connor, and Resnick 2008]所提出的三种适用于"产出式学术会谈"的问责商谈方式,p. 283)相比之下,在阿尔娜莎参与的阅读实践中,最主要的问责对象是她的同学(就他们是否喜欢和理解她所讲的故事)以及她的家人和所生活的社区(就她是以何种方式来代表她的母亲和家人)。另一个问责对象是当天负责课程的教师,问责她是以何种方式参与了构成当天讲故事教学项目所包含的每一种阅读实践中的流程和活动的。笔者认为不应把阿尔娜莎投身其中的阅读实践参与度视为由活动流程本身——包括听教师讲故事、自己写故事和向全班朗读故事——来构成,而是应该由阅读实践的深层文化动态构成,这种文化动态中包括了对阅读实践以及阿尔娜莎和她的同学们在课堂内外所经历的其他社会实践的反射和折射(即使用和改变)。因此,在塞缪尔和阿尔娜莎所经历的课堂阅读教学中最为重要的语言观念和意识形态是教育工作者应当重视学生对社会实践的参与并为其提供空间,这样才能允许并鼓励儿童对来自学校、家庭和社区等多种不同文化情境的阅读实践进行使用和改编。

结　　论

长期以来,教育界和学术界对学校幼儿早期读写素养教育的理解基于一种阅读准备程度的观念,这种观念假定儿童的书面语和口语技能(例如,字母读音知识和语音音素意识)必须首先达到一个特定的发展水平,然后儿童才能够习得读写素养技能。相应地,这种教学模式在课堂中更重视与书面语技能相关的阅读前准备活动,并且假定这些活动是儿童在接下来的读写素养学习中获得成功的先决条件。然而,近年来越来越多的研究表明这种传统的幼儿早期读写素养线性模式过分简化了来自多种不同文化背景的儿童是以何种方式在一系列社会情境中学会阅读和写作的复杂性的(Genishi and Dyson 2009),并且削弱和忽视了将阅读视为社会实践来进行教学的多样化途径所能培养出的丰富潜能(Bloome et al. 2000)。

阿尔娜莎向她的同学们朗读自己所写故事的行为可以被标记为一种"故事讲述实践"。其中,由书面语写就的故事在讲故事的过程中成了一种邀请听众参与进来的支撑性道具。阿尔娜莎和所有的同学都知道如何参与到这种以讲故事方式进行的阅读实践中去:清楚地了解谁应该做什么,与谁一起,何时、何地、以何种方式来使用书面语、口头语和非言语交际。笔者可以把很多类型的阅读实践都归结为一种故事讲述,因为它们都发生在一种多重情态(例如口语、朗读、绘画和写作)、多重情境(例如家庭和学校)、多元文本(例如由导师所写的示范文本)、多重参与者(例如学生和教师)的层面上。当一位大学讲师向学术型听众朗读一份学术论文时,她同样也在参与一次讲故事实践;她所讲的故事可能与她之前开展的研究相关,这个故事同样也可以有起承转合。这位高校教师和她的所有听众都知道如何参与一次以讲故事形式出现的阅读实践;尽管这与阿尔娜莎和她的同学们参与其中的讲故事实践之间也存在着相似之处,但两者并不是相同的阅读实践。或许要等到阿尔娜莎长大后,她也会成为一名给学生做讲座的教师,同时她仍然会在自己家里(向着自己未来的孩子)讲述着那些充满想象力的故事。随着时间推移,阿尔娜莎在成长过程中也会学会来自广泛情境的各种阅读实践,其中包括一系列以讲故事方式出现的阅读实践。但并非所有阅读都是讲故事实践。例如,儿童在教室里围着课桌坐成一圈,朗读一份由学校编写的文本并大声喊出单词的名字就不是一种讲故事实践,教师和同学在此过程中所做的反馈是判断发言学生的口述内容是否忠实反映了书面所写的内容。相比前一种讲故事实践而言,这反而是一种作为元语言社会实践的阅读。

但对课堂中的儿童而言,最为重要的不仅仅是习得一系列成套的阅读实践(以及鼓励哪种类型的儿童去习得哪种类型的成套阅读实践)。同样重要的还有:要求儿童学会的是哪一种语言观念和文化意识形态,以及儿童将在此过程中如何实现自身的社会化。对于教育工作者和阅读方向的研究者而言,最重要的问题是思考我们用来审视和理解阅读以及读写素养实践的视角究竟是宽是窄;学术界需要创造出一种新型的学术语言来谈论阅读和读写素养实践,同时需要拓宽选用某种研究方法的理据和逻辑,以期能就教儿童如何使用书面语这一议题(其中包括对多种认识论和本体论之间的权力关系进行平衡)得出更具洞察力的真知灼见。

(朱　正　译)

参考文献

Barr, R. (1984). Beginning reading instruction: From debate to reformation. In R. Barr, M. Kamil, P. Mosenthal, & P. Pearson (Eds.), *Handbook of Reading Research* (pp. 545 – 581). Mahwah, NJ: Lawrence Erlbaum Associates, Inc.

Baumann, J. F., Hoffman, J. V., Moon, J., & Duffy-Hester, A. M. (1998). Where are teachers' voices in the phonics/whole language debate? Results from a survey of US elementary classroom teachers. *The Reading Teacher*, 51(8), 636 – 650.

Bloome, D. (1985a). Reading as a social process. *Language Arts*, 62(2), 134 – 142.

Bloome, D. (1985b). Bedtime story reading as a social process. In *Thirty-fourth yearbook of the National Reading Conference*. Rochester, NY: National Reading Conference.

Bloome, D., Carter, S., Christian, M., Otto, S., & Shuart-Faris, N. (2005). *Discourse analysis and the study of classroom language and literacy events: A microethnographic perspective*. Mahwah, NJ: Erlbaum.

Bloome, D., Champion, T., Katz, L., Morton, M., & Muldrow, R. (2000). Spoken and written narrative development: African-American preschoolers as storytellers and storymakers. In J. Harris, M. Kamhi, & K. Pollock (Eds.), *Literacy in African-American communities* (pp. 45 – 76). Mahwah, NJ: Erlbaum.

Bloome, D., Katz, L., & Champion, T. (2003). Young children's narratives and ideologies of language in classrooms. *Reading & Writing Quarterly*, 19, 205 – 223.

Champion, T. (1998). "Tell me somethin' good": A description of narrative structures among African-American children. *Linguistics and Education*, 9(3), 251 – 286.

Champion, T. (2002). *Understanding storytelling among African American children: A journey from Africa to America*. Mahwah, NJ: Erlbaum.

Collins, J. (2000). Bernstein, Bourdieu and the new literacy studies. *Linguistics and Education*, 11(1), 65 – 78.

Compton-Lilly, C. (2006). Identity, childhood culture, and literacy learning: A case study. *Journal of Early Childhood Literacy*, 6(1), 57 – 76.

Dyson, A. H. (1989). *Multiple worlds of child writers: Friends learning to write*. New York, NY: Teachers College Press.

Dyson, A. H. (1995). Writing children: Reinventing the development of childhood literacy. *Written Communication*, 12(1), 4 – 46.

Dyson, A. H., & Freedman, S. W. (1991). Writing. In J. Flood, J. Jensen, D. Lapp, & J. Squire (Eds.), *Handbook of research on teaching the English language arts* (pp. 754 – 774). New York, NY: Macmillan.

Foorman, B., & Connor, C. (2011). Primary grade reading. In M. Kamil, P. Pearson, E. Moje, & P. Afflerbach (Eds.), *Handbook of reading research* (Vol. 4, pp. 136 – 156). New York, NY: Routledge.

Gay, G. (2002). Preparing for culturally responsive teaching. *Journal of Teacher Education*, 53(2), 106 – 116.

Genishi, C., & Dyson, A. H. (2009). *Children language and literacy: Diverse learners in diverse times*. New York, NY: Teachers College Press.

Gilmore, P. (1987). Sulking, stepping, and tracking: The effects of attitude assessment on access to literacy. In D. Bloome (Ed.), *Literacy and schooling*. Norwood, NJ: Ablex.

Green, J. L., & Bloome, D. (1997). Ethnography and ethnographers of and in education: A situated perspective. In J. Flood, S. B. Heath, & D. Lapp (Eds.), *Handbook of research on teaching through the communicative and visual arts* (pp. 181 - 202). New York, NY: Simon & Schuster Macmillan.

Hall, N. (2007). Literacy: Play and authentic experience. In K. Roskos & J. Christie (Eds.), *Play and literacy in early childhood: Research from multiple perspectives* (pp. 169 - 184). New York, NY: Lawrence Erlbaum.

Hall, N., Larson, J., & Marsh, J. (Eds.) (2003). *Handbook of early childhood literacy*. Thousand Oaks, CA: Sage.

Heath, S. (1982). What no bedtime story means: Narrative skills at home and at school. *Language in Society*, 11(1),49 - 76.

Heath, S. (1983). *Ways with words: Language, life, and work in communities and classrooms*. Cambridge: Cambridge University Press.

Israel, S. E., & Duffy, G. G. (Eds.) (2014). *Handbook of research on reading comprehension*. New York, NY: Routledge.

Jordan, G. E., Snow, C. E., & Porche, M. V. (2000). Project EASE: The effect of a family literacy project on kindergarten students' early literacy skills. *Reading Research Quarterly*, 35(4),524 - 546.

Kim, M. (2012). Intertextuality and narrative practices of young deaf students in classroom contexts: A microethnographic study. *Reading Research Quarterly*, 47(4),404 - 426.

Kirby, J. R., & Savage, R. S. (2008). Can the simple view deal with the complexities of reading? *Literacy*, 42(2),75 - 82.

Kress, G. (2005). *Before writing: Rethinking the paths to literacy*. London: Routledge.

Ladson-Billings, G. (1995). Toward a theory of culturally relevant pedagogy. *American Educational Research Journal*, 32(3),465 - 491.

Larson, J., & Marsh, J. (Eds.) (2012). *The Sage handbook of early childhood literacy*. Thousand Oaks, CA: Sage.

Luke, A., & Baker, C. D. (Eds.) (1991). *Towards a critical sociology of reading pedagogy*. Philadelphia, PA: John Benjamins.

Martínez, R. A., Durán, L., & Hikida, M. (2017). Becoming "Spanish learners": Identity and interaction among multilingual children in a Spanish-English dual language classroom. *International Multilingual Research Journal*, 11(1),1 - 17.

McDermott, R., Goldman, S., & Varebbe, H. (2006). The cultural work of learning disabilities. *Educational Researcher*, 35,12 - 17.

McIntyre, E., Hulan, N., & Layne, V. (2011). *Reading instruction for diverse classrooms: Research-based, culturally responsive practice*. New York, NY: Guilford Press.

Michaels, S., O'Connor, C., & Resnick, L. (2008). Deliberative discourse idealized and realized: Accountable talk in the classroom and civic life. *Studies in the Philosophy of Education*, 27, 283 - 297.

Moje, E. B., & Luke, A. (2009). Literacy and identity: Examining the metaphors in history and contemporary research. *Reading Research Quarterly*, 44(4),415 - 437.

Neuman, S., & Dickinson, D. (Eds.) (2001). *Handbook of early literacy research*. New York, NY: Guilford Press.

Nicolopoulou, A., McDowell, J., & Brockmeyer, C. (2006). Narrative play and emergent literacy: Story-telling and story-acting. In D. G. Singer, R. M. Golinkoff, & K. Hirsch-Pasek (Eds.), *Play=learning: How play motivates and enhances children's cognitive and social-emotional growth* (pp. 124 - 155). Oxford: Oxford University Press.

Papen, U. (2016). *Literacy and education: Policy, practice and public opinion*. London: Routledge.

Pearson, P. D., & Tierney, R. J. (1984). Becoming a thoughtful reader: Learning to read like a writer. In A. C. Purvey & O. S. Niles (Eds.), *Becoming readers in a complex society* (pp. 144–173). Chicago, IL: National Society for the Study of Education.

Pollatsek, A., & Treiman, R. (Eds.) (2015). *The Oxford handbook of reading*. New York, NY: Oxford University Press.

Rowe, D. W. (1994). *Preschoolers as authors: Literacy learning in the social world of the classroom*. Cresskill, NJ: Hampton Press.

Rowe, D. W. (2008). Social contracts for writing: Negotiating shared understandings about text in the preschool years. *Reading Research Quarterly*, 43(1), 66–95.

Shanahan, T., Mulhern, M., & Rodriguez-Brown, F. (1995). Project FLAME: Lessons learned from a family literacy program for linguistic minority families. *The Reading Teacher*, 48(7), 586–593.

Souto-Manning, M. (2009). Negotiating culturally responsive pedagogy through multicultural children's literature: Towards critical democratic literacy practices in a first-grade classroom. *Journal of Early Childhood Literacy*, 9(1), 50–74.

Street, B. (1984). *Literacy in theory and practice*. New York, NY: Cambridge University Press.

Street, B. (1995). *Social literacies*. London: Longman.

Street, B. (2000). Literacy events and literacy practices. In M. Martin-Jones & K. Jones (Eds.), *Multilingual literacies* (pp. 17–29). Amsterdam: John Benjamins.

Street, B., & Street, J. (1991). The schooling of literacy. In D. Barton & R. Ivanic (Eds.), *Writing in the community* (pp. 143–166). London: Sage.

Van Leeuwen, T. (2008). *Discourse and practice: New tools for critical discourse analysis*. Oxford: Oxford University Press.

Volosinov, V. (1929). *Marxism and the philosophy of language* (L. Matejka & I. Titunik, 1973, Trans.). Cambridge, MA: Harvard University Press.

Vygotsky, L. S. (1978). *Mind in society*. Cambridge, MA: Harvard University Press.

Wallace, C. (2003). Reading as a social process. In C. Wallace (Ed.), *Critical reading in language education* (pp. 7–25). New York, NY: Palgrave Macmillan.

Walsh, M. (2003). "Reading" pictures: What do they reveal? Young children's reading of visual texts. *Literacy*, 37(3), 123–130.

Whitehurst, G. J., Arnold, D. S., Epstein, J. N., Angell, A. L., Smith, M., & Fischel, J. E. (1994). A picture book reading intervention in day care and home for children from low-income families. *Developmental Psychology*, 30(5), 679–689.

专　　栏

墨西哥的读写教育、阅读和阅读学习

朱迪·卡尔曼　伊利安娜·雷耶斯[*]

©联合国教科文组织国际版权局2017年

摘　要　本文将从社会文化角度探索墨西哥对读写素养——更具体而言即阅读——的定义，并强调了读写素养教育中充满着对技术、能力、知识、信念和价值观的运用。本文将考察墨西哥读者在历史、文化和多语言等各方面的具体细节，这些读者中很大一部分来自那些最近才开始使用书面语的社区。笔者指出边缘群体社区的语言学习经历经常处于一种有着不对称权力关系的社会政治背景之中；因此，有必要为双语读写素养和多元语言主义建构一种能够揭示语言意识形态和社会政治因素的理论框架。本文的目标是尝试更为深入地理解日常生活中的读写素养，并对多样社区中的各种实践进行辨识。进而，这种理解将有助于为拉美地区的读写素

---

[*] 原文语言：英语

朱迪·卡尔曼（美国）

来自加利福尼亚，加州大学伯克利分校博士。自1993年起在墨西哥城科研和高等研究中心下辖的教育调查部门担任研究员。毕业于墨西哥国家自治大学的西班牙语言与文学系并获得硕士学位，她的研究范围主要有：读写素养教育的社会建构、数字文化以及教育。现担任教育、科技和社会实验室主任（CINVESTAV），该科研小组致力于深入理解数字科技在日常生活中的运用以及为课堂和课程大纲设计替代方案的技术手段。2002年她获得了联合国教科文组织每两年颁发一次的国际读写素养研究奖，从2004年起担任墨西哥科学院院士。当前，她的科研涵盖在城市情境中与读写素养空间相关联的诸多议题，以及纸质印刷文本与数字读写素养教育实践之间的社会交互接口。

电子信箱：judymx@gmail.com

伊利安娜·雷耶斯（墨西哥）

加州大学伯克利分校博士，墨西哥城科研与高等研究中心下辖的教育调查部门的研究学者。图森市亚利桑那大学儿童早期教育方向副教授。她曾经担任CREATE（将社区作为幼儿早期教师教育的资源）项目的主持研究员，该项目致力于在地方政府、联邦政府和私立这三方发起的早教项目间开展合作，以支持美国境内的移民和难民家庭及儿童在社区中获得教育经历。她当前正在参与一个跨国研究项目，该项目旨在帮助墨西哥中部的一个农村社区"唤醒"当地的原住民语言并支持双语发展。她的研究范围包括了婴儿早期教育中的一系列关键要素：语言与读写素养教育、帮助个体实现社会化的读写素养教育实践以及移民家庭和社区的跨国学习经历。

电子信箱：ilianareyes2000@gmail.com

通信地址：Departamento de Investigaciones Educativas, Centro de Investigación y de Estudios Avanzados del Instituto Politécnico Nacional, Sede Sur Calzada de los Tenorios 235, Col. Granjas Coapa, C. P. 14330 Mexico City, Mexico

养科研和政策制定议程构建一种新型的行动方案框架。

关键词 读写素养教育 墨西哥 社会实践 多元语言 阅读

为了能更好地理解学会阅读究竟意味着什么,人们必须首先对"阅读"的定义进行探讨,讨论阅读是如何在社会中得到应用,以及阅读与生活、阅读与社会文化活动之间的联系。同时也要求人们审视读者在多样化的具体情境中的表现,以及读写素养教育是如何实现的:包括审视儿童、青少年和成人;学生、教师和家长;政策制定者、政治家和行政管理人员;生活在多元社区中的单语使用者和多语使用者(Duranti and Goodwin 1992;Gumperz 1982;Heath and Street 2008)。本文将审视当代墨西哥情境中对阅读的多种社会定义和理解。我们认为,阅读学习绝不仅仅是对词汇进行解码和理解它们的表层意义,相反,阅读学习是一个非常复杂的过程,其中包括准确运用和理解文本和语用规范,并以这种方式来让读者有机会在自身的生活情境中建构意义。我们的观点是,学会阅读涵盖地点、空间和生活节奏:学会阅读是一种基于一定情境的活动(或一系列的活动),在各种不同的物理和地理环境中都会发生阅读行为,阅读发生在由社会情境所构建的语境和场景中,有着多种不同的强度、时机选择和节奏韵律。

墨西哥公共话语中的阅读和读写素养教育

与主流对墨西哥阅读和阅读学习者的认识和理解有所不同,本文把阅读视为一种横跨墨西哥全国多种不同语境的、充满活力的、显性可见的日常活动。以日常生活为基础,人们很容易就能观察到儿童在公共交通上分享着对文本的阅读;年轻人在自己的手机上对音乐、文本和图片进行交流;而成人在诊所的等待室或地铁上也会阅读报纸或者传单。但这并不意味着书面文化、阅读材料和读写素养教育实践在所有的情境中都均匀分布,并且能让全国各地在语言和文化上差异甚大的所有群体都能轻易获得。尽管存在上述限制,本文依然需要指出阅读在过去 30 多年间在墨西哥的公共空间中获得了长足的发展。2006 年戈尔丁(Goldin)指出,在过去的墨西哥,阅读和写作只是一种专属于少数人的活动,并非所有民众都能够参与其中。直到最近,读写才不再"是少数人的特权,并且变成了一种对全体民众的要求"(2006,p. 20)。

阅读是当前墨西哥文化议程、教育政策和公共服务事业中的重要组成部分,新闻媒体经常对其进行广泛报道。联邦政府、州政府、地方政府以及私人企业和非政府组织都积极地致力于推动多样化的阅读教学项目——举办书展、手机阅读活动、阅读马拉松以及类似的活动。与墨西哥的情形相似的是读写素养教育在其他国家也开始具有不同的定义,阅读被定义为包括理解、讨论、使用和传播种类多样的书面和电子文本。导致这种好的结果的一个原因是民众对交际和理解社会话语的需求导致多元化的文本情境迅速增殖;而另一个原因是人们开始不再把阅读仅仅定义为只限于阅读书籍和学习课文。莱姆克(Lemke 2013, p. 57)指出:

> [读写素养]的定义已经从那种传统上仅限于理解"严肃"书面印刷版本转向了摈弃那些旧有的读写隔离和重写轻读的偏见。……对读写素养的定义从传统上那种仅仅强调书面和口头素养转向了一种承认阅读在媒体中所表现出的符号多元和模式多元的性质以及阅读在我们的生活和身份认同上所发挥的重要作用。……读写素养教育与我们的生活开始变得紧密共存:跨越不同的地点和时间,跨越多种媒体类型以及人们在多样化的活动中扮演的不同角色,跨越人们参与其中的多种不同社区。

上述引文描述了笔者观察和经历的墨西哥读写素养教育中发生的最新转变,这种转变中包括:人们开始重新界定究竟应该在阅读教学中学习什么以及如何学习阅读。对过去多个世代而言,阅读仅仅局限于特权阶级的语言使用,并与其紧密相关。虽然墨西哥在19世纪30年代的国家政策中就在识字扫盲(读写素养)议程中提到了小学教育,但直到近100年后,也就是20世纪20年代,普及阅读素养教学的观念才开始逐渐获得更多共识。而直到墨西哥大革命期间,在何塞·巴斯孔塞洛斯(José Vasconcelos)的指示下,这种教育政策才得到了真正施行,教育部第一秘书(1921—1927年在任)组织了扫盲教育突击旅运动并向全国的第一线工人们以小传单形式分发经典文本的印刷稿。直到2000年,墨西哥的全国文盲率才最终跌至10%以下(INEGI 2000)。

本文的研究兴趣在于探索读写素养教育的多种定义,更具体而言,在于从一种社会文化视角出发去探索阅读在墨西哥情境中的定义。本文对斯特里特(Street 2000)的新读写素养教育研究(NLS)框架进行了一定的改编,以期能专注于探索把读写素养教育看作一种社会实践的真正意义所在,而不是仅仅关注阅读技能能力或习惯。笔者把读写看作是一种社会实践,并把这种社会实践定义成技术、学习技能和知识的运用,以及在这种应用过程中所包含的理念和价值观(Barton and Hamilton 1998;Scribner and Cole 1980)。此外,本文还将论证读写作为一种基于情境的实践行为,应当被视作一种异质性的和多元的理念,而非一个单一理论构建:并不存在唯一的读写素养教育,读写素养应当是一种多元化的实践(Kalman 2004a)。本文将尝试辨识和理解不同类型的文本、不同的交际目的以及种类多样的阅读和写作方法,并且期望通过这种尝试来揭示更宽泛、更开放以及更兼容并包的全景:即探索读者和写作者的身份、他们的行为以及行为背后的原因(Geertz 1983)。特别要指出的是,本文提倡以一种细致入微的方式来探究读写素养教育,从而让笔者有机会把墨西哥的阅读学习者的历史文化和多元语言特质全都纳入考虑范围,而该群体中很大一部分来自那些最近才开始把使用书面语作为一种常态的社区。为了能在21世纪的情境下去思考读写通识和素养,人们必须思考以下这些议题:学会阅读究竟意味着什么,以及人们是否有可能为阅读学习画上一个终点。与开发地区专属版本的阅读教育相关的问题有:谁在进行阅读(以及写作)?他们在怎样的场所和地点进行阅读(和写作)?以何种方式进行阅读(和写作)?他们进行读写的目的是什么?他们的阅读和写作给社会带来了怎样的结果和影响?此外还包括以下这些问题:文本是由谁来控制和授权发布的?在读写素养教育中用到了哪几种语言?哪种类型的阅读和写作在社会上享有较高的或较低的社会声望?(这种高低标准由谁来制定?)以及由此引申的:哪种类型的阅读者和写作者更受到社会的重视或忽视?

尽管阅读教学在墨西哥日益兴盛,但是在不同社区之间的阅读和写作机会的分布依然是不平衡的。2016年,一份由联合国儿童基金会和墨西哥全国社会发展政策评估委员会联合发起的研究发现:在4 000万(0~17岁)墨西哥儿童中,有超过50%依然生活在贫困中。与那些来自富裕家庭的儿童形成对比的是,贫困儿童所生活的社区中有以下这种现象:在社区内部的公共生活交往空间中,很少能够看到书面打印文字或形式多元丰富化的文字符号;此类儿童家中鲜有书籍(而那些位于农村地区的社区中,几乎不会有公共图书馆);学校的数量往往不够,而且学生数量超员,教学设施极度匮乏;社区内缺乏互联网接入;阅读和写作也并非社区内常见的社会活动。在这种背景下,儿童获得读写学习经历的机遇相比那些来自更好教育背景的、社区内部联系更为紧密的、社会经济整合程度更高的社区的儿童要少得多。

与拉丁美洲的其他国家一样,墨西哥也致力于在公共空间中推广使用书面原住民语言。在原住民社区中推广的读写素养教育一直以来都是一个非常复杂的任务,学术界对此缺乏充分的了解和认识,部分原因是来自使用不同语言的社区成员之间复杂的话语权动力机制。费雷罗(Ferreiro 1993)和马丁内斯·卡萨斯(Martínez Casas 2014)认为需求来自两个层面:一来需要把这些原住民语言的书面版本用作沟通工具;二来需要那些有能力在本族文化内部并且为本族文化创造书面文本的原住民作家参与到读写素养教育中来。在教育方面,墨西哥致力于创造以下这种教育项目:强调要培养学习者养成一种很强烈的身份认同意识,并帮助学习者学会说、读、写主流语言以及本民族的原住民语言。在一些情境中,政策制定者给地方学校和公共学校增设了一种多元语言项目,以便儿童也能够从学习第三种语言中获益——通常是英语,因为英语是广受欢迎的流行音乐中使用最多的语言,并且英语的运用在旅游区中发挥着很重要的经济功能。

跨越空间、地点和节奏的阅读

对墨西哥的阅读和阅读学习者的研究成果主要来自那些在墨西哥大城市里所开展的研究；研究者对小镇和乡村地区的情况所知甚少。近期的研究给出了与往昔不同的多元化情境：让研究者有机会了解墨西哥情境中在不同空间内的阅读学习心理体验和真实生态（Alvarado 2010；Hernández Razo 2015；Guerrero 2014，Hernández 2013；Jimenez and Smith 2008）。由于读写素养教育和阅读学习的定义都非常宽泛，因此笔者将根据不同的读者类型和情境类型来做出界定。尤其需要指出的是，阅读和阅读学习并不发生在虚空中。为了能够观测到阅读的真正发生，笔者将始终需要辨识出特定的读者类型，并且在特定的地点、特定的时间对他们进行观察，观察他们出于多样化的具体阅读目的来阅读特定的材料。阅读是人群的活动，因此一定有着其自身的社会组织结构；阅读涵盖了文本、读者、参与者之间的组织、互动、意义诠释和语言使用。莱夫（Lave 2011, p. 151）指出：人类活动是基于特定情境的社会实践，其前提假设是"主体、客体，生活、世界都由它们所处其中的关系来界定。换而言之，人们生活的情境不仅仅是容器或背景。……人们永远身处特定的空间之中，处于与他人、事件、实践和机构安排的关联之中"。

本文对墨西哥相关研究文献的探索也着重于关注那些具有墨西哥特色的、多语言的、跨界的、复杂的和异质性的语言现实。那些与"标准的"西班牙语社区存在较大区别的语言群体（例如来自原住民群体、年轻人、流行文化或数字文化的成员）将在本文中得到鲜活记录，并且在本地原住民语言团体中以传统文本、实践和运用等多种形式得到了本地的认证。此外，这种多样性也表现在：读者在不同的社会团体中、在不同的文化归属感中是以怎样的方式来开展阅读的？这种阅读方式上的区分标准可以是年龄段、代际差别、跨背景以及不同的媒体类型——传统纸质媒体或者新兴数字媒体——不同类型的阅读是如何与日常交际发生相互作用的？由阅读所引发的地方社区中的社会实践能够帮助那些参与其中的人员更加重视阅读的用途和功能。

随着阅读和写作变得能够服务于越发宽泛的社会需求，而非专属于特权阶层（Goldin 2006），"教授读写的"教育项目和拥有"基本读写能力"在所有社区逐渐流行开来。但是正如一些学者研究发现和记录下的那样（García Canclini et al. 2015；Guerrero 2014；Kalman and Street 2013；Reyes 2016），研究者只有通过调研社会文化实践及其功能才能真正理解阅读在日常生活中究竟是以怎样的方式来开展和实现的。越来越多以拉丁美洲为研究环境的学者开始愈发重视此类研究，并且把科研成果分享给世界各地的同行；他们的科研把阅读学习和阅读过程放在多元社区这一情境下进行考察。卡尔曼和斯特里特（2008，2013）审视了来自不同地区和不同类型的社区中操持不同语言人群的读写实践中表现出的复杂性。两位学者的研究揭示了很多地方特征,这些特征可以归因于它们的本地情境及其在全球地缘和组织机构中的地位;此研究同时还为南北美洲在读写通识教育和数学运算通识教育研究指明了一些新的研究方向。

边缘社区的语言学习经历往往发生在一种拥有着不对称的权力关系的社会政治情境中,这种权力不对等表现在其中一种语言拥有比其他语言更高的地位(Hornberger 2014;Lopez-Gopar, Sughrua, and Clemente 2011)。因此,笔者必须构建一种多元语言主义的和双语读写素养的理论框架,并将该框架纳入对语言意识形态和社会政治因素所开展的批判性思考中去,这些因素可能会帮助或阻碍原住民群体和少数族裔群体培养自身读写识字能力,影响儿童的读写识字学习实践和观念,影响儿童在学习(或未能学会)阅读和写作的过程中对自己在不同社会情境中的定位。

在这种多元文化情境中,阿祖亚拉(Azuara 2009)研究并记录了墨西哥尤卡坦州一个农村社区中说玛雅语的儿童和家庭的阅读实践。尽管玛雅语是当地绝大多数成年人和儿童的第一语言,但很多儿童依然把自己视为被动的双语使用者,因为虽然他们能够听得懂玛雅语但很少有机会用玛雅语说话。此外,儿童在上学后就会面临双重挑战:一边需要学习西班牙语作为第二语言,另一边又要学习用官方主导语言来进行阅读和写作。另外一些研究也发现,决定儿童是否会使用官方主导语言或原住民语言的因素主要有两个:某一门语言与特定具体情境中所用到的阅读类型究竟发挥了怎样的功能(Azuara and Reyes 2011;Reyes 2016)。换而言之,如果存在着合适的情境和说某一门语言的人群,并且这两者能为儿童提供他们所需要的语言工具和学习介质来培养儿童发展自己的原住民语言能力,那么这种儿童就有可能在家中和在学校把自己培养成真正的双语使用者并且获得双语读写能力。作为该研究中的一个个案,阿克希尔和他的家人在日常生活中用玛雅语去完成各种不同的社会用途,但其中最主要的方式是阅读那些与宗教相关的文本以及去获取相应的信息。这家人热衷于参加教堂活动,出席特定的宗教活动,并且参加了一个玛雅语的圣经学习小组。在谈到宗教所发挥的功能时,卢娜(Luna 2010)也有相似的研究发现,并且记录了一种在创造模式多样的宗教证词的过程中所发生的阅读实践。在这种宗教仪式中,对神迹和神圣事件的传统虔诚表述以设计、表达、展示和阅读等多元模式的方式来呈现。她把这种特殊的文化表达方式称为"诵经师以书面形式确认神圣契约的实践",并以此术语表明这种活动中既包含阅读也包含写作。笔者也观察到了一些与该读写实践相似的行为,其中包括了一些生活在国境线附近的移民家庭、农村妇女的读写学习,以及成人阅读学习过程(Guerrero 2014;Reyes and Moll 2008)。

学会阅读以及拓展阅读实践往往发生在日常生活情境中,这种情境往往包括形式多样的空间以及各种不可预计的状况。卡尔曼(Kalman 2001,2003)研究记录了生活在墨西哥城东部边界的边缘社区中文盲和半文盲女性的多种阅读实践。在该群体的自陈叙述和集体参与的识字扫盲活动中,这些妇女谈到了她们阅读过的一系列不同文本和书面印刷材料,其中包括:棒针编织指南、政府公文和官方文件、商品目录和医药用品说明。例如罗莎里奥是一名上门推销化妆品的直销员,她描述了自己是如何阅读和填写工作中用到的订单表格的。在上门拜访顾客的过程中,她和顾客一起仔细阅读整个化妆品商品目录。在公司发放的订单表格中,罗莎里奥必须在正确的空格中填入相应的商品信息小结。对于她是如何阅读商品目录和订单表格的,她是这样解释的:"例如,这种化妆刷的名字在这一页上面,而且这里写明了它的用途。商品信息小结中有一些方框和一些圈,而我必须根据订货的数量来进行相应的填涂。比如如果有人订了三只,我就在这里画上三个圈"(p. 383)。卡尔曼(2009)采访的另一位妇女卡罗莱娜解释了公共医院的护士如何帮助她学会阅读医药用品的相关信息,比如如何读懂体温计以及医药记录,从而让她能够照顾自己那患有慢性疾病的子女。学会阅读和成为一个有阅读能力的人明显能够帮助我们以多种方式与世界进行联接(García Canclini et al. 2015;Kalman 2002)。罗杰·夏蒂尔(Roger Chartier 1992)指出:"世界上永远存在着一个与我们一起阅读的社群,并且我们为了这个社群而进行阅读。人们总是把一个群体放在自己的心中,把一个规约着我们的选择和我们接触文本机会的文化放在自己的心中,然后才学会阅读的"(引自García Canclini et al. 2015,p. 11)。社区内部的各种空间支撑着人们的读写识字学习实践,而书面材料(传单、书籍)依旧是公共空间和工作场合中的关键要素(Chartier 1992)。而数字时代的书面材料往往占据着新型空间——尽管未必是物理上可见的;其所包含的方式、时间段和著者等维度标志着本地知识是以何种方式把本地读者在自身的学习社群中学到的历史整合进全球交际中去。例如,埃尔南德斯·莱佐(Hernández Razo 2015)研究记录了成年人(其中一些在职,另一些失业)认识到自己需要通过参加计算机课程来学习如何使用电脑和其他新工具的能力,因为他们把这些技能看作一种新型话语的组成部分。在访谈这些成人的过程中,他还听到了以下这种表述:"因为现在的一切都需要你学会它[指计算机知识]"(p. 114)。上述所有实例——从尤卡坦州到来自城市的学习者——都表明阅读的用途和意义正在多元情境实践中变得愈发拓宽和愈发多样化。读者在日常情境中出于各种不同的交际目的与多种形式的文本进行交互(Goodman 1996)。

在学校和读写素养项目中学会阅读

在墨西哥,阅读学习通常指涉两类学习者:将会在学校接受阅读教学的学龄段儿童,以及成年人——此处指的是文盲或功能性文盲——即那些在童年未曾学会阅读或阅读能力非常差的人群。无论对儿童学习者还是成人学习者而言,墨西哥传统阅读教学的主流观点往往围绕着一系列彼此孤立的特征——从语音到文本的解码和编码、复述和记忆字母的读音。这种教学理念和流程与那些从社会文化角度和新读写通识教育研究角度出发的新派理论大相径庭(参见上一章节),而这种新型理论展现了阅读是如何通过文本和表征来让我们与世界发生关联的(Kalman 2002; García Canclini et al. 2015; Kalman 2001; Reyes and Esteban-Guitart 2013)。

对幼龄儿童而言,学会阅读从他们第一次听到母亲以及周边人的嗓音时就开始了;与此同时,他们也逐渐开始在不同的物品、事件、意义和语言之间建立联系。随着时间推移,他们与同伴和成年人的交流互动,作为读写素养教育和阅读体验的一部分,正扮演着越来越关键的角色,幼龄儿童开始建构意义并提升自己的口头语流利程度,以这两者为基础培养自身对印刷材料、叙事性故事以及最终发展成为阅读的概念和认识(Zero to Three 2016)。在学校发生的阅读和写作不应仅仅局限于教授阅读技巧——例如,单词、语音音素意识、语音朗读方法以及其他——而是应当更加重视阅读的社会意义;而正是这种对社会意识的重视让阅读成为一种有价值的且能够带来快乐的体验和实践;全身心地投入到聆听故事、解开词汇猜谜游戏以及参与各种围绕着文本的活动;培养学生对挑战思考的活动产生兴趣。此外,儿童都从自己的家庭出发,给学校带来了多元的读写识字学习体验;这些体验也应该被视作是非常有价值的,因为每一种思考、说话和阅读的方式都"凸显了某种特定的具体知识,以及该社群中所有成员以何种方式来为儿童的读写素养教育发展做出贡献"(Reyes and Esteban-Guitart 2013)。

一份最近的调查发现,在墨西哥那些拥有幼龄儿童的家庭中,家长们把"学会阅读"看作是儿童能在学校学到的唯一且最重要的能力(Alvarado 2010)。对于很多人而言,他们期待阅读学习任务能够由学校方面来主导和牵头,发生在校园内,并通过由教师主导和指示的具体教学练习来进行学习。然而这种观点没有意识到阅读教学早在儿童进入学校前就已经以一定的特定具体形式发生和展开,因为儿童早在自己第一手生活环境中就有机会接触到那些与读写素养教育相关的书面印刷材料和概念(Goodman 1996)。因此笔者特别想要强调和论证的一个重点是:学校正式教育应当考虑到家庭和社区作为少年儿童培养早期读写素养知识和工具的空间和场所,而这些识字扫盲工具能够让儿童把自己本地生活空间中的实践与学校学习实践结合起来。创造这种学习空间的教学项目实际例子之一出现在十年前,这个项目的名称是宝宝-家庭图书馆。该项目致力于为儿童创造一种空间,并通过这种空间提供与儿童一起学习阅读的机遇。该项目曾经风靡整个欧洲,这种空间和场所往往会给儿童和他们的家长提供音乐、玩具、木偶以及符合儿童年龄的读物。这种理念已经成为墨西哥普埃布拉州和克雷塔罗州以及墨西哥城一些社区中建立公共空间时所采纳的理念中的有机组成部分。家庭成员会花时间与儿童一起阅读书籍或玩耍,从而收获彼此陪伴所带来的温馨天伦之乐。这种持续不断地在家庭和社区中存在着的早期读写识字教学活动似乎能对儿童在小学入学后的读写识字教学中获得学术成功做出很大贡献(Escalante Cárdenas 2015；Gregory, Long, and Volk 2004)。

尽管墨西哥学校一直致力于对课堂阅读教学进行转型,但长期以来早期阅读课堂练习和教学方法依旧专注于以下这些流传广泛的方法:"读出单词的读音"、描画出字母的形状、辨认单词、理解问题以及抄写和定义孤立的单词。学校会使用特定的、基于情境的阅读和写作方式；教育体系内依旧盛行的教学方法以及课堂中可观测到的多种课堂教学活动都以死记硬背型练习为主；阅读评估依然以儿童一小时能阅读多少个单词为基础；对阅读和写作方法的宣传依然基于规定性的和指令式的惯例——所有这些都反映出上述这种传统取向。从这种意义上来说,笔者将学校阅读理解成是一种基于情境的实践,并且认为学校所倡导的这种形式的阅读是一种为学校的学习形式和具体目标量身定制的、狭隘的、有着巨大局限性的读写通识教育。因此,学校对学术准备程度的强调迫使儿童和教师更期望自己只是在阅读和数学作业和测试中获得成功——也正因为如此,课堂教学中并不推崇创造力的培养,以及用其他形式对知识和学习经历进行分享。

而墨西哥的另一些研究者则描述了更为细致入微、更为多样化的和复杂的学校情境。例如,洛克威尔(Rockwell 2013)对在课堂场景中把阅读和写作视为文化实践这一方面的科研做出了重要的研究贡献。她的科研专注于墨西哥农村地区学校的阅读情况,主要研究分析了课本的编排方式以及阅读任务的执行方式是怎样影响课程最终结果的。格洛丽亚·埃尔南德斯(Gloria Hernández 2013)审视了农村学生的读写实践与学校期望和课程大纲之间的关系。她研究发现那些在生活中曾经获得过富有建设性的写作经历的年轻人将会拥有一种鲜明的自我定位,即把对自身的定位与在学校接受的读写识字教育相关联。这种自我定位不仅仅指那种许多课本和活动中提到的简单口语功能,同时也包括他们是如何理解这些读写实践是在怎样的情境中得到使用和建构的。

墨西哥和其他拉丁美洲国家一样,也需要从双语主义和双语读写素养这个角度出发去解决多元读写素养教育问题。就墨西哥的具体情况而言,双语使用和双语素养的培养对象是那些最初习得语言是西班牙语但家庭使用语言却是原住民语的儿童。这种特殊的语言学习经历往往发生在一种在不对称话语权力关系支配下的社会政治情境中,在这种特定情境中,一门语言的地位往往要高于另一门语言(Martínez Casas 2014；Reyes 2009)。因此,有必要在为阅读和阅读学习构建理论框架时将其纳入一种批判性的理论范围之中,并充分考虑那些关乎语言意识形态以及可能会帮助或阻碍原住民群体和少数族裔群体培养读写识字能力的社会政治因素。教育行政决策和课程大纲制定决策往往会影响到儿童的读写识字实践以及他们如何在不同的社会情境中进行自我定位。不幸的是,墨西哥和其他一些拉丁美洲国家所推行的现有教育政策往往会强加一些出于政治目的的议程和课程大纲,而所有这些并不会满足儿童的需求,反而会刻意把他们自身的原住民语言边缘化。

对于那些在成年之后很久才开始学习阅读的成人而言(Kalman 2004b),政府往往会提供诸如CONAFE(全国教育项目指导委员会)和INEA(国家成人教育局)项目以及其他识字扫盲项目。这些项目强调的是阅读单词而非阅读整个世界,从而服务于国家和国际政策所设定的教育目标(Freire and Macedo 1989)。但是事实上只有那种更为宽泛的、涉及真正表达的学习经历才有助于成年人学会正确地使用书面语言(Kalman 2004a,b)。正如Seda和她的同事们(Galván Silva 2014)研究发现:一些来自农村情境的成年妇女往往更喜欢继续使用口头读写实践和记忆等学习策略来表达自己的想法,而这是她们充分考虑了自己的日常活动所需时间和成本后得出的结论。该案例强调了口语—阅读—识字扫盲三者构成的连续体在个体成长为一个拥有阅读能力的人的过程中所发挥的重要作用,因为它证实了说话者会把自己原住民本族语中现有的学习能力和传递知识能力迁移并运用到把新建构的知识整合进阅读和分享本地故事的过程中去。

正如国家成人教育局设计的读写素养项目和材料所揭示的那样,笔者坚信那些不懂得如何阅读的成年人也必须经历儿童被要求经历过的同类型"培训",虽然他们可以按照自己的节奏来完成这一过程。国家成人教育局在网上提供了一系列的阅读和写作系列培训项目,并将其组织成了三个"层次":初学者(功能性识字扫盲)、中阶学习者(相当于小学水平)、高阶学习者(相当于中学水平)。为初学者设计的阅读课程包括:抄写单词和短语;听写;写作短小的便笺;学习大写字母的使用规则;朗读单词、句子和短文本;回答阅读理解问题以及一些其他常见的练习形式。对于那些被视为文盲的成人,国家成人教育局为他们的阅读学习设计了语音因素分析、音节构建、词汇的构词法谱系等学习内容。

上述所有练习和作业都可以被视为一种培训,在识字扫盲教育中使用一种依赖死记硬背记忆式学习方法,几乎不考虑成人在识字扫盲学习实践中的理解和体验(参见图6)。与之形成反差的是,拉丁美洲成人教育区域合作中心(CREFAL)在学术专刊《决定》中刊发了一期以书面语文化和成人教育为主题的特刊。该特刊所收录的论文集的供稿作者们是读写素养项目的实践家以及项目设计者,这期特刊强调了书面语与口头语之间的关系,以及多语言读写素养这一理念。此外,这些研究者也一起探索了使用写作作为一种学习和自我表达的工具,以及善于写作人群与渴望学会写作人群彼此之间的复杂关系。所有这些新理念都拓展了传统上对识字扫盲这一概念的定义边界。

除学校教育以外,墨西哥联邦政府也把推动一系列的阅读项目作为其教育和社会政策的一部分。基于这样的概念,即阅读是一种值得推崇的好习惯,因此值得鼓励和推广,进而,社会共识认为应当让大众有机会接触和获取阅读材料(尤其是书

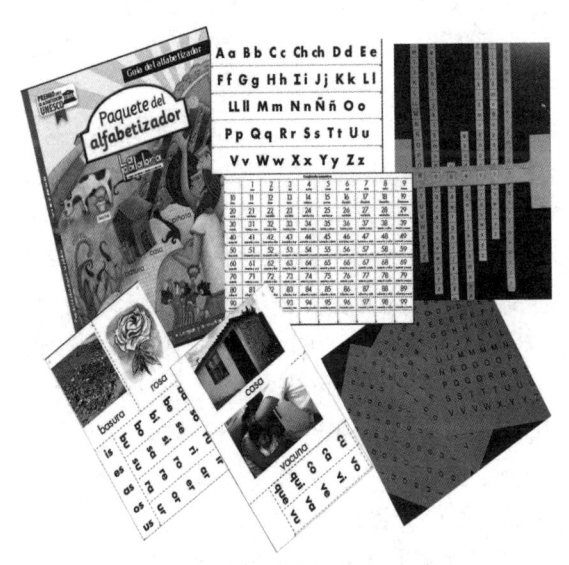

图 6　国家成人教育局开发的读写素养教学材料
来源：SEP and INEA 2015

籍），这将有助于在社会上传播阅读以及与阅读相关的活动，而书籍的存在将促进阅读人群数量的增长。这些社会活动被统一在"推动阅读"的大标签下；并且旨在传播阅读材料，为阅读和读者创造空间，资助普罗大众那些类型多样的阅读工作坊和阅读活动——例如文学作品的公开朗读会、剧场演出、木偶秀、读者反馈以及文学作品鉴赏会（或部分场合下的）文学作品分析会。一些非政府组织也参与到这些阅读推进活动中来，他们有时候是联邦政府和地方政府的合作伙伴，有时候则独立行事。他们所组织的具体项目包括：读书书友俱乐部；把书籍借给地铁通勤者的在地铁上阅读项目；在公交车站和自行车站提供阅读的项目——该项目通过安装含有（至少）365 本书的手机快速图书馆来鼓励人们在　年中的每一天至少读一本书。这些手机图书馆被安装在广场、公园、植物园和动物园的入口处，以此方式来支持读写识字的碎片化时间——呼吸着同时阅读着（García Canclini et al. 2015, p. 64）。这种动议背后的理念是让读者抓住稍纵即逝的瞬间，花一点点时间按照自己的节奏来阅读，并把阅读视为一种快乐的体验和活动，而非一种类似学校教学的强制活动（Vizacarra et al. 2012, as cited in García Canclini et al. 2015）。

主流话语中的阅读意识形态

政客、官员和社会评论员往往会把书籍销售不佳以及阅读表现很差归咎于标准化的教学评估（INEE 2016），并以此来证明墨西哥人不阅读、不会阅读或者不想阅读。然而笔者想要强调的是,在多元化的情境和场合中存在着多样化的、广泛的、可观察的阅读活动,从而证明事实恰巧与政客们的观点相反:阅读正在变得日益兴盛并且已经成为一种不断扩展着的、受到广泛认可的社会实践。这其中包括了纸质印刷的书籍杂志、报纸、传单、公告、邀请函,也包括了电视屏幕上、电影和演出的字幕中以及公共服务的通告中广为流传的文本,以及各种模式多元的数字文本。

几十年前,斯特里特(1984)通过审视人们对读写素养教育的认识和思考是怎样与更宽泛的信念体系、教条和社会价值观相联系后,指出阅读和写作中存在意识形态维度。因此在墨西哥社会中,对阅读究竟代表了怎样的意义的不同解读深深植根于对权力关系和以下这些概念的认知:阅读究竟是什么?怎样的行为可以被算作是阅读?阅读材料传递了怎样的社会价值观?阅读的目的、过程和结果究竟是什么(Street 2000)?因此,笔者毫不惊讶地发现阅读成了以下两方的辩论焦点:一方把阅读及其结果视为一种工具,而另一方坚称需要对书面文本融入社群的社会交往的机制采取一种更加细致入微的方式去理解和认识。

阅读长久以来并且在可预期的将来也会是墨西哥教育者的核心关注点之一。他们长久以来都把基础阅读能力视为正式学校教育的入门点,同时阅读也成为机构化教育的守门人,把那些从一开始就没能好好学会阅读的人阻拦在门外。接下来,政策制定者大力推动教育,并将其视为解决长期以来困扰墨西哥社会的社会经济不平等的一剂良方,将其视为通往社会阶层良性流动和经济繁荣的一条坦途。这至少在一定程度上解释了为什么阅读是墨西哥公共话语中重要的组成元素,尤其表现在当今的文化和教育政策、社会公共服务公告以及新闻媒体的话语中。例如,一份最新的在线"阅读"研究综述显示,仅在2017年就有超过10万篇的此类相关研究文章。这些文章中很大一部分都指出并高度赞扬了墨西哥社会中日益增大的公众阅读人群数量,而这一发现与墨西哥2015年开展的全国阅读调查的研究报告保持一致(Conaculta 2015)。但与此同时,这些报告也惋惜地指出墨西哥人口中依然有占比很大的一部分人宁可把空余时间花在"看电视上而不是阅读上"。2016年4月,来自墨西哥城的一位政客指出:"如果整个社会都受到了良好的教育,如果整个社会都做好了准备并且有能力参与到任何知识领域中去,那么墨西哥的现在和未来将会得到长足的进步。……对人口中占比高达40%的那些从来没有进过书店也没有鼓起勇气买过一本书的人而言,我们必须找到一种方式去鼓励他们阅读"(GrupoFórmula 2016)。

很多人把阅读、写作和一些特定的主流话语实践看作在学校取得学业成就并获得一种得到社会认可的"受过良好教育的"体面身份的必要条件。有鉴于此,那些边缘化的以及被社会主流摒弃在外的人群(包括城市中的穷人、只会说原住民语言的单语者以及住在偏远地区的人口)长期以来都处于一种不利的地位,因为他们的阅读和写作以及他们更宏观意义上的语言实践不仅仅与主流的语言和话语之间相隔甚远,并且在主导语(以及官方语)使用者人群眼中显得"不值一提"。例如,在墨西哥教育部 2013—2018 年教育项目中就包含了一个针对妇女的阅读项目,该项目旨在消除性别歧视,并且有着一个非常明确的"为带薪和无薪工作妇女提供阅读和文学赏析兴趣小组"的目标(SEP 2013b, p. 65)。这个例子展现了官方政策所重视和推动的阅读类型(SEP 2013a)。同样,在最近一次向在线视频网站上举办的读书比赛的颁奖典礼上,当墨西哥教育部长向该大赛获奖选手颁奖时,他特地指出墨西哥现正进行的教育转型中包括了鼓励人们在家中和在学校中养成阅读的好习惯。所有这些教育项目和表述的实例都表明,阅读——尤其是阅读书籍——是一种充满着意识形态的、在当前官方主导语社会话语中拥有较高社会声望的活动。此外,这也是对由中央政府所掌控的官方话语和信念的存在感的展示和重申(Bahktin 1981):把阅读建设成一种对抗不平等的良方,一种参与所有领域知识的基础;把阅读能力视作等同于受过"良好教育";把"真正的"阅读视作等同于阅读书籍。

然而,学术界和政策批评家都对读写素养这一概念本身提出质疑并且开展辩论(García Canclini et al. 2015; Jimenez and Smith 2008; Kalman 1993, 2004a, 2004b, 2006)。读写素养教育这个单词通常在西班牙语中被译作"扫盲",并且被定义成拥有最基本的阅读和写作能力,被用于指最基本和最机械的文字解码层面的扫盲教育。这种定义方式广泛存在于墨西哥的官方文件和课程大纲中,并且把读写与学校提供的扫盲项目紧密相连。例如,在墨西哥教育部 2013—2018 年教育项目中,"扫盲"被定义为向 15 岁及以上年龄人群提供基础的阅读写作和基本数学运算概念教学以帮助他们获得小学程度的教育水平(SEP 2013b, p. 101)。此处读写素养教育的概念被整合进了学校教学,并用于指教育成人如何读写,从而帮助成人获得基础教育学历证书。由此可以看出,这是一种对读写素养的狭隘定义,而且在概念界定上并没有捕捉到"读写素养"中所蕴含着的种种复杂之处、细微意义和用途。在过去 20 年间,墨西哥和拉丁美洲的研究者用过种种术语,包括"书面文化","读写实践",以及直到最近才开始用西班牙语单词 *literacidad* 来直译"读写素养"。

在整个拉丁美洲,阅读已经成为国家统计和调查的对象。例如,墨西哥国家地理统计局(INEGI 2006)从 2006 年开始就开展了一系列的调查,其具体目标是对阅读水平和教学实践进行测量和问责。针对此类调查的开展方式,提议采用一种适用于不同地区的研究方法(CERLALC 2014):即调查必须覆盖以下这些方面:阅读的动机(休闲或学习)是什么?人们究竟在读什么(书籍或其他材料)?人们读了多少本书?人们以何种方式获得书籍(购买或借阅)?人们怎样做出阅读选择(按话题或按推荐)?然而这些调查也并非没有受到批评(García Canclini et al. 2015; Goldin 2006)。它们往往把阅读与社会生活中的其他方面相互分隔;此外调查中设计的那些供读者选择的选项并没有揭示读者究竟是在怎样的日常生活情境中完成或体验阅读过程的。卡尔曼(Kalman 2006)批评了这种认为成为读者只不过是一种习惯问题的观念，并且提出书面语的使用是深深植根于其他交际过程中的。Rodríguez (1995,引自 Seda Santana 2000)指出，对读写素养进行的立法往往会与各种文化的真实条件和差异变化产生冲突。直到最近，INEGI 发起的 2015 年调查(García Canclini et al. 2015)才把其他类型的文本——杂志、报纸、漫画以及来自网络的多模式文本——看作"真实"阅读中的一部分，并且纳入该调查的对象中。同时需要指出的是，这些研究把"读者"定义为拥有更为扎实知识系统的、更多读写经历的阅读者。例如，墨西哥在2015年阅读调查中就把读者定义成12岁以及更年长的人群，从而遗漏了阅读人群中非常重要的一部分：年龄更小的、刚刚开始学习阅读的阅读者。来自芝加哥大学的诺贝尔奖得主詹姆斯·赫克曼(James Heckman)提醒人们应当更多关注这一往往会被忽视的人群。他劝诫研究者不要忘记年幼的阅读者人群，并且认为对最年幼的阅读人群进行辨识、跟踪和投资将会为整个社会带来巨大回报(Heckman 2012)。

近十年来，墨西哥读写研究中的主流更多关注教育者政策制定者和研究者彼此之间的紧张冲突以及霸权式话语。这些研究者持有一种更为传统的观念，即把读写素养教育——更具体而言，指的是书面文本的理解——视为教育、有所收获的劳动雇佣关系以及个人创业的先决条件。与此同时，这批学者还把读写素养教育视为个人解放的必要条件，并对其大加追捧。因此，对儿童开展读写素养教育被作为优先考虑事项，然而，对成人进行读写素养却被忽视和搁置；而那些尝试着在社区内部去理解读写素养教育的研究则因为太过强调工具性，因此依然还有很多问题没有得到解答。

阅读，一个永远不会结束的故事

笔者认为，阅读是一种受众面非常广泛的、结果多样的、形式多样的（并且随着时间推移变得愈发多样的）实践活动。即使在公共话语中占据主导位置的依然是书本阅读和学校提供的读写素养教育，但是笔者认为这两种活动与别的读写活动一样，应当是一种基于情境的实践活动。笔者诚挚邀请多种不同的阅读者——教师、行政管理人员、政策制定者、家长、学生、研究者和其他利益相关群体——一起来追求对日常生活中发生着的读写素养教育进行更深刻的认识和理解。这其中就包括了信息与通信技术(ICT)的涌现、一直在不断更新和被创造出的类型多样的文本和阅读空间、符号表征在年轻人、妇女、原住民团体和其他过去被边缘化人群的身份建设过程中所扮演的角色。当人们最终能够拓宽自身对读写素养教育的认识和界定时，就能获得更好的定位并且对开发一种更为包容、参与度更高的研究方法做出贡献，这种方法将会是多样化的，让社区中的阅读实践变得显性可见、得到社会认可并愈发受重视。进而这种理解也将有助于为拉美地区的读写素养教育科研和议程构建一种新型的行动方案框架。

（朱　正　译）

参考文献

Alvarado, F. (2010). Las ideas de las madres de familia y las prácticas extraescolares de lectura y escritura en dos escuelas de la ciudad de Durango [Mothers' ideas about extra curricular reading and writing in two schools in Durango]. X Congreso Nacional de Investigación educativa, área 16: Sujetos de la educación. November 21 – 25,2010, Mexico City.

Azuara, P. (2009). *Literacy practices in a changing cultural context: The literacy development of two emergent Mayan-Spanish bilingual children*. Unpublished PhD dissertation. University of Arizona, Department of Language, Reading and Culture, Tucson, AZ.

Azuara, P., & Reyes, I. (2011). Negotiating worlds: A young Mayan child developing literacy at home and at school in Mexico. *Compare*, 41(2),181 – 194.

Bahktin, M. (1981). *The dialogic imagination*. Austin: University of Texas Press.

Barton, D., & Hamilton, M. (1998). *Local literacies: Reading and writing in one community*. London: Routledge.

CERLALC [Centro Regional para el Fomento del Libro en América Latina y el Caribe] (2014). *Metodología común para explorar y medir el comportamiento lector* [Common methodology for exploring and measuring reading behavior]. Bogota: CERLALC. http://www.lacult.unesco.org/docc/Metodologia_Comportamiento_Lector.pdf.

Chartier, R. (1992). *El mundo como representación. Estudios de historia cultural* [The world as representation: Studies in cultural history]. Barcelona: Editorial Gedisa.

Conaculta [Consejo Nacional para la Cultura y las Artes] (2015). *Encuesta nacional de lectura y escritura 2015* [National reading and writing survey 2015]. Mexico City: Conaculta. https://observatorio.librosmexico.mx/encuesta.html.

Duranti, A., & Goodwin, C. (Eds.) (1992). *Rethinking context: Language as an interactive phenomenon*. Cambridge, MA: Cambridge University Press.

Escalante Cárdenas, M. D. (2015). La mochila ecológica en la virtualidad [The virtual ecological backpack]. *Investigación y Formación Pedagógica*, 1(1),86 – 91.

Ferreiro, E. (1993). Alfabetización de los niños en America Latina [Literacy for children in Latin America]. *Boletin del Proyecto Principal de Educación en América Latina y el Caribe*, 32,25 – 30.

Freire, P., & Macedo, D. (1989). *Alfabetización: Lectura de la palabra y lectura de la realidad* [Literacy: Reading the word and reading the world]. Barcelona: Paidós.

Galván Silva, M. L. (2014). La construcción de saberes letrados con la familia: El caso de mujeres con poca escolaridad en ambientes rurales. *Decisio*, 37(1),55 – 60.

García Canclini, N., Gerber, V., López, A., Niven Bolán, E., Pérez Camacho, C., Pinochet Cobos, C., et al. (2015). *Hacía una antropología de los lectores* [Towards an anthropology of readers]. Mexico City: Paidós y Fundación Telefónica.

Geertz, C. (1983). *Local knowledge: Further essays in interpretive anthropology*. New York, NY: Basic Books.

Goldin, D. (Ed.) (2006). *Encuesta nacional de lectura: Informes y evaluaciones* [National survey of reading. Reports and evaluations]. Mexico City: Conaculta.

Goodman, K. (1996). *On reading*. Portsmouth, NH: Heinemann.

Gregory, E., Long, S., & Volk, D. (2004). *Many pathways to literacy. Young children learning with siblings, grandparents, peers and communities*. New York & London: Routledge.

GrupoFórmula (2016). *Xóchitl Gálvez Ruiz inauguran maratón de lectura en Miguel Hidalgo* [Xochitl Gálvez opens reading marathon in Miguel Hidalgo]. RadioFormula. com (April 20). http://www. radioformula. com. mx/notas. asp? Idn=588339&idFC=2016#sthash. FMOfx5UE. dpuf.

Gumperz, J. J. (1982). *Discourse strategies*. Cambridge: Cambridge University Press.

Guerrero, I. (2014). "Echar tortillas" no requiere clases de informática: Los múltiples recursos necesarios [Making tortillas doesn't require computer classes: On multiple necessary resources]. *Revista Interamericana de Educación de Adultos Año*, 36(2), 67-85.

Heath, S., & Street, B. (2008). *Ethnography: Approaches to language and literacy research*. New York, NY: Teachers College Press.

Heckman, J. J. (2012). *The case for investing in disadvantaged young children*. European Expert Network on Economics of Education Policy Brief. Munich: Leibniz Institute for Economic Research, University of Munich. www. eenee. org/policybriefs.

Hernández, G. (2013). Reading, writing and experience: Literacy practices of young rural students. In J. Kalman & B. V. Street (Eds.), *Literacy and numeracy in Latin America: Local perspectives and beyond* (pp. 153-166). New York, NY: Routledge.

Hernández Mejía, S. (2003). De los privilegios y los cambios: Antecedentes históricos del artículo 3° constitucional [On privileges and change: Historical background to the Article III of the constitution]. *CPU-e Revista electronica de investigación educativa* (revised 2003). https://goo. gl/WEAqlT.

Hernández Razo, O. (2015). *Trabajo, estudio y canto: actividades cotidianas y la apropiación de prácticas digitales en una comunidad suburbana de la ciudad de México* [Work, study, and song: Everyday activities and the appropriation of digital practices in a marginal community in Mexico City]. Unpublished PhD dissertation, CINVESTAV, Department of Educational Research, Mexico City.

Hornberger, N. (2014). *On not taking language inequality for granted: Hymesian traces in ethnographic monitoring of South Africa's multilingual language policy*. Philadelphia: University of Pennsylvania, Graduate School of Education.

INEE [Instituto Nacional para la Evaluación de la Educación] (2016). *El aprendizaje en tercero de secundaria en México: Informe de resultados* [Learning in the ninth grade: report of findings]. Excale 09 Aplicacion 2012: Español, Matemáticas, Ciencias, y Formación Cívica y Ética. Mexico City: Instituto Nacional para la Evaluación de la Educación.

INEGI [Instituto Nacional de Estadistica y Geografia] (2000). Encuesta Nacional de Ingresos y Gastos de los Hogares (ENIGH) [National Survey of Household Income and Expenditure]. http://www. beta. inegi. org. mx/proyectos/enchogares/regulares/enigh/tradicional/2000/default. html.

INEGI (2006). Encuesta Nacional de Ingresos y Gastos de los Hogares (ENIGH) [National Survey of Household Income and Expenditure]. http://www. beta. inegi. org. mx/proyectos/enchogares/regulares/enigh/tradicional/2006/default. html.

Jimenez, R., & Smith, P. (2008). Mesoamerican literacies: Indigenous writing systems and contemporary possibilities. *Reading Research Quarterly*, 43(1), 28-46.

Kalman, J. (1993). En búsqueda de una palabra nueva: La complejidad conceptual y las dimensiones sociales de la alfabetización [In search of a new word: The conceptual complexity and the social dimensions of literacy]. *Revista Latinoamericana de Estudios Educativos* 23(1), 87-97.

Kalman, J. (2001). Everyday paperwork: Literacy practices in the daily life of unschooled and under-schooled women in a semiurban community of Mexico City. *Linguistics and Education*, 12(4), 367-391.

Kalman, J. (2002). La importancia del contexto en la alfabetización [The importance of context in literacy]. *Revista Interamericana de Educación de Adultos*, 3, 11-28.

Kalman, J. (2003). El acceso a la cultura escrita: La participación social y la apropiación de conocimientos en eventos cotidianos de lectura y escritura [Access to literacy: The participation and apropriation of knowledge in everyday reading and writing events]. *Revista mexicana de investigación educativa*, 8(17), 37-66.

Kalman, J. (2004a). *Saber lo que es la letra: Una experiencia de lectoescritura con mujeres de Mixquic* [Discovering literacy: Access routes to written culture for a group of women in Mexico]. Mexico City: Siglo XXI.

Kalman, J. (2004b). A Bakhtinian perspective on learning to read and write late in life. In A. F. Ball & S. W. Freedman (Eds.), *Bakhtinian perspectives on language, literacy, and learning* (pp. 252-278). Cambridge, MA: Cambridge University Press.

Kalman, J. (2006). Ocho preguntas y una propuesta [Eight questions and a suggestion]. In D. E. Goldin (Ed.), *Encuesta nacional de lectura: Informes y evaluaciones* (pp. 155-172). Mexico City: Conaculta.

Kalman, J. (2009). Literacy partnerships: Access to reading and writing through mediation. In K. Basu, B. Maddox, & A. Robinson-Pant (Eds.), *Interdisciplinary approaches to literacy and development* (pp. 165-178). London: Routledge.

Kalman, J., & Street, B. V. (Eds.) (2008). *Lectura, escritura y matemáticas como prácticas sociales: Diálogos con américa látina* [Reading, writing and mathematics as social practices: Dialogues with Latin America]. Mexico City: Siglo XXI.

Kalman, J., & Street, B. V. (Eds.) (2013). *Literacy and numeracy in Latin America: Local perspectives and beyond*. New York, NY: Routledge.

Lave, J. (2011). *Apprenticeship in critical ethnographic practice*. Chicago, IL: University of Chicago Press.

Lemke, J. L. (2013). Thinking about feeling: Affect across literacies and lives. In O. Erstadand & J. Sefton-Green (Eds.), *Identity, community, and learning lives in the digital age* (pp. 57-69). Cambridge: Cambridge University Press.

Lopez-Gopar, M., Sughrua, W., & Clemente, A. (2011). In pursuit of multilingual practices: Ethnographic accounts of teaching "English" to Mexican children. *International Journal of Multilingualism*, 10(3), 273-291.

Luna, M. E. (2010). Prácticas de lectoescritura en los exvotos [Reading and writing practices of exvotos]. *Ensayos e investigaciones. lectura y vida*, 31(2), 70-79.

Martínez Casas, R. (2014). La dinámica lingüística de los indígenas urbanos: De la resistencia al desplazamiento de las lenguas indígenas en situaciones de migración [Linguistic dynamics of urban indigenous peoples: From resistance to displacement of indigenous languages in migration contexts]. In R. Barriga & P. Butragueño (Eds.), *Historia sociolingüística de México* (pp. 189-210). Mexico City: El Colegio de México.

Reyes, I. (2009). An ecological perspective on minority and majority language and literacy communities in the Americas. *Colombian Linguistic Applied Journal*, *11*(1), 106–114.

Reyes, I. (2016). Natalia: "I want to speak Tata's Language!" — Learning and awakening the local language. In A. H. Dyson (Ed.), *Child cultures, schooling, and literacy: Global perspectives on composing unique lives*. New York, NY: Routledge.

Reyes, I., & Esteban-Guitart, M. (2013). Exploring multiple literacies from homes and communities: A cross-cultural comparative analysis. In K. Hall, T. Cremin, B. Comber, & L. C. Moll (Eds.), *The international handbook of research on children's literacy, learning and culture* (pp. 155–170). Hoboken, NJ: Wiley-Blackwell.

Reyes, I., & Moll, L. (2008). Bilingual and biliterate practices at home and school. In B. Spolsky & F. Hult (Eds.), *The handbook of educational linguistics* (pp. 147–160). Malden, MA: Blackwell.

Rockwell, E. (2013). Preambles, questions, and commentaries: Teaching genres and the oral mediation of literacy. In J. Kalman & B. Street (Eds.), *Literacy and numeracy in Latin America: Local perspectives and beyond* (pp. 184–199). New York, NY: Routledge.

Scribner, S., & Cole, M. (1980). *The psychology of literacy*. Cambridge, MA: Harvard University Press.

Seda Santana, I. (2000). Literacy research in Latin America. In R. Barr, M. Kamil, P. Mosenthal, & P. D. Pearson (Eds.), *Handbook of research in reading* (pp. 41–52). Mahwah, NJ: Lawrence Erlbaum Associates.

SEP [Secretaria de Educación Pública] (2013a). *Promover círculos de lectura y apreciación literaria presenciales y virtuales para mujeres trabajadoras remuneradas y no remuneradas* [Promoting reading real and virtual reading circles for paid and unpaid women workers]. Programa Nacional para la Igualdad de Oportunidades y no Discriminación contra las Mujeres, Gobierno de la República, Mexico. cedoc. inmujeres. gob. mx/documentos_download/101222. pdf.

SEP (2013b). *Programa sectorial de educación, 2013–18* [National education program 2013–2028]. Igualdad de Oportunidades y no Discriminación contra las Mujeres. Mexico City: Gobierno de la República, Mexico. http://dof. gob. mx/nota_detalle. php?codigo=5420363&fecha=17/12/2015.

SEP & INEA [Instituto Nacional para la Educación de los Adultos] (2015). *Paquete del alfabetizador. La palabra* [Literacy pack. The word]. Mexico City: SEP & INEA. http://www. inea. gob. mx/colaboracion/asuntos_internacionales/documentos/pdf/Paquete_del_alfabetizador_3. pdf.

Street, B. (1984). *Literacy in theory and practice*. Cambridge: Cambridge University Press.

Street, B. (2000). Literacy events and literacy practices: Theory and practice in the New Literacy Studies. In K. Jones & M. Martin-Jones (Eds.), *Multilingual literacies: Reading and writing different worlds* (pp. 17–29). Philadelphia, PA: John Benjamins.

UNICEF (2016). *Presentan UNICEF y CONEVAL análisis sobre pobreza y derechos sociales de niñas, niños y adolescentes en México* [Analysis on children and adolescent's poverty and social rights in Mexico]. Mexico City: UNICEF & CONEVAL. http://www. unicef. org/mexico/spanish/noticias_33097. htm.

Zero to Three (2016). Zero to Three: Early connections last a lifetime. *Annual report FY2015* (September 22). https://www. zerotothree. org/resources/preview/b21f0ad6-ce4e-4d28-9bc0-f5b976797650.

专　栏

阅读教学中的政治

珍妮特·索莱尔[*]

在线出版时间：2017 年 11 月 11 日
©本文作者 2017 年。本文为开放存取出版物。

摘　要　从历史角度来看，就如何在小学和婴幼儿教学课堂上教授阅读这个问题一直存在着政治辩论。这种辩论和"阅读战争"往往源自公众对阅读水平下降的担忧以及媒体对此的报道。这种辩论同时也反映了家长、教师、雇主和政治家对阅读学习的重视。公众对阅读教学的争论以及媒体所推动的争论最终演变成了激烈的公众辩论和学术辩论——围绕着究竟该为零基础阅读学习者和有阅读困难的儿童选取哪些具体教学方法和教学材料这个议题。近期，这种辩论还促使人们重新开始强调阅读能力和使用"标准化的"方法来教授阅读和参与读写素养课程。对阅读学习重要性的普遍共识也导致专家团体、商业团体、金融团体和家长团体等游说团体在对一些具体的教学方法、阅读项目和早期读写素养教学评估等方面产生了既得利益。本文将追溯这种辩论以及由此引发的早期阅读教学项目愈发支持一种量化简化主义方法。

关键词　阅读辩论　阅读政策　阅读项目　阅读教学

自从西方国家开始施行义务教育后，就会周期性地出现针对以下议题的政治辩论，即在小学和婴幼儿教学课堂中的阅读学习初期阶段，究竟哪一种方法才是"正确

---

[*] 原文语言：英语

珍妮特·索莱尔（英国）

位于英国米尔顿凯恩斯地区沃尔顿霍尔的英国开放大学高级讲师。现担任包容式教学实践途径各教学模块的主席、教育学博士项目下辖的语言与读写素养领域的 G 领域协调员、英国教育研究协会下辖的读写素养与语言特别利益团体的会议主持人。曾在新西兰和英国担任教师、科研学者和大学讲师，在此期间她的科研领域包括读写素养、教育政策和教育史。她的研究工作包括开发与批判式读写素养、普及教育和阅读政策等议题相关的教育模组和研究项目。在教学工作中，她致力于探索那些通过在线教学来提升儿童学习参与和批判性介入的教学方法。现今她正在主持的一项科研项目所调查的是教育心理学的历史发展，以及教育心理学是以何种方式影响教育者如何看待读写素养学习困难以及一些概念，比如失读症。

通信地址：School of Education, Childhood, Youth and Sport Education, The Open University, Walton Hall, Kents Hill, Milton Keynes MK7 6AA, UK

电子信箱：janet.soler@open.ac.uk

的"和"最好的"阅读教学方法。这种辩论和"阅读战争"往往伴随着公众对阅读水平下降的担忧一起出现。这种辩论反映了家长、教师、雇主和政治家对阅读学习的重视。公众对如何开展阅读教学莫衷一是,而这进一步激发了公众和学术界开展大讨论,争辩究竟该为阅读初学者和有阅读困难的儿童选取哪些具体教学方法和教学材料。

这种辩论往往倾向于关注阅读能力,亦称"阅读水平",指的是以标准化方法来进行阅读教学、阅读评估和参与读写素养教学。对阅读学习重要性的普遍共识也导致专家团体、商业团体、金融团体和家长团体等游说团体中产生了对一些具体的教学方法、阅读项目和早期读写素养教学评估等方面的既得利益。

从20世纪50年代以来,这种公众辩论变得愈发激烈。在最近几十年,早期阅读教学的决策权变得逐渐中央集权化,很多国家开始颁布并实施国家规定性质的全国课程大纲和全国读写素养教学策略。这种教育决策的集权以及对阅读教学愈发基于政策的管理进一步强化了政治控制,并侵犯了一线课堂教师在该领域的学术管辖权。此外,有些教育观察家还表达了以下忧虑:随着如何教授阅读的决策权变得越来越政治化和中央集权化后,研究者的意见也同样被忽视了(参见例如 Goldenberg 2000; Goodman 2014; Wyse and Opfer 2010)。

初期发展

当今围绕阅读教学的政治辩论源自20世纪兴起的关于语音学对抗整体语言/真实书本的激烈争论。这两种形成彼此两极对立的早期阅读教学方法模型以及与之相关联的政治立场的出现明显受到从1900年到1935年期间用心理学方法开展阅读研究和教学的影响——该时期涌现的一些心理学观点至今仍然影响深远(Pearson 2000)。

在19世纪50年代之前,教育工作者使用字母拼写法中的操练与练习教学法来进行阅读教学。这种教学方法要求儿童辨认出并朗读出字母表中的字母,既包括大写字母也包括小写字母;要求学生从现有文本(比如一本圣经或一本识字课本)中按字母顺序来辨识和说出字母的名称。在19世纪中叶,提倡以看字读音为基础教学法的专家群体开始挑战字母教学法的地位;当时,这种看字读音的自然拼读法迅速在美国和英国走红。

与字母拼写教学法不同的是,早期的语音教学法要求学习者在学习过程中辨认出构成单词的究竟有哪些字母,而不是专注于读出字母的名字。当年这种以"新型的自然拼读法"为基础的教学方法就已经包含了现在仍在使用的自然拼读法中的一些关键要素,因为这是一种高度系统化的方法,并且采用了一系列的阅读前认知活动,比如介绍字母以及把个别的语音组合起来朗读出整个单词。后人在20世纪60

年代评价这种最初的自然拼读法体系时,把它描述成一种"详尽繁复的合成体系",并认为从 20 世纪 50 年代开始这种方法就已经成为一种在公众心目中占据牢固地位的教学方法(Cove 2006)。

接下来,"看图说话"教学技巧的涌现又进而挑战早期自然拼读法教学方法的地位。看图说话教学法在 20 世纪初被提出,并在 30 年代开始占据主导地位(Chall 1967,p. 161)。到了 40 年代,它开始得到许多国家的官方确认,其中包括美国、英国和一些英联邦国家(例如澳大利亚、新西兰、加拿大和南非)。到了 50 年代,研究阅读的学术领袖都推崇看图说话教学法,其中包括美国的威廉姆·格雷,他提出需要鼓励教师教会儿童阅读整个单词,同时避免无意义的语音操练。看图说话教学法致力于教会儿童辨认整个单词或整个句子,并且强调在教学中运用那些画有图片的闪示卡片。尽管自然拼读法受到了来自看图说话教学法的挑战,并在一定程度上被后者超越,但自然拼读法依然在 30 年代维持住了来自公众的足够信任,并且和看图说话教学法一起被沿用直到 60 年代。珍妮·卡希尔(Jeanne Chall 1967)总结的 60 年代主流阅读教学观八大原则中,就包括了自然拼读法和看图说话法的混合法。

从阅读教学方法和教学项目开发的最初阶段开始,与之相关的各种意识形态观点、商业利益和政治联盟就展开了旷日持久的相互竞争。例如,随着美国在 40 年代出版麦克格鲁菲编著的基础英语读本在全国得到确认和首肯,人们从一开始就认识到基于特定阅读教学方法的教材具有非常大的商业出版潜力。到了 60 年代,美国学校已经广泛使用麦克格鲁菲编著的基础英语教材,该教材以自然拼读法和字母识字法为基础。从 1927 年到 1973 年,斯考特福睿斯曼公司一直在销售《迪克和简》系列教材,该教材使用的是看图说话教学法;到了 50 年代和 60 年代,这一系列的教材已经成为主流的运用看图说话教学法的早期阅读教材,并且也在英国(《简妮特和约翰》读本)和其他英联邦国家广为使用。

卢克(1991)指出,早期的阅读教材和阅读教学实践与宗教意识形态紧密相连,同时也服务于国家建设目标。这些基础阅读读本对课程大纲采取了一种"由技术专家来统治管理的方法",并且支持以下观点:把阅读学习和阅读教学视为一种中立的社会心理现象,与周遭的文化实践相分离。卢克认为,来自大学的心理学家把《迪克和简》系列读本设计成了一种按顺序排列的教学项目,并对教师的教学行为以及学生的学习行为进行规定、排序和控制。为实现这一目的,该系列教材更关注儿童的行为—技能习得,并且着重致力于编写详尽的教学指导用书,该类教师用书中会指定标准化的教学流程和课堂交流方式。

皮尔逊(2000)描述了政治议程和专业学术议程是如何针对个人默读设计并应用科学检验和系统测试,从而探索如何把阅读构建成一种"学业表现"。和卢克一样,皮尔逊认为这种理念构建的努力符合了对效率和科学客观性的要求,支持一种基于心理测量学的系统,进而符合该时期涌现出的科学主义思潮。

"阅读战争"

当前有关阅读的辩论以及围绕阅读教学法的政治往往会变得两极化,在自然拼读法和语言整体教学法之间摇摆。这场显得尤为两极分化的"大辩论"源自美国50年代期间的"阅读战争"。弗莱施于1955年出版的书籍《为什么约翰尼不会阅读》引发了这场大辩论。弗莱施认为美国儿童的阅读水平正在下降,并且认为这可以归咎于用看图说话法来开展阅读教学。他提倡应该回归自然拼读教学法,并把其视作可用于教授早期阅读的唯一方法。弗莱施(1955)认为当时的主流阅读研究,尤其是那些对比视觉主导和拼读主导的阅读教学法的研究,都支持他的观点。

因此50年代围绕着应该采用怎样的阅读教学方法这个大辩论话题的政治活动不仅与公众担忧国民识读水平下降相联系,也与以下论断有关:即认为学校应当实施"唯一最优的"方法来教授阅读。这种观点认为有可能建立一种最为可行和最高效率的方法来教授识读能力——并且以一种科学上可进行效度验证的方式来证明其有效——这种观点得到了50年代末和60年代在教育和阅读研究中变得愈发重要的行为主义心理学和心理测量学的支持和巩固。在这一时期,最主要的辩论议题是儿童究竟更应该通过一种强调意义的方法来学会阅读,还是应该通过一种强调解码字母代码的方法来学会阅读,以及两者究竟孰优孰劣。查尔(1967)在审读和回顾了20世纪以来开展的相关实验研究之后,支持在小学低年级采用字母解码和自然拼读教学法,而不是以语义为导向的整体语言教学法。

在50年代过后,人们逐渐从看图说话教学法中内隐的传统智慧转向接纳另一种教学实践,即意识到在进行阅读学习时有必要进行更宽泛层面上的意义建构(Monaghan et al. 2002)。这种观念转变进而开始影响阅读教学实践和阅读教学项目的理念设计。例如,猜测词义技能开始与上下文情境、文本结构、语法结构、"查词典得出的"线索、"语音拼读的"线索进行相互关联。同时发生改变的还有传统上那种基于教室的阅读教学实践,一些更为传统的教室教学项目和教学环节,比如圆形循环轮询朗读,也开始使用这些线索,而不是仅仅依赖基于自然拼读法的教学(Monaghan et al. 2002, p. 228)。

80年代和90年代开发的两种主要阅读过程模型既反映了从50年代起的大辩论中涌现的两极分化式阅读观,也反映了来自70年代那些基于心理语言学的教学方法的挑战。教育研究者和教育实践家把这两种新的教学模式称为"自下而上教学法"和"自上而下教学法"。在自下而上教学法中,能够流利朗读的阅读者观看单词中的字母前后顺序安排,然后再去考虑印刷出的单词究竟是什么意思。相反,自上而下教学法把阅读学习看作一种由概念驱动的活动。自上而下教学法中的一种代表教学项目是阅读康复。这种教学法认为,自信的学习者从一开始就预测文本的意义,然后再开始审视现有的句法语义和图形线索(Reid 2009,pp. 106-109)。来自不同国家的教育心理学家、小学教师和对教学提供支持的专业研究学者都在从60年代到90年代末的不同时期推崇和倡导本段所述的这两种教学模式(参见,例如Openshaw and Cullen 2001; Stannard and Huxford 2007)。

在70年代,认知科学作为一个跨学科的新研究领域为美国提供了一种新的讨论氛围,并进一步催生了"阅读过程模型"这个概念的出现。针对早期阅读教学开发那种自上而下的、基于语言整体的模型,标志着从行为主义心理学视角向一种元认知视角的剧烈转变,这改变了教育家观察阅读学习者的方式。这种转变源自以下科研证据——来自诺姆·乔姆斯基和其他心理语言学相关领域专家的著作——这些著作描述了人类是如何习得语言的(Monaghan et al. 2002,p. 229)。在美国、澳大利亚和加拿大,因为受到肯·古德曼(1986)的著作所带来的影响,自上而下教学法开始与"整体语言"这个术语相互关联。基于他本人对意义建构所做的研究,古德曼对阅读过程提出了一种综合理论,该理论表明口头朗读中存在一些出人意料的回答,同时该理论重视口语失误分析。自上而下教学法愈发占据主导地位,并进一步挑战采用自然拼读法和直接教学法的自下而上教学法。首先开始支持整体语言教学法的教师来自加拿大,他们反对过分强调书面测验,并指责传统那种基于课本的阅读教学项目有着碎片化的性质(Goodman 2014)。

整体语言教学法出现在60年代末和70年代,该教学法吸引了教育政策制定者和政治家、科研工作者和教育专业工作者的注意。教育学史专家指出,由于苏联在1957年成功地发射了第一颗人造卫星"伴侣号",由此引发的60年代美苏太空竞赛促使当时的政治利益团体试图找出一种最优的阅读教学方法。同时也导致美国加大了对早期阅读教学以及相关研究的投资(Monaghan et al. 2002,p. 229)。但到了70年代,在政治上出现了反对整体语言教学运动和古德曼的著作等声音,这些反对者把整体语言教学法视作早先那种看图说话教学法的对等物,另一些反对者则是自然拼读教学项目的支持者。对整体语言教学法的直接政治反对采取了以下形式:通过立法来确定阅读究竟该以哪种方式来进行教学(Goodman 1986)。

在70年代,围绕着阅读教学中"唯一最佳方法"这个议题的政治分歧进一步升级。那些提倡采用心理语言学视角的学者对当时公众广为接受的教育实践提出了额外的挑战;他们认为阅读过程中包含了"在个人和文本的交互界面中所产出的一系列意义,并且意义建构运用了一系列的语言策略和文化知识去'根据提示猜测'嵌入文本之中的意义"(Rassool 2009,p. 9)。这一观点为那些普及知识教育家,比如肯尼斯·古德曼和弗兰克·史密斯,在70年代和80年代所倡导的整体语言和真实课本教学法构成了理论基础(参见,例如Smith 1971)。古德曼(1986)的自上而下阅读教学法从一开始就被人们称为"心理语言学的猜测游戏"。这种教学法的倡导者认为该教学法源自那些优秀的学习者,这种学习者不需要依靠图形线索去处理阅读文本中的字母和单词的每一个特征。该教学法中未被明示的假设是，可以通过向儿童进行朗读等方式来让儿童沉浸于读写知识丰富的环境中，让儿童参与阅读等方式来帮助儿童学会阅读。

到 80 年代末和 90 年代早期，整体语言教学运动在全球教育实践中占据牢固的主导地位。尽管如此，并非所有教师都接受整体语言教学法，即使是在像澳大利亚这样早在 60 年代就流行该教学法的国家中也有反对声音（Snyder 2008，p. 51）。

新西兰人玛丽·克雷是另外一位关键人物；在心理语言学的自上而下模式影响下，她开发出了阅读康复教学项目，该项目在 80 年代和 90 年代的新西兰小学中广为使用。她把对口语的持续记录作为古德曼开发的口语失误分析的简化形式。在新西兰，克雷的教学方法变得非常具有影响力，并且导致人们更重视观察儿童的阅读行为，而不是运用策略去教授语音。克雷的观点、她的阅读恢复教育项目以及其他整体语言教学法倡导者的著作——比如古德曼、史密斯以及她的新西兰同行唐纳德·赫达维——都在国家层面上得到了支持，这种支持包括了给教师提供密集的在职培训课程和地区阅读协会所组织的工作坊（Openshaw and Cullen 2001）。阅读恢复项目在 80 年代末和 90 年代末得到了国际社会的认可，其主导地位引发了进一步的政治辩论：即全体语言与自然拼读法究竟孰优孰劣，以及这种教学项目的效率和代价（比如，参见 Soler and Openshaw 2007）。

80 年代见证了许多国家对基于整体语言的教学项目的采纳。教育评论家认为，在 80 年代以及 90 年代初，来自英格兰和新西兰以及其他一些国家的公众关注导致了上述阅读教学项目获得了主导地位。

这些教育评论家认为，在整个这一时期，有关读写素养课程大纲和教学的重大讨论往往会在一个国家的议会和教育委员会中发生，参与这种大讨论的往往是由专业组织机构提名的代表。参与辩论的双方也可能来自学术组织和政府部门。例如，新西兰在进行了大规模的科研之后，得出了阅读恢复项目能够产生积极影响的研究结论后，高级官员们获得了来自新西兰教育部总干事的直接拨付财政支持，用于扩大和延长对阅读恢复项目教师的培训（Openshaw 2002，p. 86）。科林·哈里森（2004，p.1）指出，英格兰在这一时期的读写素养课程大纲由政府委员会决定，参与决策的还有专业学术团体，比如英国全国英语教学协会和英国阅读协会。在接下来的几十年中，在上述两国的公共领域中越来越多的早期阅读和读写素养课程大纲往往由政治家所推动的教育提案来决定（Soler and Openshaw 2007）。

在 90 年代，整体语言教学项目面临着新的压力和挑战。首先这种挑战来自认知心理学家的研究，这些专家通过研究眼球的运动来探索对阅读流畅度起决定作用的过程。这种研究方法让认知心理学家能够发现上下文语境能在多大程度上促进或阻碍单词辨认，以及儿童是否会在阅读过程中跳过字母和单词。到 90 年代末，此类科研证据更支持对自上而下教学法和自下而上教学法进行组合使用。例如，斯塔诺维奇(1980)在80年代初指出,只使用其中一种教学法而摒弃另外一种会造成很大问题,因为阅读者实际上在阅读过程中会同时使用上述两种过程。他认为这两种过程是彼此联系的,读者在一个领域中的弱势可以为其自身在另一个领域中的强势所弥补(他把这种能力称为"互动式互补")。90年代初的阅读理解研究进一步巩固了对读者在阅读中会同时采用多种策略这一理念的认同;这种研究发现,老练的阅读者会使用五种策略去促生自身的元认知意识和理解(Dole et al. 1991)。

然而90年代的美国又重新出现了对自下而上教学模式的推崇:这种施压往往来自出版社,他们期望为几乎每一个阅读项目都编制一种显而易见的、系统的、按照一定顺序排列的自然拼读法组成要素,以此来振兴年幼阅读者所使用的读物市场(Moore 2002, p. 47)。梅斯梅尔和格里菲斯(Mesmer and Griffith 2005, p. 368)指出,在90年代初又出现了以下术语,比如"系统化的自然拼读法"和"明晰可见的、系统化的读音标识",在此期间亚当斯(1990)强烈推荐自然拼读教学法,并把其称为"直观的、系统的"。自然拼读教学法往往会强调以下这些常见特征:(1)课程大纲必须包括一组明确标示的、按序列来排序的自然拼读要素;(2)教学必须是直接的、准确的和模棱两可的;(3)教育实践中运用自然拼读法来朗读单词(Mesmer and Griffith 2005, p. 369)。

英格兰在60年代末受到了来自一种自下而上教学模式的施压,这种压力来自在英国全国推广的英格兰全国读写素养策略(NLS)。政府要求在全国层面推广NLS(全国读写素养策略),其中包括在"读写教学一小时"中向5岁(起)的英国儿童教授语音学意识。作为英格兰全国读写素养策略的一部分,教师必须接受密集培训,而培训材料致力于着重培养教师对自然拼读法的知识(Lewis and Ellis 2006, p. 2)。

教学运动的进展

对于整体语言教学法和自然拼读法孰优孰劣的争论,以及究竟该坚持自上而下教学法还是自下而上教学法——或者将这两者整合成一种互动的互补,亦称为"混合式"教学法——这些争论在不同国家以不同方式旷日持久地进行着。在有些国家,比如苏格兰,并没有实施那种由中央政府所控制的全国读写素养策略,因而上述的政治争论在这种国家内并不是那么普遍(Lewis and Ellis 2006)。然而在今天的美国、英国和澳大利亚,自下而上教学模式正在压倒所有其他模式,成为最大的主流教法。这些国家的保守派政客支持自下而上的教学计划——其形式是系统化的整合式自然拼读法——他们辩称可用于证明该教学法是最为有效的科研证据是"占有压倒性优势的"。

一些学术研究者和专业机构,比如英国读写素养协会(UKLA)表示,这种论点并不受到实证式研究证据的支持(参见,例如 UKLA 2000;Wyse and Goswami 2008)。实际上很难基于实证证据去支持整体语言教学法或自然拼读法。例如,虽然研究者在过去20年已经收集并聚拢了有关阅读恢复项目的大量数据,但是实验派研究者往往把这些证据看作是相对脆弱的和模棱两可的。从这一派观点来看,真实的实验室实证研究数量非常少,并且"那些已经收集到和分析过的数据彼此之间缺乏独立性"(Wheldall, Center, and Freeman 1992, cited in Reynolds and Wheldall 2007, p. 207)。

雷诺兹和威尔道尔(Reynolds and Wheldall 2007)也认为,由于绝大多数有关阅读恢复项目的科研并非是实证的,因此关于该项目的效率并不存在所谓的"最高有效证明",所有那些研究并不具备有效的设计,未能展现因果关系,也未能阻止与内部效度有关的问题发生。在评估相关研究证据时,美国教育部在评估了所有这些研究后表示,针对阅读康复项目的105份研究中只有4份使用了随机抽样的控制组来设计实验,因此只有4份符合美国教育部所设立的"论据标准和可被采信的筛选"(WWC 2008)。然而同样的情况也发生在合成式自然拼读法教学项目的科研上,针对该项目的"最高级别证明研究"数量比针对阅读恢复法的还要少得多。此外研究文献表明,克拉克曼南郡研究调查的研究设计和内部效度存在问题,该调查走访了苏格兰克拉克曼南郡的8所小学,旨在对比一种合成式自然拼读法教学项目与一种分析式自然拼读法项目的有效性差别(参见,例如 Ellis 2007)。

当人们意识到对阅读恢复项目的评估未能达到"真实实证研究"所要求的高标准时,这就凸显出当代政治话语提出的一大问题,即谋求以"一种更科学的方式"来评估早期阅读教学项目,以期能够找到可在全国范围推行的"唯一最佳方法"。现今的讨论采纳了一种"基于科学实证的"假设和心理学话语,因而更为强调辨认和测量那些在表面上保持文化中立的、与阅读相关的认知能力。继而,这种话语又影响了人们辨识和评估来自早期阅读教学项目的科研证据的能力,因为它们不承认那些与阅读相关的文化过程或别的社会过程。简而言之,阅读教学并不存在所谓的"唯一正确的方法";那些试图寻求这种唯一最优解的辩论和评估都没有意识到早期阅读教学是一种社会实践活动。

从文化历史角度来看,所有这些辩论都代表了一种持续不断的话语权争夺,针对读写素养和读写教育实践的解读以及相关的社会文化实践进行争论。此外人们也可以这么认为,早期阅读作为一种概念和一个新的知识领域——尤其是那些自下而上的合成式教学模式——其概念演变不可避免地与读写素养的自主学习模型相联系(Street 1993),而自主学习模型更强调在个人头脑中发展的文本解码技能。

问题和困境

针对阅读教学的持续不断"论战"中包含了以下这种信念：即在自上而下教学项目（比如阅读康复项目）与自下而上教学项目（比如合成式自然拼读法）之间——以及对双方有效性的评估——存在着一种二元对立性质，这种二元对立性甚至更深刻地源自一种基于认知和实证的教育理念范式。此外这些研究依然保有以下信念，即有可能以科学实证的方式来验证一种尤为"本质的"或"唯一正确的"阅读教学方法。其结果是各国重新开始强调在全国范围内实施一种理想化的教学项目，来对早期阅读的教学进行标准化规范。而随着这种渴求能找到"唯一最佳的"教学项目和教学方法的思潮不断发展，各方在以下这种信念上的差距愈发扩大：即教育在塑造儿童的身份以及让儿童成长为一个有读写能力的社会人的社会参与中究竟应该扮演怎样的角色。

合成式自然拼读法究竟为何，又是怎样在这些国家成为主导早期读写能力教学的主流方法，现今得到了多大程度的资金资助和支持，这些都是非常关键的问题。在针对教学策略的辩论中所凝结和总结出的政策及其实施方式，都会对专业学者、家长和学生如何看待和参与早期读写素养教学起到塑造作用。

不同的话语以及相关的游说团体——带着各方彼此冲突的社会观和教育观——相互争夺话语权。这种话语权争夺也对早期阅读教学项目的立法、获得资助、社会组织和实施等各方面都产生了深远意义和影响。例如在英格兰，愈发商业化的合成式自然拼读法教学资源所使用的政治和商业话语往往与过去十年间日益减少的政府对读写教育的支出和投入有所关联——也与读写素养教育资源的日益私有化有所关联。强烈的新保守主义教育观催生了上述话语及其结果。有些教育评论家直接把过去30年针对"效率"、"可操作性"、"市场驱动的"教学经济等议题的辩论与读写素养相关的教育政策中出现的新自由主义所带来的影响进行直接关联（参见，例如 Comber et al. 1998）。

然而同时值得注意的是，主流观点是如何开始愈发觉得上述两种教学方法彼此之间是互相对抗的（以及随之而来的合成式自然拼读法所取得的主导地位），这种主流观念是如何与一种新自由主义的道德伦理形成相互关联的，这种新自由主义伦理观认为读写教育应当更优先地采纳一种技术和功能角度的观点，而非从社会和交际角度去看待读写教育。在针对阅读的不同政治议程彼此之间形成了复杂互动，这促生了一种"常识性"假设：即认为在提升阅读水平与关注读写教育以期能服务于经济需求这两个方面之间存在关联。因此，围绕着阅读教学的政治话语在其叙事方式中支持一种对效率、可操作性和市场驱动需求的强调，以期能借此改善读写素养教育。

从这个视角出发，早期读写素养教育在过去20年间所形成和修订的那些关系也对该领域的早前认识和伦理观念——例如迄今为止为学界所广为接受的一种假设：即应当优先考虑专家判断而非教学项目的具体教学指导实践或商业利益——提出了挑战。本文在此援引尼古拉斯·罗斯(Nikolas Rose)对福柯所提出的治理性概念的解读(Rose 1999，pp. 20 - 28)，本文把这种新型关系——即在早期读写素养教育中的道德伦理、话语权以及对专业文化的重新定义这三者之间的关系——视为对阅读教师的一种治理，这种治理的实现依赖针对特定的新保守主义和新自由主义目标来设定一组与具体阅读教学项目、教学技术和阅读教学策略相关联的"行为规范准则"。

未来的发展方向

为了能从以往的阅读辩论那种根深蒂固的，彼此仇视的二元对立中抽身而出，我们需要提出一些与众不同的问题——比如，推动自然拼读法和整体语言法形成二元对立背后的究竟是什么？与早期阅读教学相关的资助申请大战的背后关键点究竟是什么？

为了能够回答上述问题，笔者必须仔细审视80年代和90年代涌现出的、并正变得愈发重要的新自由主义思潮，及其对"新型公共管理"的强调所引发的一种"新型的管理模式和新型的政府管治形式"，因为它"在政治经济理论层面和在哲学假设层面上，从本质上取代了各种不同的前提假设"(Olssen and Peters 2005，p. 314)。本文在此援引文化历史观和福柯对新自由主义的分析，可以看出新自由主义在这一时期的兴起可以与它强调利用市场作为一种控制和提升公共部门表现的新技术有所关联(Olssen and Peters 2005)。

新自由主义不再强调那些来自某个特定地方的专业学术知识，这种知识往往是在某个特定的时间点、在一种特定的个别交流和教育背景中获得的。这是因为根据新自由主义的观点，治理性的实现依赖的是管理主义和自上而下的管理链，而这削弱了大学精英式专业知识和自主学习的重要性(Olssen and Peters 2005，p. 234)。因此，根据这种理念设计的读写素养教育政策提案往往倾向于确立一种由中央政府集中管理的、结构化的阅读教学项目。他们也会根据专业自主性这一深层理念来决定更偏爱哪些教育项目，而非另一些。有鉴于此，新自由主义的教育政策会自然而然地偏爱自然拼读法，尤其是那些基于合成式自然拼读法的教学项目，而非那些教师主导的整体语言法教学项目。

在这种政治环境下，自然拼读法教学项目能够战胜整体语言法项目并且获得主导地位，因为它们会被视为"从传统上"就非常强调按照顺序来进行技能呈现，以逻辑和理性的方式来组织技能呈现，而非以一种"逐步提升的"、儿童为中心的、实验式的、互动的方式与文本进行交互。因此在早期读写素养教育中采纳合成式-自然拼读法符合新保守主义对知识和课程大纲的传统看法。它们同时也实现了新自由主义政治议题在一种自上而下的、由中央控制的教育供给框架内对理性主义的追求。诸如像阅读恢复这种整体语言教学项目将会被边缘化,尽管这种项目很明显地拥有一种由中央政府统筹管控的、结构化的性质和格式,因为它们是基于以下这种哲学认识论和阅读发展观点的,即优先考虑教育者管控和自主决策权,其基础是个人情境、读写素养问题和那些源自个体化的一对一教学理念。

现今对去政治化、个人主义和金融主义的强调,成了公众辩论和学术话语中定位阅读战争的中心议题。人们可以看到包含在新自由主义内的这些核心理念所带来的影响——这种影响表现在越来越多早期读写素养教育项目和教学过程中的去专业化和商品化进程。此外,基于新自由主义的读写素养教学政策和课程大纲在全球所取得的主导地位可能会潜在地强化帕蒂·拉瑟(Patti Lather 2012)所描述的那种"量化简化主义",这源自新自由主义所推崇的"对测量的狂热追求":

> 新自由主义极端热爱量化简化主义。在公共政策领域,一种"对测量的狂热爱好"不允许出现任何不能够被轻易计数的事物……一定程度上这深刻地影响着并且塑造了我们对所谓科学实证的界定。只需看看联邦政府是如何努力达成"以科学实证的方式来调查研究教育",就能发现我们的时代充斥着以下这种需求:即希望根据一定的"金科玉律标准"来开展更多"基于科学实证的"调查研究,但此处的所谓"实证研究证据"实际上有着一种非常狭隘的定义(p. 1023)。

量化简化主义的持续盛行,与强势的新自由主义教育政策一起,会愈发强烈地支持在全球层面的早期阅读教学项目中采用一种简化主义的、可测量的"科学实证方法"。这种政治话语会把阅读争论进一步推向一种更为极端的自下而上的阅读教学模式。换而言之,这会导致读写素养教学方法愈加强调专注于那些基于技能的、由技术所主导的教学方法;它也会促使人们更多去关注儿童个体的内部认知功能。与这种观念形成愈发强烈的反差是另一派观点,即把读写素养视为一种深深植根于文化差异和社会经济差异的社会实践,这种对读写素养的重新界定源自新近涌现的新读写素养调查研究、批判式读写素养教学、与读写素养相关的社会文化观点,以及过去几十年的阅读教学实践。

(朱　正　译)

参考文献

Adams, M. J. (1990). *Beginning to read: Thinking and learning about print*. London: MIT Press.
Chall, J. (1967). *Learning to read: The great debate*. New York, NY: McGraw-Hill.
Comber, B., Green, B., Lingard, B., & Luke, A. (1998). Literacy debates and public education: A question of "crisis"? In A. Reid (Ed.), *Going public: Education policy and public education in Australia*. Deakin West, AC: Australian Curriculum Studies Association.
Cove, M. (2006). Sounds familiar: The history of phonics teaching. In M. Lewis & S. Ellis (Eds.), *Phonics: Practice, research and policy* (pp. 1-8). London: SAGE.
Dole, J. A., Duffy, G. G., Roehler, L. R., & Pearson, P. D. (1991). Moving from the old to the new: Research on reading comprehension instruction. *Review of Educational Research*, 61(2), 239-264.
Ellis, S. (2007). Policy and research: Lessons from the Clackmannanshire synthetic phonics initiative. *Journal of Early Childhood Literacy*, 7(3), 39-52.
Flesch, R. F. (1955). *Why Johnny can't read — And what you can do about it*. New York, NY: Harper.
Goldenberg, C. (2000). The voices of researchers: Conflict and consensus in reading research and policy. *Reading Teacher*, 53(8), 640.
Goodman, K. S. (1986). *What's whole in whole language?*. Portsmouth, NH: Heinemann.
Goodman, K. (2014). *What's whole in whole language in the 21st century?*. New York, NY: Garn Press. Kindle e-book.
Harrison, C. (2004). *Understanding reading development*. London: SAGE.
Lather, P. (2012). The ruins of neo-liberalism and the construction of a new (scientific) subjectivity. *Cultural Studies of Science Education*, 7, 1021-1025.
Lewis, M., & Ellis, S. (2006). Phonics: The wider picture. In M. Lewis & S. Ellis (Eds.), *Phonics: Practice, research and policy* (pp. 1-8). London: Sage.
Luke, A. (1991). The secular word: Catholic reconstructions of Dick and Jane. In M. W. Apple & L. K. Smith (Eds.), *The politics of the text book* (pp. 166-190). New York and London: Routledge.
Mesmer, H. A. E., & Griffith, P. L. (2005). Everybody's selling it: But just what is explicit, systematic phonics instruction? *Reading Teacher*, 59(4), 366-376. doi: 10.1598/RT.59.4.6.
Monaghan, E. J., Hartman, D. K., & Monaghan, C. (2002). History of reading instruction. In B. J. Guzzetti (Ed.), *Literacy in America: An encyclopedia of history, theory and practice* (pp. 224-231). Santa Barbara, CA: ABC-CLIO.
Moore, S. A. (2002). Basal readers. In B. J. Guzzetti (Ed.), *Literacy in America: An encyclopedia of history, theory and practice* (pp. 45-47). Santa Barbara, CA: ABC-CLIO.
Olssen, M., & Peters, M. A. (2005). Neoliberalism, higher education and the knowledge economy: From the free market to knowledge capitalism. *Journal of Education Policy*, 20, 313-345.
Openshaw, R. (2002). The social and political contexts of early intervention programmes: A case study of Reading Recovery. In P. Adams & H. Ryan (Eds.), *Learning to read in Aotearoa, New Zealand: A collaboration between early childhood educators, families, and schools* (pp. 82-93). Palmerson North, N. Isl., NZ: Dunmore Press.
Openshaw, R., & Cullen, J. (2001). Teachers and the reading curriculum: Lessons from the phonics debate. *New Zealand Journal of Educational Studies*, 36(1), 41-55.
Pearson, P. D. (2000). Reading in the 20th century. In T. L. Good (Ed.), *American education:*

Rassool, N. (2009). Literacy: In search of a paradigm. In J. Soler, F. Fletcher-Campbell, & G. Reid (Eds.), *Understanding difficulties in literacy development: Issues and concepts* (pp. 7 – 31). London: SAGE. Reid, G. (2009). *Dyslexia: A practitioner's handbook* (4th ed.). Chichester, UK: Wiley-Blackwell.

Reynolds, M., & Wheldall, K. (2007). Reading recovery 20 years down the track: Looking forward, looking back. *International Journal of Disability, Development & Education*, 54, 199 – 223.

Rose, N. (1999). *Governing the soul: The shaping of the private self*. London: Free Association Press.

Smith, F. (1971). *Understanding reading: A psycholinguistic analysis of reading and learning to read*. New York, NY: Holt, Reinhart & Winston.

Snyder, I. (2008). *The literacy wars: Why teaching children to read and write is a battleground in Australia*. Crows Nest, NSW: Allen & Unwin.

Soler, J., & Openshaw, R. (2007). "To be or not to be?" The politics of teaching phonics in England and New Zealand. *Journal of Early Childhood Literacy*, 7(3), 333 – 352.

Stannard, J., & Huxford, L. (2007). *The literacy game: The story of the National Literacy Strategy*. London: Routledge.

Stanovich, K. E. (1980). Toward an interactive-compensatory model of individual differences in the development of reading fluency. *Reading Research Quarterly*, 16(1), 32 – 71.

Street, B. V. (1993). *Cross-cultural approaches to literacy*. New York, NY: Cambridge University Press.

UKLA [United Kingdom Literacy Association] (2000). *Teaching reading: What the evidence says — UKLA argues for an evidence-informed approach to teaching and testing young children's reading*. Leicester, UK: UKLA.

Wheldall, K., Center, Y., & Freeman, L. (1992). *Reading Recovery one year on: A follow up evaluation in NSW schools*. Unpublished paper. Sydney: Special Education Centre, Macquarie University.

WWC [What Works Clearinghouse] (2008, December). *Intervention reading recovery*. https://readingrecovery.org/wp-content/uploads/2016/12/wwc_reading_recovery_report_08.pdf.

Wyse, D., & Goswami, U. (2008). Synthetic phonics and the teaching of reading. *British Educational Research Journal*, 34(6), 691 – 710.

Wyse, D., & Opfer, D. (2010). Globalization and the international context for literacy policy reform in England. In D. Wyse, R. Andrews, & J. Hoffman (Eds.), *The Routledge international handbook of English, language and literacy teaching* (pp. 438 – 447). Abingdon, UK: Taylor & Francis.

> 趋势/案例

海地的母语课本：海地克里奥尔语在学会阅读和用阅读来学习中发挥的力量

米歇尔·德格拉夫[*]

在线出版时间：2017年3月24日
©联合国教科文组织国际版权局2017年

摘　要　本文旨在深入理解原住民语言对教育和发展的重要性，并把海地作为个案分析的对象。海地有将近一半的人口是文盲。海地一年级小学生中最多只有十分之一能够最终高中毕业；海地人口中有很大一部分会在年纪还小时就从学校辍学。语言是导致这种学术失败的原因之一。海地的教育主要使用法语来进行教学，但该国人口中最多只有5%能够流利说法语，而海地100%的人口说海地克里奥尔语

---

[*] 原文语言：英语

本文笔者衷心感谢"全球儿童阅读倡议"和世界宣明会对"母语课本：海地的阅读学习"项目（项目主任研究员：克里斯托弗·W·罗尔）的大力资助。由衷地感谢克里斯邀请我对本文所描述的此次项目的评估数据进行收集和分析。同时感谢美国国家科学基金会对我在2010年与马添瓦社区的师生合作开展的科研进行资助（国家科学基金会奖励编号1049718），以及资助之后在海地全国各地的高中和大学STEM科目（科学技术工程数学）教师群体中开展的用海地克里奥尔语来促成运用新技术进行积极学习的后续科研工作（国家科学基金会奖励编号1248066）。感谢亲爱的爱莲娜·格蕾提对此项目的方方面面做出的不可或缺的巨大帮助。同时感谢我优秀的儿子纳里欢，感谢他的爱和支持以及耐心地忍受我在他生活中的长久缺席。谢谢你，我亲爱的儿子，感谢你能理解世界上每一个儿童都值得拥有平等地在学校和生活中以一种快乐的、富有创造力的以及有尊严的方式去获得成功的机遇。当然，此次研究的顺利结项离不开来自海地 La Gonâve地区的马添瓦地方社区学校（LKM）的杰出团队中那些"勇敢的男人、女人和小学生"以及马萨诸塞州的"马添瓦之友"团体的支持和巨大帮助，在此特别感谢莱斯利·科恩帮助本文进行编辑工作，感谢马添瓦地方社区学校的两位创始人阿布纳·索弗尔和克里斯托弗·罗尔为向所有人提供高质量素质教育这一美好愿景所做出的努力和坚持。同样也感谢三位匿名评审和乔·安妮·克雷夫根向本文提出的极有裨益的评价，这让本文在形式和内容上得到了巨大提升。

米歇尔·德格拉夫（美国）

麻省理工学院的语言学教授。是海地克里奥尔语研究院的初创成员，是麻省理工学院与海地联合研究项目的主任。专注于研究克里奥尔语族，尤其是作为他本人第一语言的海地克里奥尔语。他的研究发现填补了学界对克里奥尔语族的历史和结构的理解上的空白，揭示了人们错误地把克里奥尔语族视为"劣等语族"的认识，并证明克里奥尔语族与其他语言之间在本质上完全对等。

通信地址：Department of Linguistics and Philosophy, Massachusetts Institute of Technology, Cambridge, MA, USA

电子信箱：degraff@MIT.EDU

(Kreyòl)。尽管有来自立法、官方课程大纲以及各种公民结社团体在内的各方致力于推动在课堂上使用海地克里奥尔语,但这种语言在绝大多数情况下依然被排除在学校体系之外。本文将汇报的研究结果来自一次对海地小学低年级阅读和写作进行教学干预的项目。本文将论证在课堂中系统地使用海地克里奥尔语——在所有层面,但尤其是在小学低年级——将会提升儿童的学业成就。本文也将指出这对指导政策制定和改进海地的读写具有怎样深远的意义。

关键词 海地 海地克里奥尔语 读写素养 用母语进行教学 小学低年级阅读评估(EGRA)

获取高质量教育资源的机遇不平等是一个全球性的问题:它是导致全球经济和政治不平等的主要源头之一。而导致这种不平等的根本原因之一是全世界的学校普遍存在着本地语言的边缘化现象。全球有约2亿儿童在接受教学的过程中使用的语言并不是他们在家里和社区中所说的语言;此外全球有超过20亿的人所说的语言被排斥在学校之外(Dutcher 2004;Walter and Benson 2012;UNESCO 2016)。当教学所用的语言是儿童所不能理解的语言时,他们的学习就不可能有创造力,只能局限于死记硬背。这种根深蒂固的做法损害了儿童在将来成为熟练的阅读者和写作者的可能性,并且给他们带来了不必要的压力,贬低了他们祖祖辈辈以来一直使用的语言和文化的价值——在很多情况下,最终导致了对他们人权的伤害,并且破坏了他们的身份认同和自我价值。

海地的现状是这种教学、社会文化、经济和政治困境中的一个显著例子。海地从全国本质上而言是一个说着海地克里奥尔语的国家,即使在很多情况下被人视为一个"法语区国家"。但事实上,海地100%的人口说海地克里奥尔语,而人口中只有不到5%能流利地说法语。然而法语依然是海地课堂教学和考试中的主导语言。同样地,法语也是政府、法院、正式经济、新闻媒体等诸多领域的书面往来时所用的主导语言。这是海地大规模学术失败、不稳定的民主现状、极其恶劣的经济和政治不平等的根本原因之一。但是这却让海地成为解决全球语言边缘化问题的理想测试场,尤其当我们考虑到海地是整个南北美洲中读写素养水平最低、贫困水平最高、不平等程度最高的国家(Ortiz and Cummins 2011;UNESCO 2002;Verner and Egset 2007;World Bank 2014)。

本文中笔者记录的是海地儿童获得巨大学习收获的一个个案,当小学低年级的读写素养教育能够系统地使用他们的母语海地克里奥尔语来开展教学时,经研究证明学生能够从中收获巨大的学业进步。本文将首先提供关于海地及其关键语言与教育问题的一些宏观背景。然后本文将详细描述母语教材(MTB)项目,该项目的基础是对海地克里奥尔语的使用,并且邀请儿童积极地(快乐地!)参与到创作与他们的日常生活和环境相关的海地克里奥尔语文本的过程中去。最先测得这种教学方法会带来巨大收益的一次科研是对比了一所已经在使用母语教材教学方法（MTB）的学校（位于 La Gonâve 岛上的马添瓦地方社区学校[下文将缩略为马校]）与另外五所学校在阅读学业成就上所测得的结果，控制组中的五所学校与实验组的这所马校处于同一座岛上，但是在研究开始前并没有使用母语教材教学法（因此将其归入非马校类别）。接下来笔者将分析在原先的控制组学校中执行母语教材教法干预项目后所获得的研究成果。笔者也将考察和探讨这种教学干预项目在更大范围内对海地的教学和发展究竟会有怎样的意义和影响。笔者和参与该研究项目的所有工作同仁一起诚挚地期望能通过本次研究抛砖引玉，促进整个学界探索有助于国家发展的更优化策略，包括在社会所有阶层推广本民族原住民语言的使用，并以此方式来促进国家建设。

背景：海地的语言、教育和排斥

海地是整个新世界中第一个获得独立的黑人共和国，在针对从 17 世纪中叶以来就占据了伊斯帕尼奥拉岛西部的法国殖民者发动革命并获得成功后，于 1804 年宣布国家独立。而法国殖民者曾经在 18 世纪把海地转变成了最富有的欧洲殖民地。但是尽管（或许也正是因为）海地过早地在拉美世界赢得了国家独立，而在同一时期，从 1492 年克里斯托弗·哥伦布抵达南北美洲以来，在拉美世界占主导地位的依然是奴隶制度与殖民制度。而海地现今已变成了很多人所说的"西方世界中最穷的国家"。导致海地发生这种慢性贫困（事实上海地经历了一种逐渐陷入贫困的过程，而非一开始就处于固有贫困之中）的本质原因是语言、教学与意识形态之间的交互作用下产生的结果。

海地有将近一半的人口是文盲（CIA 2016；Huebler and Lu 2013）。在每十个一年级海地小学生中，最多只有一个（10%）能够最终高中毕业。海地人口中有很大一部分会在年纪还小时就从学校辍学（GTEF 2010, p. 151）。语言是导致这种学术失败的原因之一。事实上，海地的教育主要使用法语来进行教学，但人口中最多只有 5% 能流利地说法语，而海地的整个教育体系，尤其是在书面材料和考试中，会把海地克里奥尔语排除在外——随着学校年级的升高，使用海地克里奥尔语编写的书面教学材料就越少——尽管海地克里奥尔语是海地 100% 的人口所说的语言。

而这一语言问题因为受到教学因素和意识形态因素的影响而变得愈发复杂：海地学校长期以来的教学传统是对法语文本进行死记硬背（"*parcœurisme*"），而通常情况下，这种法语文本与学生的日常生活、文化背景和社会身份是无关的或者与之背道而驰的（Jean-Pierre 2016）。这些法语文本除了会遏制海地儿童的创造力培养以外，更会诱发一种深深植根于海地殖民史的社会异化（Dejean 2006；Gourgues 2016；Jean-Pierre 2016）。而读写素养教育往往以死记硬背字母和声音之间的关联作为基础,学生在此过程中所"阅读"的往往是他们无法理解的文本。正如世界银行/美国国际开发署发起的一项调查(Messaoud-Galusi and Miksic 2010)结果表明,这种教学方法只会培养出糟糕的阅读者,而这种学生终其一生只会成长为糟糕的学习者。

从更宏观的角度来看,对一种绝大多数学生无法流利说的语言编写的材料进行死记硬背的教学方法根本无助于培养创造思维、批判思维能力以及解决问题等方面的技能,然而这些思维能力和技能恰巧是一个国家发展过程中必须拥有的(DeGraff 2013a;Dejean 2006;Hebblethwaite 2012;Jean-Pierre 2016)。为了能够使海地在2030年成为一个"新兴国家"(这一目标也是海地当前的领导层经常提及的),海地学校必须培养出那能够真正理解自己所学内容并且能有创造性地、自信地把知识运用到应对当地面临的挑战的人才。但是用法语作为教学语言依然是海地学校和儿童教材中根深蒂固的一种做法,尽管该国的官方教学大纲规定了学校应当使用海地克里奥尔语作为教学语言,尤其是在小学低年级阶段。这种偏爱法语并放弃海地克里奥尔语的做法深深植根于海地的殖民史和新殖民史,以及其作为法语国家的地缘政治身份(Arthus 2012,2014;DeGraff 2005,2015a;Gourgues 2016;Jean-Pierre 2016)。

事实上真正令人吃惊的是,即使海地宪法在1987年宣布把海地克里奥尔语作为和法语一样重要的"官方"语言,并将其描述为是唯一能够"团结"所有海地人民的语言,但是法语依然在海地的学校体系中占据主导地位。相似地,1979年海地政府颁布了海地克里奥尔语官方标准正字法,并且从20世纪80年代初开始该国的官方课程大纲(该大纲完全用法语编写而成!)规定了在小学低年级阶段必须使用海地克里奥尔语作为入口教学语言。但是在实际操作过程中,绝大多数教材和考试中依然在使用法语,尽管全国只有不到5%的人口能够流利地说法语。来自那种只会说海地克里奥尔语社区的学生(在绝大多数情况下,这才是更为典型的情况)几乎没有机会在学校获得学业成功,更不可能有机会最终读到大学。从这个角度来看,语言在海地已经成为"精英圈地"的一种向量(Myers-Scotton 1993),成为一种助长跨越了多个世代的社会经济不平等的帮凶,让那些在家里就说法语家庭出来的孩子能够在学业和经济成功方面在起跑线上就获得优势。

笔者将从全球视角来看待这个问题,以充分大量的证据为基础(其中一些来自联合国教科文组织从1953年至今所收集的材料),从而提出在教育中系统地使用母语是至关重要的,这不仅对那些像海地一样身处"全球大南方"的国家的经济发展非常重要,同时也对像美国这样的发达国家非常重要,因为它能够确保没有人会掉队,因为在这些发达国家存在着数量可观的移民人群,而该群体的母语与位于"全球大北方"的发达国家所使用的教学语言不同。

一位匿名评审要求笔者关注"母语"和"母语者"这两个概念中可能会存在着的

问题,鉴于最近涌现了一些研究,比如布洛马特和兰普顿(Blommaert and Rampton 2011)认为"社会语言学家长期以来都质疑这种理想主义,认为根本不可能调解语言多样性、语言混合使用和多语言主义等各方的事实矛盾"(p.4)。但实际证明,超级多样性这一概念根本不适用于海地的具体情境,海地的人口从根本上而言是单语使用者,海地人民对海地克里奥尔语的接触始于母亲的子宫并贯穿其一生。事实上,海地克里奥尔语是海地绝大多数人口的母语。例如,笔者以斯库特纳布-坎加斯(Skutnabb-Kangas 1988, pp.16-17)对"母语"这个词的多种定义为例,海地克里奥尔语的确有资格被视为海地绝大多数人口的唯一母语:(a)从出生前到婴儿期再到家庭生活,这种语言都是人们习得的语言;(b)这是海地人民最为熟练和擅长的语言;(c)这是他们至今为止用得最多的语言(在绝大多数情况下也是他们会说的唯一一种语言);(d)这种语言定义了他们的身份——正如很多海地克里奥尔语谚语所说的那样,比如下述这条谚语:"海地克里奥尔语是我们的根,而法语是我们买来的。"相似地,研究文献显示尽管海地克里奥尔语内部存在着不同种类的方言,但这种语言依然有着非常高的内部同质性,在海地克里奥尔语不同变体的使用者之间并不存在语言隔阂和障碍(Fattier 2000)。因此人们可以颇为放心地把海地克里奥尔语视为绝大多数海地人一生中使用的唯一(母)语;而这与布洛马特和兰普顿论文中提及的超级多样性是完全相反的。因此本文倡导的基于母语教学法一定能够为绝大多数海地克里奥尔语单语使用者提供一种更高效的方式去学习第二语言,比如法语、英语、西班牙语等。

尽管如此,在语言和教育关联中一个不可避免的问题是,以克里奥尔语族为例,伴随着推崇使用前殖民者语言的是缺乏用本地人口原住民语言编写的高质量教学材料。与之相似的情境还包括生活在拉丁美洲的美洲印第安原住民语言以及澳大利亚原住民语言。这种现状的出现并非偶然:除了发挥殖民主义(新殖民主义)精英圈地这一社会功能以外,对原住民第一语言的边缘化还深深植根于一种长期以来被广泛传播的观念:认为这些原住民语言在结构和词汇上是非常贫乏的,因此"劣于"那些欧洲殖民者语言(DeGraff 2005, 2009, 2014; Migge, Léglise, and Bartens 2010)。甚至在讲克里奥尔语族社群的权威学者和政治领袖中都有一部分人相信,克里奥尔语族中的一些语言,比如海地克里奥尔语,事实上对说这种语言的人而言构成一种认知障碍——即使这种错误观念与现代语言学中的绝大多数基本概念相悖(DeGraff 2005)。最近有如此表述这种错误观念的是已故的莱斯利·马尼加(Leslie Manigat,知名海地历史学家和海地前总统),据报道他曾经声称海地克里奥尔语是一种"虚弱的缺点"(Zefi 2011)。本人先前的研究成果(DeGraff 2005, 2009, 2014, 2015a; DeGraff and Ruggles 2014)表明这种信念更多地植根于一种地缘政治的权力争夺以及殖民主义和新殖民主义意识形态的残留,而非基于充分实证数据或理论思考。

实证数据表明,在课堂中使用海地克里奥尔语能提升儿童的读写素养,因此应当能够创造出一种巨大潜能来实现一种显著的教育范式转变并且改变人们对海地克里奥尔语族的认识和理解,从而对海地克里奥尔语社区的教学产生重大影响(DeGraff 2013a,2014;Neyfakh 2011)。学校长期以来对说海地克里奥尔语社区使用的母语进行边缘化,这剥夺了此类社区获得高质量教育的最佳机遇。请稍加回忆就不难发现,世界上依旧有超过2亿的儿童依然在接受学校用一种他们无法熟练使用的语言来进行教学。

长期以来,研究表明学生用自己的本族母语来进行学习会得到更好的结果:而这给全球教育带来的转变潜能是极其显著的(UNESCO 1953)。持续至今的科研表明,允许学生使用本族母语能以多种方式在教育中对培养儿童的表达能力、解释能力和构建逻辑观点能力发挥关键作用(Webb 2010)。使用本族母语来教学对教师而言也是极为关键的,笔者和同事们一起研究和记录的还有另一个正在进行中的、由国家科学基金会(NSF)资助的、用海地克里奥尔语来进行STEM(科学、技术、工程、数学)教育的项目(http://haiti.mit.edu)。此外,学术界已经能够确信地认定,从宏观上来看,那些没有使用本国国民的母语作为教学语言的国家往往同时也是国民学业成就和国家发展状况最差的国家(Hebblethwaite 2012;Walter 2008)。但是对那些最迫切需要获取用本族母语编写的高质量教学资料的社区而言,政策制定者长期以来漠视了这些重大研究发现。人们尤其需要询问以下问题:究竟为什么在海地以及全球各地许多贫困国家和社区中依然有这么多学生不得不接受一种事实上是外语的语言来开展教学,尤其是这种外语实际上剥夺了儿童在学业上和社会经济地位上获得平等的成功机遇?撇开别的因素不提,这种错误的教育实践似乎源于一种推理上的恶性循环:

(1)政策制定者和教育开发机构往往声称用当地的本族语言来开展教育是非常困难的,因为缺乏相应的用这些语言编写的教学资料;

(2)造成由当地本族语编写的教学材料相对缺乏的原因在于上文提到的(错误)观念:认为这些原住民语言在语法结构和词汇上都存在缺陷,因此无法用于表达抽象的科学概念。

为了打破这种恶性循环,本文将迈出一小步:笔者将通过本文的论证分析来揭示海地的国民语言所拥有的优势,并且证明这门语言是海地教育中不可或缺的教学工具。鉴于在全世界范围内尤其是在后殖民地情境中,地方性语言依然拥有相对较低的社会地位,并且这些语言被剥夺了参与正式教育以及社会上用于创造和传递知识和话语权力的其他领域的机会(Babaci-Wilhite 2014;DeGraff 2005,2009,2014,2015a),因此本文汇报的研究结果将对全球规模的教学用语选择产生影响,尤其是对那些为说着被污名化的地方语言的社区提供教育服务的学校体系以及那些仍然在对不会说该国文化和学术精英阶层所使用语言的学生进行社会、经济和政治剥夺的国家或社会而言。为了与当前学术界对阅读开展的全球比较科研保持一致（参见，例如 Walter 2013），本次科研的主要研究目标就是验证以下假设：通过运用海地克里奥尔语来开展以儿童为中心的互动式教学并以这种方式来进行读写素养教育将能够有效地提升海地学生的学习收获，尤其是对那些仅会流利说海地克里奥尔语的学生群体而言。而这种本族语单语者的身份特征恰巧是海地绝大多数学生的真实情况。

对此次科研项目的概述以及其理论背景

如前所述，马苏德-盖勒席与米克西克（Messaoud-Galusi and Miksic）（2010）的研究促使笔者开展了此次科研。据他们研究发现，几乎有一半的儿童直到在小学三年级开始时都完全没能力正确读出任何一个单词；而小学三年级学生的阅读速度低于每分钟 23 个单词。马苏德-盖勒席与米克西克认为读写熟练程度是学生在接下来的学业中能否取得成功的关键预测指标之一。而正如他们在 2010 年的研究结果中汇报的那样，在海地小学低年级的阅读和写作中存在着广泛而慢性的学业失败，而这种失败必将给学生的整个学术生涯乃至国家的未来发展前景带来极其可怕的恶性涟漪效应。

笔者一直都对这些数据和观察结果记忆犹新，因此当笔者在开展由美国国家科学基金会资助的 2010—2013 年科研项目时（DeGraff 2015b），发现了令自己震惊不已的新情况——在马添瓦地方社区学校（下文中将缩写为马校）就读的儿童接受了用母语开展的阅读教学，而该校小学三年级学生的阅读速度是平均每分钟 60 个单词。这种巨大的差异正是促成笔者之后开展本文所描述的此次科研项目的关键因素之一。

本研究项目受到了由美国国际开发署、世界宣明会和澳大利亚国际开发署领导的"全球儿童阅读倡议"的资助。克里斯托弗·W·罗尔是本项目的主任研究员，而笔者负责对该项目进行评测。此次科研项目的标题是"母语课本：海地的阅读学习"。

本项目由三个连续阶段构成：

阶段一：笔者开展了一次最初的基准线测试，将马校小学一年级和二年级学生的学业表现与附近另外五所使用传统教学方法（即，被动学习和以教师为中心）且混合使用海地克里奥尔语和法语的学校的学业表现进行比较；

阶段二：笔者对阶段一提及的五所非马校开展了一次引入马校使用的母语教材教学方法的教学干预项目；

阶段三：笔者对这次教学干预的效果进行了评估和测量。

笔者本人在这次科研中负责主持阶段一和阶段三的工作（具体细节见下文）。

阶段一：基准线测试

对此次科研项目的评估以一次最初基准线测试为起点，对该基准线测试的更详尽描述已于 2013 年 3 月 13 日以一份调查报告的形式发表(DeGraff 2013b)。本团队使用了小学低年级阅读评估(EGRA)这一测试工具来施测该基准线测试，并由瓦纳·埃德蒙德负责从 2012 年 11 月 5 日到 2013 年 1 月 2 日收集数据。小学低年级阅读评估(EGRA)是三角国际研究院(RTI)于 2006 年开发的一种用于评估阅读的测量工具(参见 Gove and Wetteberg 2014)。瓦纳·埃德蒙德是一位供职于马校的小学四年级教师。她在 2012 年 10 月参加了由三角国际研究院(RTI)组织的一次工作坊培训后，成为一名 EGRA 计算调查员，该工作坊是由美国国际开发署资助的 TOTAL(Timoun Ap Li)项目中的一部分(RTI International 2014)。瓦纳·埃德蒙德作为此项目的计算调查员，负责该评估工具所规定的工作，其中包括：教育学生，给出指令，朗读文本、字母名称和音素等。

为了给 2013 年 3 月的初始报告收集资料，瓦纳·埃德蒙德向 La Gonâve 地区六所学校共计 255 名小学生施测了作为基准线测试的 EGRA 测验：其中 37 位小学生来自马校，218 位小学生来自另外五所学校——其中包括一所公立学校(或称"国立学校")和四所私立学校。(早前的一些研究报告[例如 DeGraff 2013b]把学生总数错误地汇报成了 218 人；然而实际上 218 人是所有来自非马校的学生人数总和——再加上来自马校的 37 位学生后，参加基准线测试的样本总量达到了 255 位学生。)下文将继续把这五所学校称为"非马校"，并且将使用来自马校的学生数据作为正向积极控制组，以帮助评估在非马校运用母语教材的教学干预项目的效果(表1)。

表 1　参与本项目的各所学校在进行基准线测试时的学生就读人数

学校名称及缩写	小学一年级人数	小学二年级人数	总数
Baptiste Mare-Sucrin(BM)	6	11	17
Joli Verger(JV)	27	54	81
La Pléïade(LP)	41	35	76
École Nationale Mare-Sucrin(NM)	8	15	23
Vision Fred(VF)	11	10	21
Lekòl Kominotè Matènwa(LKM)	18	19	37
Total	111	144	255

下文表 2 和表 3 总结了小学低年级阅读评估工具(EGRA)在基准线测试中所测得的结果。

表 2 2012—2013 学年在子测试 1—4 测得的基准线测试整体结果，以中位数形式呈现

学校/年级	字母-名称知识（正确字母名称/1分钟）		音素分割知识（正确音素/共10个）		字母-音素对应关系（正确音素/1分钟）		熟悉单词辨认（正确单词/1分钟）	
	1st	2nd	1st	2nd	1st	2nd	1st	2nd
BM	11.5	12	2.5	3	10	8	1	5
JV	5	12.5	0	0	4	7	0	2
LP	7	22	1	2	7	10	1	8
NM	4.5	11	0	2	5	8	0.5	3
VF	7	10	4	2.5	6	8	1	1.5
LKM	14.5	33	10	10	21.5	60	5	28

注释1：马校的结果列举在本表最底下一行，以便与其他非马校的结果进行对比。
注释2：各个学校校名缩写的对应关系如下：BM＝Baptiste Mare-Sucrin, JV＝Joli Verger, LP＝La Pléide, NM＝École Nationale Mare-Sucrin, VF＝Vision Fred, LKM＝Lekòl Kominotè Matènwa

表 3 2012—2013 学年在子测试 5—8 测得的基准线测试整体结果，以中位数形式呈现

学校/年级	生造词解码（正确单词/1分钟）		短故事阅读（正确单词/1分钟）		阅读理解（正确答案/共5个）		口述故事理解（正确答案/共5个）	
	1st	2nd	1st	2nd	1st	2nd	1st	2nd
BM	0	1	0	0	0	0	3.5	4
JV	0	0.5	0	0	0	0	4	5
LP	0	4	0	4	0	0	4	5
NM	0	0	0	0	0	0	4.5	4
VF	0	0	0	0	0	0	4	4
LKM	0.5	21	0.5	31	0	2	5	5

此次评估过程中用到了小学低年级阅读评估测试工具(EGRA)的 9 个子测试项目中的 8 个。此外，本项目也施测了第 9 个子测试：听写测试，但并没有对其进行打分——三角国际研究院(RTI)还没有为该测试设计出一个打分公式。下文将列举 8 个子测试及其打分方式——稍后笔者将进一步在本文对最终评估进行讨论的后续章节中给出关于这些子测试的更多细节，因为在最终评估中同样也用到了这 8 个子测试。

（1）字母—名称知识：测量方法是考查学生在一分钟之内从 100 个词素中能够正确辨认出的词素数量。

（2）音素分割：测量方法是考查学生从 10 个单词中能够正确分辨出某个单词最初音素的数量。

（3）词素—音素对应关系：测量方法是考查学生在一分钟之内从 100 个词素中能够正确分辨出的音素数量。

（4）朗读熟悉的单词：测量方法是考查学生在一分钟之内从 50 个单词中能够正

确朗读出的单词数量。

（5）朗读不熟悉的(生造)词：测量方法是考查学生在一分钟之内从 50 个单词中能够正确朗读出的单词数量。

（6）朗读短故事(该故事中含 61 个单词)：测量方法是考查学生在一分钟之内能够正确朗读出的单词数量。

（7）阅读理解：测量方法是考查学生在第 5 项中答对题目的数量。

（8）听力理解：测量方法是考查学生在第 5 项中答对题目的数量。

综上所述，表 2 和表 3 显示了马校学生的学业表现在基准线测试中显著优于另五所非马校的学生。有趣的是在口头理解这一项上得到的测试结果在马校学生和非马校学生之间并没有太大差别，口头理解在整体上似乎并不怎么依赖读写素养技能，因此这一结果表明两组学生在阅读能力以外有着相似的认知能力——笔者在分析教学干预阶段测得的数据时还会再回来讨论这一点(表 4 和表 5)。

表 4 2013—2014 学年在子测试 1—4 测得的最终评估整体结果，以中位数形式呈现

学校/年级	字母-名称知识（正确字母名称/1 分钟）		音素分割知识（正确回答/共 10 个）		字母-音素对应关系（正确音素/1 分钟）		熟悉单词辨认（正确单词/1 分钟）	
	2nd	3rd	2nd	3rd	2nd	3rd	2nd	3rd
BM	35	57.5	10	9	49	46	27	36
JV	22	34	7	9	15	22	8	12
LP	34.5	51	10	10	30.5	53.5	21.5	44.9
NM	28.5	35	9	10	28.5	43	17	29
VF	34.5	37	10	10	57	51.5	38.5	26
LKM	33	37	10	10	44	68	30	55.6

注释：马校的结果呈现在本表最底下一行，以便与其他非马校的结果进行比较。

表 5 2013—2014 学年在子测试 5—8 测得的最终评估整体结果，以中位数形式呈现

学校/年级	生造词解码（正确单词/1 分钟）		短故事阅读（正确单词/1 分钟）		阅读理解（正确回答/共 5 个）		口述故事理解（正确回答/共 5 个）	
	2nd	3rd	2nd	3rd	2nd	3rd	2nd	3rd
BM	20	27	33	52.5	2	3.5	5	5
JV	5	7	4	10	0	0	5	5
LP	17.5	28.5	26	62.6	2	4	5	5
NM	17	23	20.5	29	.5	2	5	5
VF	25.5	16.5	45	34.5	3	2	5	5
LKM	26	37	37.5	73.2	2.5	5	5	5

注释：马校的结果呈现在本表最底下一行，以便与其他非马校的结果进行比较。

同时笔者必须强调一点：基准线测试的整体结果表明来自五所非马校的学生的

阅读水平非常低。很多儿童即使已经升到了小学二年级却依然没能力阅读任何单词。甚至在其中的两所学校中,几乎所有学生都没有能力阅读一个短故事中的任何一个单词。这种数据与早前其他学者对海地学生的读写能力的研究所获得的极低平均分之间保持吻合(例如 Messaoud-Galusi and Miksic 2010)。

面对这种数据,笔者认为需要对这五所非马校立刻开展教育修复。本文提出以下研究假设:基于母语教材的教学方法——即通过以儿童为中心的互动式教学法和合作开发以海地克里奥尔语编写的教材和书籍来进行读写素养教育——将有效地提升在非马校就读的小学一年级和二年级学生的阅读水平。因此本团队按照计划在下一个学年,即 2013—2014 学年,等这一批学生分别升至二年级和三年级时,再次测量其阅读水平。

阶段二:教学干预(综述)

母语教材项目(MTB)的基本干预方式由以下两部分组成:由儿童参与编制的、用海地克里奥尔语编写的、带有插画的教材和书籍,以及在课堂教学中使用这些故事书。学生在教师的帮助下创作这些书籍,这种创作过程可以视为一种师生合作。这种课本和书籍同时用到了三种语言来进行编写:海地克里奥尔语、法语和英语。法语和英语的译文由马校的教师以及来自海地和美国一些兄弟学校和其他教育机构的、支持马校教学的教育工作者编撰。这些母语课本和书籍里的故事以孩子们自身的经历、生活环境和自发讲述的故事为基础。在课堂中,孩子们一边朗读自己编写的故事,一边把它表演出来。而故事书的写作过程还包括了以写作工作坊的形式来组织的课时,学生们在这种工作坊课上除了编制母语教材以外还会被要求写日志。互动式的大声朗读课时则是母语课本项目(MTB)中的另一个关键部分;教师大声地向学生朗读出一些来自其他文本的样本,并且在事先安排好的时间点上对儿童进行文本理解方面的提问。学校将同时使用这两种大声朗读课时和学生独立阅读课时;如有相应需求时,教师也会以小组合作的形式来进行授课。学生也会在每周向整个社区开放的全校大会上朗读这些自编故事——例如,参见以下视频,网址是 https://youtu.be/KHU-GHeQEQs。有关母语教材教学法(MTB)的更多细节请参考"马添瓦之友"团体在 2012 年的倡议提案:"母语课本:海地的阅读学习";这种母语教学的视频展示和文本样本请参见 https://youtu.be/xmDO-X_d9YU。

阶段三:最终评估

在由马校牵头把教学干预扩大到五所非马校实施之后,本团队在干预结束后开展了最终评估。在接下来的章节,笔者将分析更新后的 EGRA(小学低年级阅读评估)测试数据,这组数据于 2014 年 6—7 月从与基准线测试同一批次的学生身上收集到的(现在正就读于二年级和三年级)。

最终测试的结果(由上文列出的表 4 和表 5 呈现和总结,并与总结基准线测试结果的表 2 和表 3 进行对比。为方便讨论,下文将重复使用本术语来指代这种对比)清晰地显示在五所非马校及其所包含的 10 个试点班学生在接受了母语教材项目那种以海地克里奥尔语为基础的教学方法施教之后,其阅读能力有了显著的提升。

对基准线测试结果和最终评估结果的对比毫无疑问地表明此次教学干预对学生的阅读学习产生了积极影响。在基准线测试中,马校学生的阅读表现远远优于本次研究所调研的另外五所非马校学生。与之形成鲜明对比的是最终评估测得的结果表明后五所非马校学生在经历了教育干预后在阅读能力上极其显著地赶上了他们在马校中的同级生。

结果分析

和基准线测试一样,最终评估使用的研究工具依然是由三角国际研究院(RTI)开发的小学低年级阅读测试(EGRA)工具,并且此次母语教材教学干预项目的计算调查员仍然是瓦纳·埃德蒙德(她供职于马校)。

接下来笔者将汇报上文提及的小学低年级阅读测试(EGRA)工具中 8 个子测试测得的结果,并将其与基准线测试中对应子测试的结果进行比较。

字母—名称子测试的结果(图 7 和图 8)

该子测试测量的是学生对字母名称的知识。(请参见本文附件中对法语和海地克里奥尔语字母名称的对比分析,以及海地克里奥尔语那种更透明的音素正字法相

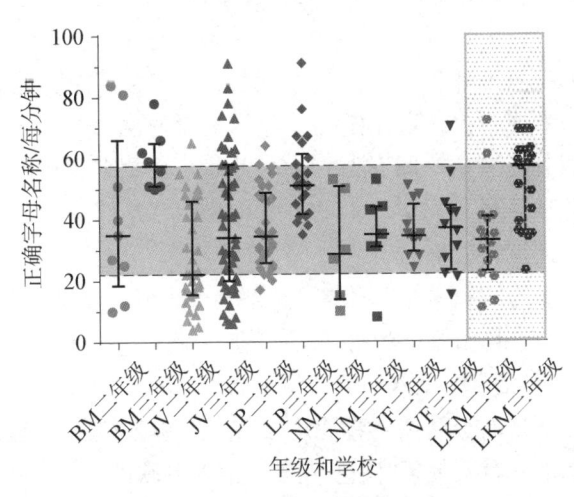

图 7 2014 年测得的字母—名称知识

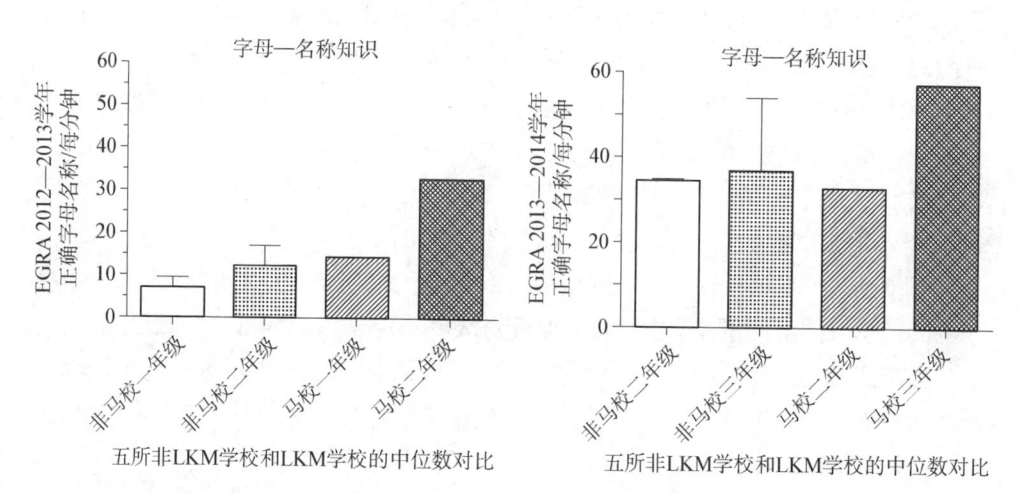

图 8 从基准线测试（2012—2013 学年，左图）到最终评估（2013—2014 学年，右图）：马校和非马校的字母—名称知识的得分中位数

比法语那种基于词源学的模糊音素正字法的优势所在。本附件为海地克里奥尔语的字母名称设计了一种新颖的可用于教学的字母读音命名法，并且期望能进一步以这种新型音素正字法来鼓励在对说海地克里奥尔语的儿童在学校教育中使用海地克里奥尔语作为主导教学语言，尤其是在小学低年级的读写素养教育中。）

在此次字母名称子测试中，调查员向学生提供了一个网格，该网格展示了来自海地克里奥尔语字母表中的 100 个有效字母或字母组合，并要求学生从海地克里奥尔语字母表的 32 个有效词素出发，辨识出尽可能多的有效字母或字母组合。该测试限时一分钟。如果学生用完了整个一分钟的时间来答题（即剩余时间为 0 秒），那么学生的得分（即这一分钟内所给出的正确答案数量）就是他所给出的正确答案的总数。如果还没有到一分钟截止，学生就停下或被迫停下（连续答错 10 题）的话（以防学生感到焦虑），或者如果学生没有用完一分钟就答完了整个网格的题目，那么该生的得分就应该按照以下公式来计算：$\chi/(1-(剩余时间/60))$，此处 χ 指学生答对的正确答案的数量，而"剩余时间"指距离 60 秒截止还剩多少秒的时间。本次评估中的其他限时测试项目也运用了相似的公式（包括字母—名称知识、朗读熟悉的单词、朗读陌生单词、阅读短故事）。

在字母—名称测试中，这个基于名为"橘色"（http://www.tangerinecentral.org）的评估工具有一个自动停止功能，该功能会在学生对网格进行应答的过程中首次连续答错 10 题时激活（即，本次子测试将被名为"橘色"的工具小程序自动停止）。在本次以及所有接下来的子测试中将使用安装了安卓系统的平板电脑来施测由计算调查员单独操控的并且安装了"橘色"小工具的评测软件。

上述的图 7 和图 8 总结了五所学校在此项子测试的调查结果。在图 7 中，马校学生的数据显示在最右列,并且该列以高亮方式显示(在接下来所有的图表中,马校学生的数据都将以柱状图形式呈现)。

图 7 也考察了所有五所非马校在 2013—2014 学年的小学二年级和三年级学生得分的中位数。该组得分的中位数落在以下数据区间:每分钟读出 22—57.5 个准确字母或字母组合(参见图 7 中的灰色阴影)。和基准线测试一样,本文将专注于中位数(而非平均得分),因为此次调查报告中的样本容量较小,在此背景下,孤立异常数据会显著地影响到平均得分。

图 8(之后的图 10、12、14、16、18、20 和 22 中亦是如此)显示的中位数是五所非马校各自中位数的中位数。当我们再次考察这同一批学生在前一个学年(即五所非马校在 2012—2013 学年的小学一年级和二年级学生成绩)的成绩中位数时,就能够发现前一个学年的该中位数跌到了以下数据区间:从 4.5 个到 22 个正确字母或字母组合(参见表 2 和表 3)。

笔者预见到了学生在从一个学年到下一学年的过程中会获得一定量的进步,毕竟学生会随着时间推移而逐渐成熟并且可能收获一定程度的进步。但是上述数据中最值得指出的一点是,尤其想提请各位读者注意马校和非马校学生在前一年的基准线测试中所表现出的巨大数据差异(参见表 2 和表 3),而仅仅度过了教学干预的一年后,来自五所非马校的小学二年级学生在 2013—2014 学年的阅读表现已经在事实上追赶上了马校的同级生,即使来自马校的小学二年级学生在前一学年的学业表现中远远优于另五所非马校学生。事实上,来自马校的小学二年级学生在一分钟时限内答对的正确字母名称数量的中位数是 33 个正确字母或字母组合(见图 8 右图,斜线及格线柱图),而来自五所非马校学生在此项的中位数为 34.5 个正确字母或字母组合(见图 8 右图,白底及点状柱图)。图 8 能够最清晰地反映出来自非马校的小学二年级学生所取得的巨大进步,即来自非马校的二年级小学生在 2013—2014 学年在该子项测试中获得的得分甚至稍高于来自马校的二年级小学生。在图 8 以及所有接下来文本中提到的图中,"五所非马校的中位数"这个术语用来指五所学校各自中位数的中位数。对于来自非马校的三年级小学生而言,他们也取得了进步,但是并不如二年级小学生那么明显:非马校的得分是 37 个,而马校的得分是 57 个。这种低年级小学生与中高年级小学生之间的进步差距以同样的方式出现在了以下各项子测试中。

音素分割子测试的研究结果(图 9 和图 10)。

在此项子测试中,调查员要求学生辨认出 10 个海地克里奥尔语单词中的第 1 个音素(即一个单词的第 1 个音节中的起始音素),学生会听调查员把每个单词读两遍,然后学生被要求诵读出第 1 个音素。例如在海地克里奥尔语中,"汤(soup)"这个单词的第一音素是/s/,学生就被要求发出[sssss]的读音来表明自己辨认出了这个单词的第 1 个音素是/s/。在此项子测试中,当学生第 1 次连续作出 5 次错误判断的时候,橘色测试工具的自动停止功能就会被平板触发。

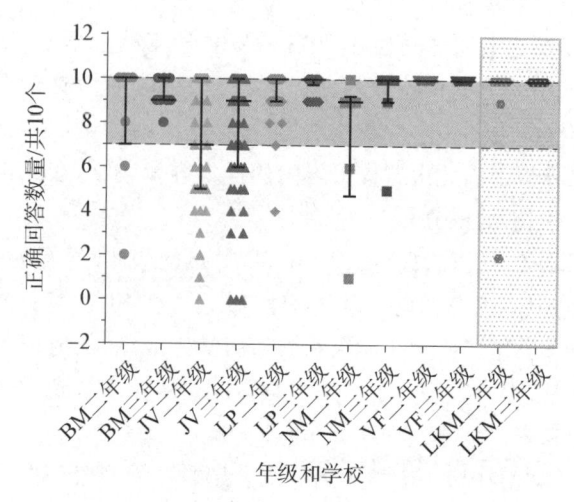

图 9　2014 年测得的音素分割(辨认单词的第 1 个音素)

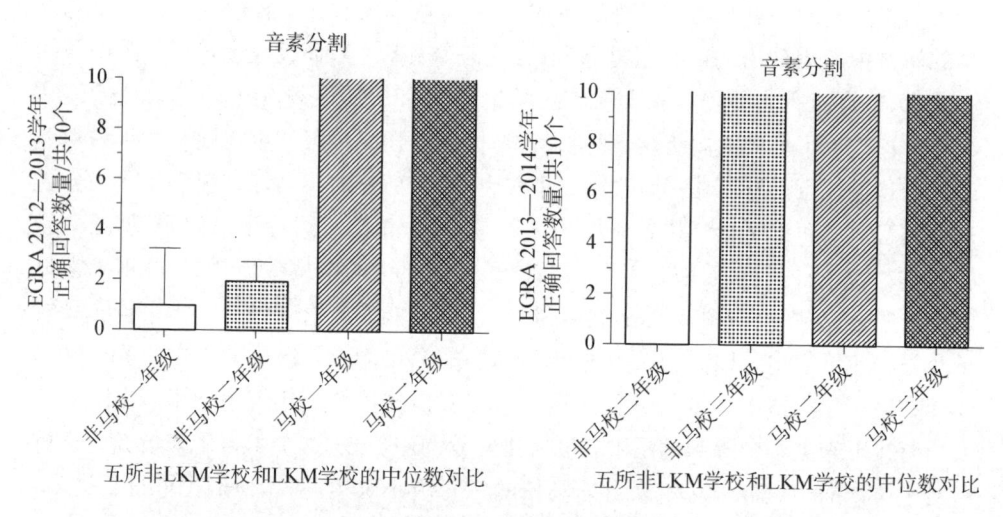

图 10　从基准线测试(2012—2013 学年,左图)到最终评估(2013—2014 学年,右图):马校和非马校在音素分割子项目上的得分中位数

图 9 显示,五所非马校小学二年级和三年级学生在 2013—2014 学年秋季学期在本项子测试中的得分区间是:在总计 10 项中答对 7—10 项(参见图 9 中的灰色阴影区域)。

在 2012—2013 学年开展的基准线测试中,本项子测试和下一项子测试(词素—音素对应关系)对所有来自非马校的小学一年级和二年级学生而言都是最为困难的项目。

对于所有五所非马校而言,其小学一年级和二年级学生在基准线测试的此项音素分割子测试中获得的得分分别只有 1 分和 2 分(图 10 左图,白底及点状柱图)。

（此处所说的"中位数得分"指的是每一个年级在五所学校获得的 5 个中位数的中位数。）而这与来自马校的学生形成了剧烈而鲜明的反差，因为对方在这项要求辨认单词初始音素的子测试中往往能够答对全部 10 题（图 10 左图，斜线及格线柱图）。但是到了 2013—2014 学年，来自非马校的小学二年级和三年级学生在该此子项目上的得分已经与来自马校的同级生持平：来自两个群体（马校和非马校）的所有学生都能够获得满分（即 10/10 分），这一点可以参见图 10 右图总结。

书面词素—音素对应关系子测试的研究结果（图 11 和图 12）。

此项子测试也是一次限时测验（和所有别的小学低年级阅读评估（EGRA）中的限时测验一样，限时为 60 秒）。此项测试以从海地克里奥尔语含 32 个词素的字母表中挑选出 100 个有效字母及字母组合所编写成的网格为基础。该测试要求学生尽可能多地辨认出与表格中所列举词素相关的音素。例如，与词素⟨m⟩对应的音素是/m/，并且要求学生通过朗读出[mmmmm]的读音来表示自己成功辨认出了该音素/m/。在此项子测试中，学生首次接连答错来自网格中的连续 10 题时就会触发橘色测试工具的自动停止功能。

在下文列出的图 11 中，来自所有五所非马校的小学二年级和三年级学生在 2013—2014 学年获得的得分中位数落在以下数据区间内：一分钟内答对 15—57 题正确音素（参见图 11 中的灰色阴影部分）。

在进行基准线测试时，本项子测试和前一项子测试一样，对来自非马校的学生而言是非常困难的。在 2012—2013 学年，来自所有五所非马校的小学生往往更倾向于给出字母的名称，而不是朗读出与该字母有关的音素。

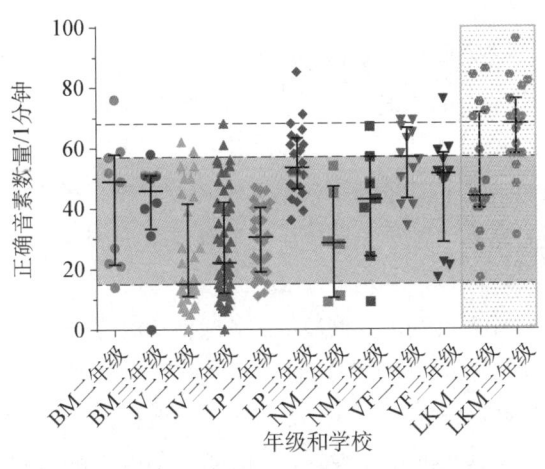

图 11　2014 年测得的字母—音素对应关系知识

来自五所非马校的小学一年级和二年级学生的得分中位数（即五所学校每个年级各自中位数的中位数）分别是 6 题和 8 题正确（图 12 左图，白底及点状柱图）；而来自马校的小学一年级和二年级学生在此项上的得分分别是 21.5 题和 60 题正确(图 12 左图,斜线及格线柱图)。2012—2013 学年的得分(图 12 左图)与 2013—2014 学年的得分(图 12 右图)之间的得分差异是如此明显和巨大:来自非马校的小学二年级和三年级学生在 2013—2014 学年在本项上的得分中位数分别是 30.5 题和 46 题正确(图 12 右图,白底及点状柱图),而相比之下,来自马校的小学二年级和三年级学生在该项上的得分分别是 44 题和 68 题正确(图 12 右图,斜线及格线柱图)。

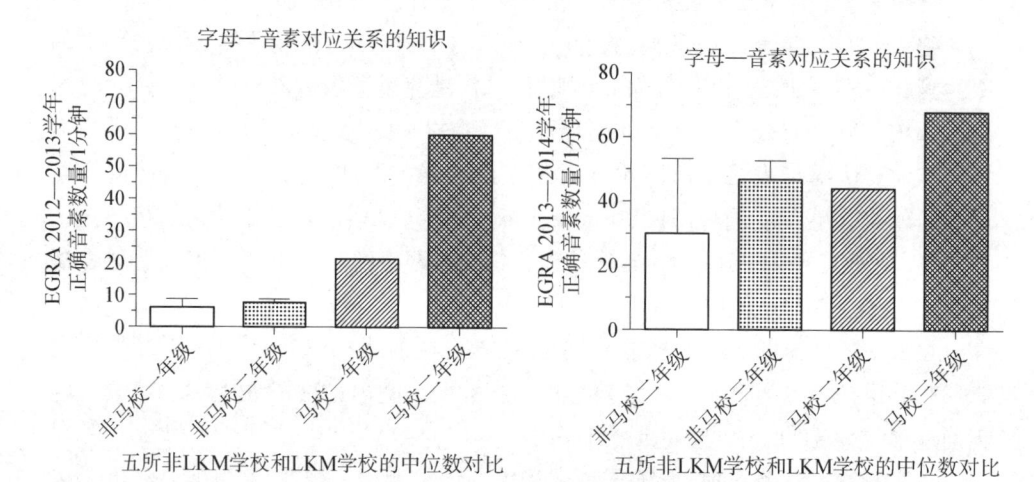

图 12 从基准线测试(2012—2013 学年,左图)到最终评估(2013—2014 学年,右图):马校和非马校在字母—音素对应关系知识子项目的得分中位数

朗读熟悉的单词(图 13 和图 14)。

本项目子测试要求学生从一个包含了 50 个相对高频词的列表中把每一个个别的单词朗读出来。在本项子测试中,学生首次读错 5 个单词就会触发橘色测试工具的自动叫停功能。

在图 13 中,来自五所非马校的小学二年级和三年级学生在 2014 学年测得的此项子测试得分中位数落在以下数据区间:每分钟答对 8 到 44.9 个词(参见图 13 中的灰色阴影区)。

之前 2012—2013 学年的测试数据显示:来自非马校的小学一年级和二年级学生在本项测试中的得分非常低:每分钟只能够分别正确读出 1 个和 3 个单词(图 14 左图,白底及点状柱图);相对地,来自马校的小学一年级和二年级学生在此项目上的得分中位数分别是每分钟 5 个和 28 个单词正确朗读(图 14 左图,斜线及格线柱图)。但是到了 2013—2014 学年,来自非马校的小学二年级和三年级学生在此项目上的得分中位数与来自马校的同级生之间的差异有所缩小:非马校两个年级的学生分别答对了 21.5 个和 29 个正确单词(图 14 右图,白底及点状柱图),相比之下马校同年级学生在该项上的成绩分别是30个和55.56个正确单词(图14右图,斜线及格线柱图)。

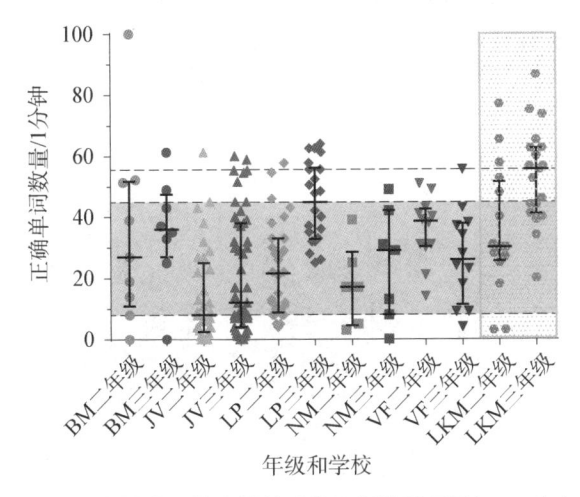

图13 在最终评估中的熟悉单词阅读子项目(2014年)

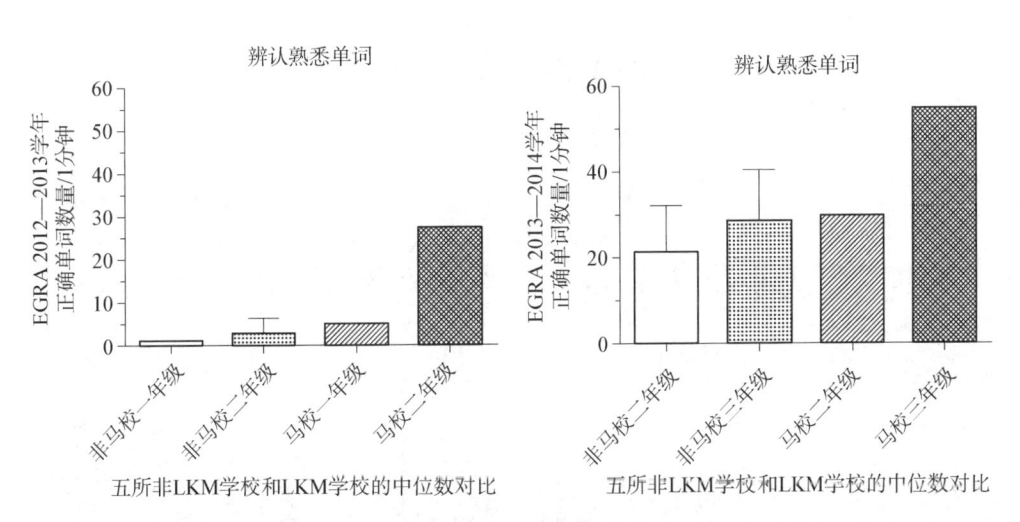

图14 从基准线测试(2012—2013学年,左图)到最终评估(2013—2014学年,右图):马校学生和非马校学生在辨认熟悉单词项目中的得分中位数

对生造词的解码(图15和图16)。

本项子测试要求学生从一个包含50个生造词的列表中朗读出每一个单词,笔者所属的研究团队通过以下这种方式来创造这些生造词,即迫使学生在尝试解码该项试题提供的生造词时无法依赖上下文语境和记忆。精心设计开发的这些生造词迫使学生必须依靠自己所掌握的词素—音素对应关系知识来对单词进行解码,并把它大声诵读出来。在此项子测试中,当学生首次连续答错5个单词时就会触发橘色测试工具的自动叫停功能。

图 15 显示了所有五所非马校小学二年级和三年级学生在 2013—2014 学年秋季学期在此项测试中的得分中位数落在以下数据区间：每分钟读对 5 个到 28 个单词（见图 15 中的灰色阴影区域）。

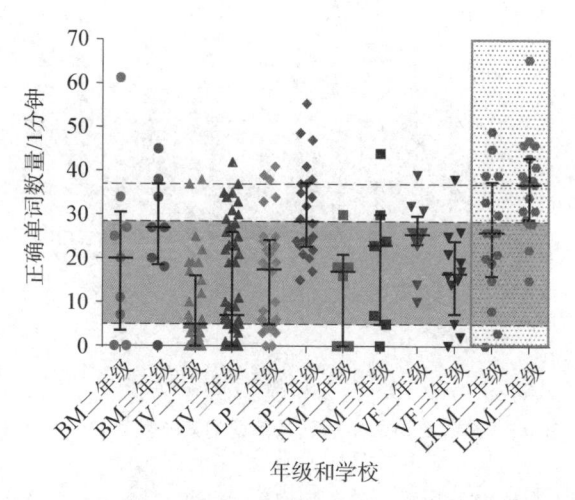

图 15　在最终测试中朗读生造词子项目的得分表现(2014 年)

同样在此项子测试中，来自非马校的小学一年级和二年级学生在 2012—2013 学年的得分中位数（即五所学校每个年级得分中位数的中位数）非常低（分别只有 0 和 0.5 个正确单词；图 16 左图，白底及点状柱图），尤其是在与来自马校同年级学生在此项测试中的得分中位数（分别是 0.5 个和 21 个正确单词；图 16 左图，斜线及格

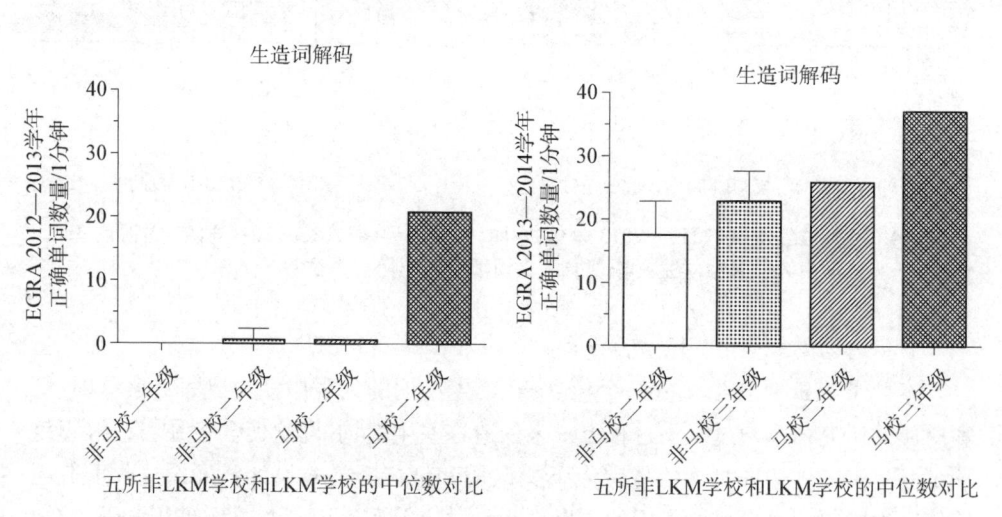

图 16　从基准线测试(2012—2013 学年,左图)到最终评估(2013—2014 学年,右图)：马校和非马校在生造词解码项目中的得分中位数

线柱图)对比后。在此项子测试中,笔者所属的研究团队也在2013—2014学年中观测到了非马校得分的显著提高,即马校和非马校之间的得分差距显著缩小:非马校小学二年级和三年级学生的得分中位数分别是17.5个和23个正确单词(图16右图,白底及点状柱图);相比之下,来自马校的同年级小学生在该项上的得分中位数分别是每分钟26个和37个正确单词(图16右图,斜线及格线柱图)。

朗读短故事(图17和图18)。

此项子测试要求学生大声朗读出一个短故事(包含61个单词),在本项测试中学生首次连续读错11个单词就会触发橘色工具的自动喊停功能。

图17显示了所有五所非马校的小学二年级和三年级学生在2013—2014学年的得分中位数落在以下数据区间:每分钟读对4个到62.6个单词(参见图17中的灰色阴影区域)。

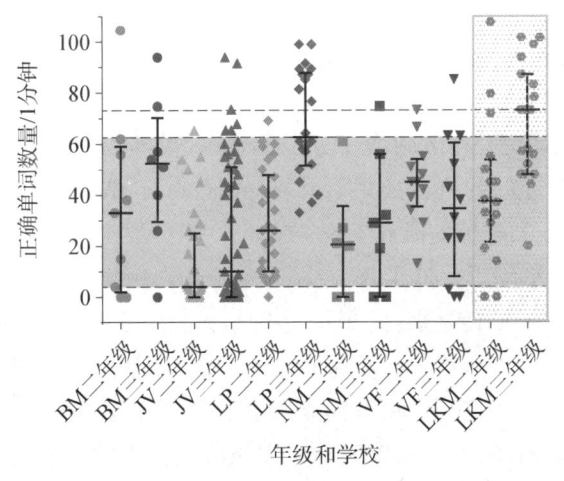

图17 最终评估中的短故事阅读得分(2014年)

在2012—2013学年,小学一年级和二年级学生在此项子测试中获得的得分中位数(即每个年级在五所学校各自中位数的中位数)极其低:每分钟读对的单词皆为0个(图18左图,白底及点状柱图),而相对地,来自马校的小学一年级和二年级学生在该项子测试中的得分中位数分别是0.5个和31个(图18左图,斜线及格线柱图)。在其中两所非马校(École Nationale Mare-Sucrin 和 Vision Fred),几乎所有学生都没能读对哪怕一个单词。

正如图18右图所显示的那样,马校和非马校之间的差距在2013—2014学年有所缩小,来自非马校小学生二年级和三年级学生的得分中位数分别是26个和34.5个正确单词(图18右图,白底及点状柱图),而相对地,来自马校的同级生在此项上的得分分别是37.5个和73.2个正确单词(图18右图,斜线及格线柱图)。

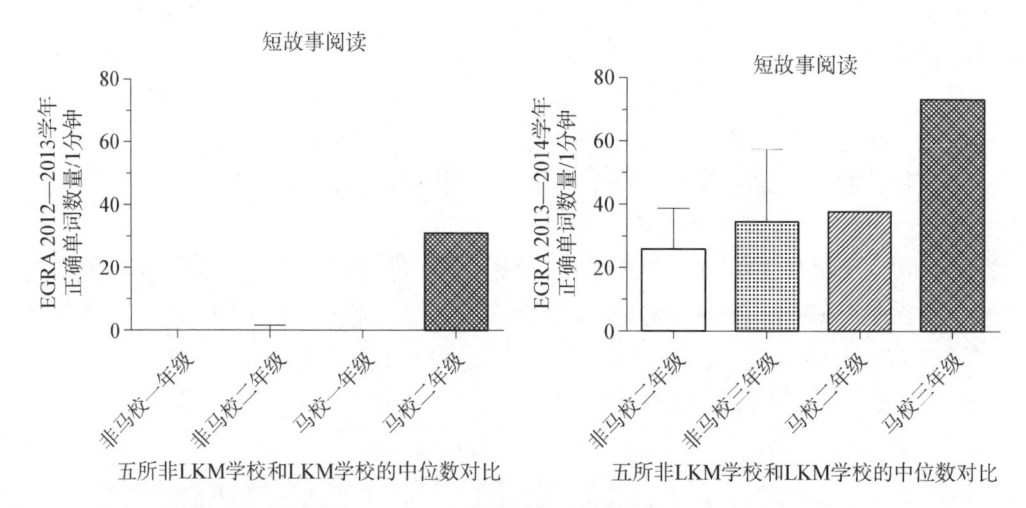

图 18 从基准线测试(2012—2013 学年,左图)到最终评估(2013—2014 学年,右图):马校和非马校在短故事阅读这一项的得分中位数

笔者在把此次研究获得的阅读表现数据与另一次类似的在 2010 年由世界银行和美国国际开发署资助的研究成果(Messaoud-Galusi and Miksic 2010)进行比较后,得到了另一个令人吃惊的研究发现:在 2010 年的那次测试中,小学三年级学生在阅读短故事时的平均得分低于每分钟 23 个单词。相比之下,参与本次母语教材项目的三年级小学生,即使是来自于阅读表现最差的学校(Joli Verger;图 17 中尖头向上的三角形,本文在线版本中显示为深绿色三角形),其在阅读短故事时获得的平均得分也达到了每分钟 26 个单词;而来自在此项子测试中得分最高的两所学校((La Pléiade 和 LKM)的小学三年级学生在该项测试中的平均得分分别是每分钟 62.6 个和 73.2 个正确单词(在图 17 中分别显示为钻石形和六边形,本文在线版本中显示为棕色钻石型和六边形)。

短故事的阅读理解(图 19 和图 20)。

在本项子测试中,计算调查员向学生提出 5 个问题,以此来检验其对刚刚朗读过的故事的理解程度——在提问之前,调查员首先把故事从受访学生的眼前移走。提问学生的问题仅来自学生刚读过的故事中自己朗读过的那一小部分。

图 19 显示了五所非马校的小学二年级和三年级学生在 2013—2014 学年在该项子测试中的得分中位数落在以下数据区间:总共 5 题中答对了 0 到 4 题(参见图 19 中的灰色阴影区域)。

在 2012—2013 学年,来自五所非马校的小学一年级和二年级学生几乎没有人能够答对哪怕一题。来自这些非马校的小学一年级和二年级学生的得分中位数(即在五所学校每个年级得分中位数的中位数)都是 0 分(图 20 左图,白底及点状柱图),

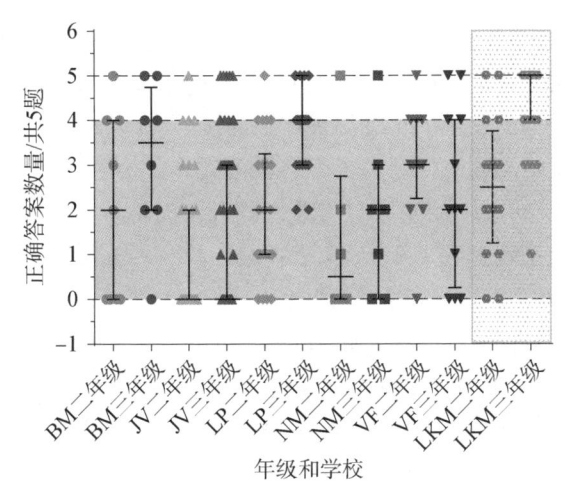

图 19　最终测试中短故事阅读理解的得分(2014 年)

而相对地,来自马校的学生在小学一年级组中的得分中位数是 0 分,在二年级组中这个得分是 5 题中答对 2 题(图 20 左图,斜线及格线柱图)。在 2013—2014 学年,马校和非马校之间的差距有所缩小:来自非马校的小学二年级和三年级学生在此项测试中的得分中位数均为 5 题中答对 2 题(图 20 右图,白底及点状柱图),而相比之下,马校的小学二年级学生在此项上的得分中位数是 5 题中答对 2.5 题,而三年级的得分中位数是 5 题全对(图 20 右图,斜线及格线柱图)。

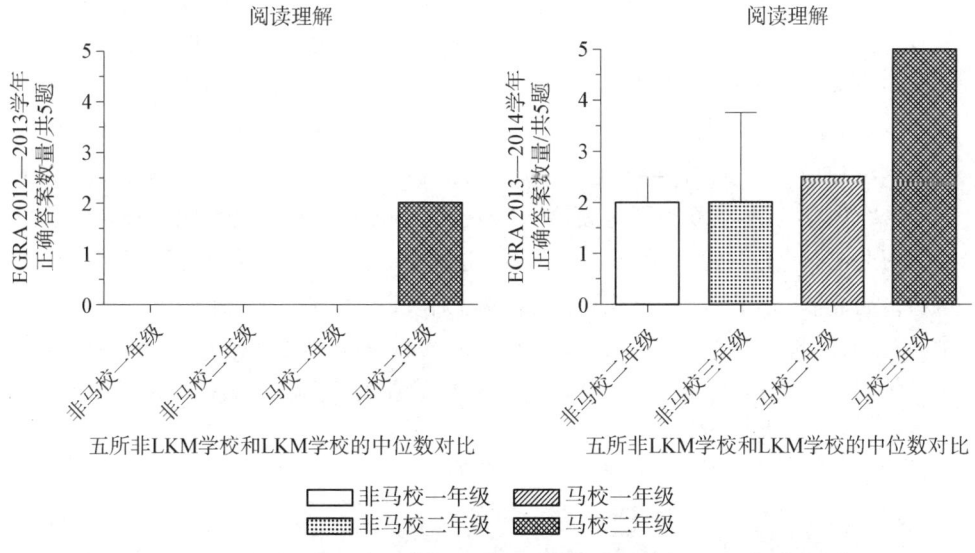

图 20　从基准线测试(2012—2013 学年,左图)到最终评估(2013—2014 学年,右图):马校和非马校在短故事阅读理解这一项的得分中位数

在将此次研究中所获得的阅读表现数据与另外一次类似的 2010 年由世界银行和美国国际开发署项目所资助的研究结果（Messaoud-Galusi and Miksic 2010）进行比较之后，笔者得到了另一个令人吃惊的结果：在 2010 年的测试中，小学三年级学生在参加另一次类似的小学低年级阅读评估测试（EGRA）过程中，在回答与一个短文本相关的阅读理解问题时仅获得了 17% 的答对率。相比之下，参与此次母语教材项目的小学三年级学生，即使是来自学业成就最差的学校（Joli Verger）学生在阅读理解时的答对率也平均达到了 31%，而表现最好的两所学校（La Pléïade 和 LKM）的小学三年级学生的答对率分别高达 77% 和 84%。

口述故事的理解（图 21 和图 22）

在本项子测试中，调查员把一个故事读给学生听，调查员通常会把故事读两遍，然后向学生提出 5 个问题来检验该学生对该故事的理解。

图 21 显示来自所有学校（包括 LKM 和非马校）的所有小学二年级和三年级学生在此项测试中的得分中位数都是 5 题全对。

在 2012—2013 学年，此项口述故事理解子测试是唯一一个马校和非学校学生得分结果相近的子测试：来自非马校的小学一年级和二年级学生在此项测试中的得分中位数是 5 题中答对 4 题（图 22 左图，白底及点状柱图），而来自马校的小学一年级和二年级学生在此项测试中的得分中位数是 5 题全对（图 22 左图，斜线及格线柱图）。（再次提醒，此处"来自非马校的中位数"指五所学校每个年级中位数的中位数。）正如笔者在基准线测试的结项报告（DeGraff 2013b）中指出的那样，实验组和控制组在听力理解上所表现出的相似度表明来自马校的学生从本质上而言并不比来自非马校的学生更聪明。事实上，听力理解和读写素养有所不同，母语听力是一种所有学生都同样擅长的技能，无论学生是否来自马校。因此笔者和团队在基准线测试的结项报告中认为，导致马校学生在涉及阅读技能的子测试中而非涉及口述内容理解的子测试中获得更好分数的一个可能原因是来自马校的学生更早地从母语教材教学法中收获了阅读理解能力和学习能力的提升。但随着此次测试获取了 2013—2014 学年的数据之后，笔者团队认为学生在早前获得提升的阅读技能似乎也能够帮助他们提升自己的听力理解水平。这个新的认识是在横向对比了基准线测试和最终评估中马校和非马校的得分中位数后发现的：在 2014 年施测的最终评估中，来自马校的小学二年级和三年级学生（图 22 右图，斜线及格线柱图）以及来自非马校的同年级学生（图 22 右图，白底及点状柱图）在本项测试中的得分中位数都是 5 题全对。

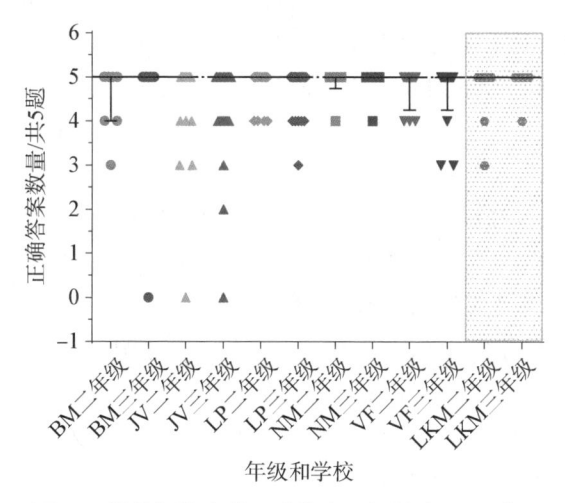

图 21　最终评估中的口述故事理解得分（2014 年）

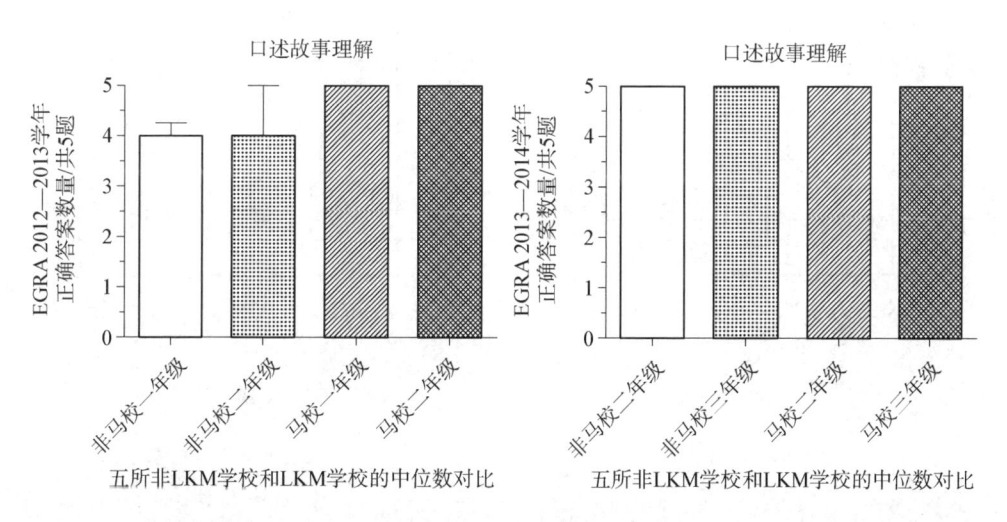

图 22　从基准线测试（2012—2013 学年，左图）到最终评估（2013—2014 学年，右图）：马校和非马校在口述故事阅读理解这一项的得分中位数

研究结果的总结

笔者现在已经拥有了非常充分的数据组来记录母语教材教学干预项目对两组学生的阅读水平产生的影响，数据收集始于 2012—2013 学年在小学一年级和二年级学生中收集到的基准线测试数据（样本容量为共计 255 位学生），然后 2013—2014 学年在同一批现已升学至小学二年级和三年级就读的学生身上收集到了最终评估数据，随后对基准线测试和最终评估结果进行了对比（表 6 记录了参与最终评估的总共 225 名学生,样本容量的减小是因为部分学生在此期间辍学)。正如上述所有图表中记录的那样,调查样本中所有来自非马校的小学生在接受了教学干预项目的培训后,与那些来自马校的同级生之间的阅读评估表现差距有了显著缩小。

当笔者把来自非马校的小学二年级学生在 2012—2013 年的阅读学业表现与来自马校的小学二年级学生在 2013—2014 学年中的阅读学业表现进行对比后,发现上文提及的所有研究结果变得愈发明显。在图 23 和图 24 中的每一张柱状图中都有两条水平虚线:最低的那条水平虚线标志着所有非马校在 2012—2013 学年所获得的最高得分中位数,最高的那条水平虚线则标志着所有非马校在 2013—2014 学年所获得的最高得分中位数。如果把所有表格都放在一起来观察,则能够明显地发现,对于每一个小学低年级阅读评估子测试项目而言,来自所有非马校的小学二年级学生在各个子项目上的得分中位数都随着时间推移而有了巨大的进步,而相比之下,来自马校的二年级小学生的得分中位数则从整体上而言在不同年份之间保持了彼此相似。

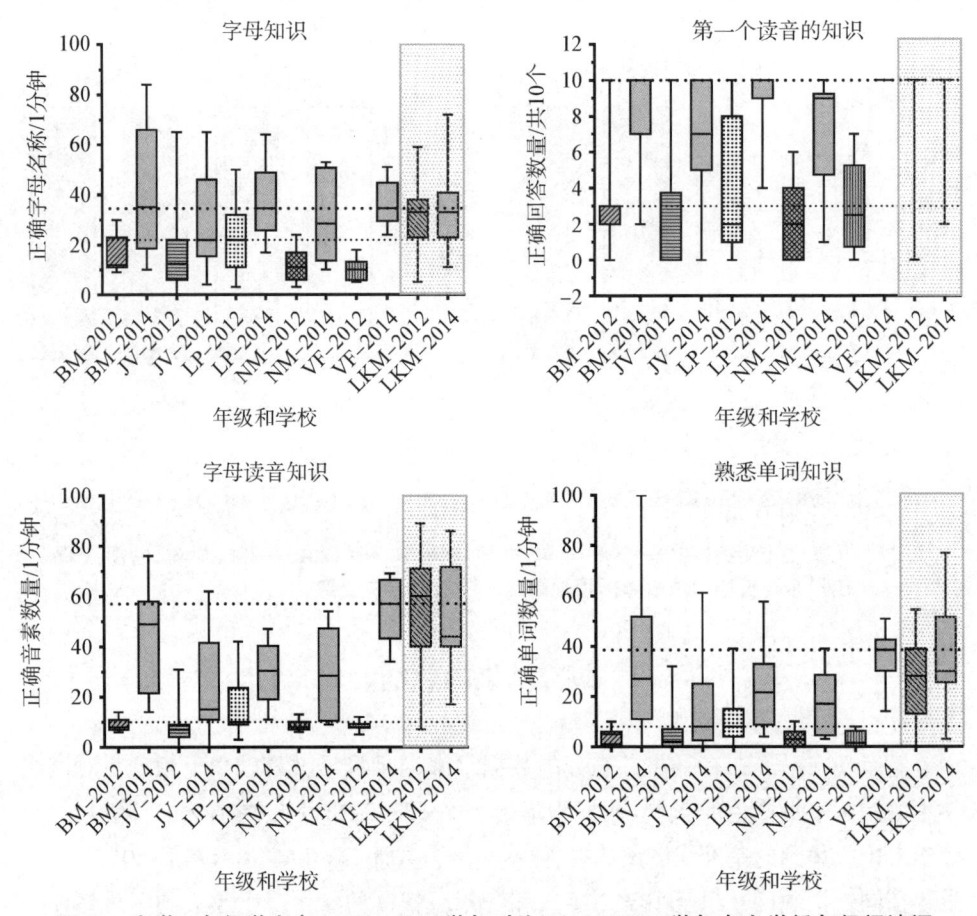

图 23 小学二年级学生在 2012—2013 学年对比 2013—2014 学年在小学低年级阅读评估测试(EGRA)中的得分(第 1 部分)

表 6 参加本项目最终评估的每所学校的学生当年在校就读人数

学校名称	二年级小学生	三年级小学生	总计
Baptiste Mare-Sucrin(BM)	9	8	17
Joli Verger(JV)	33	51	84
La Pléïade(LP)	30	22	52
École Nationale Mare-Sucrin(NM)	6	7	13
Vision Fred(VF)	12	12	24
Lekòl Kominotè Matènwa(LKM)	16	19	35
Total	106	119	225

注释：笔者遗憾地未能从在线数据库中恢复并还原 14 个数据点的身份和学校归属。造成这种数据损失的起因源自人力失误和技术错误两方面共同作用的影响。

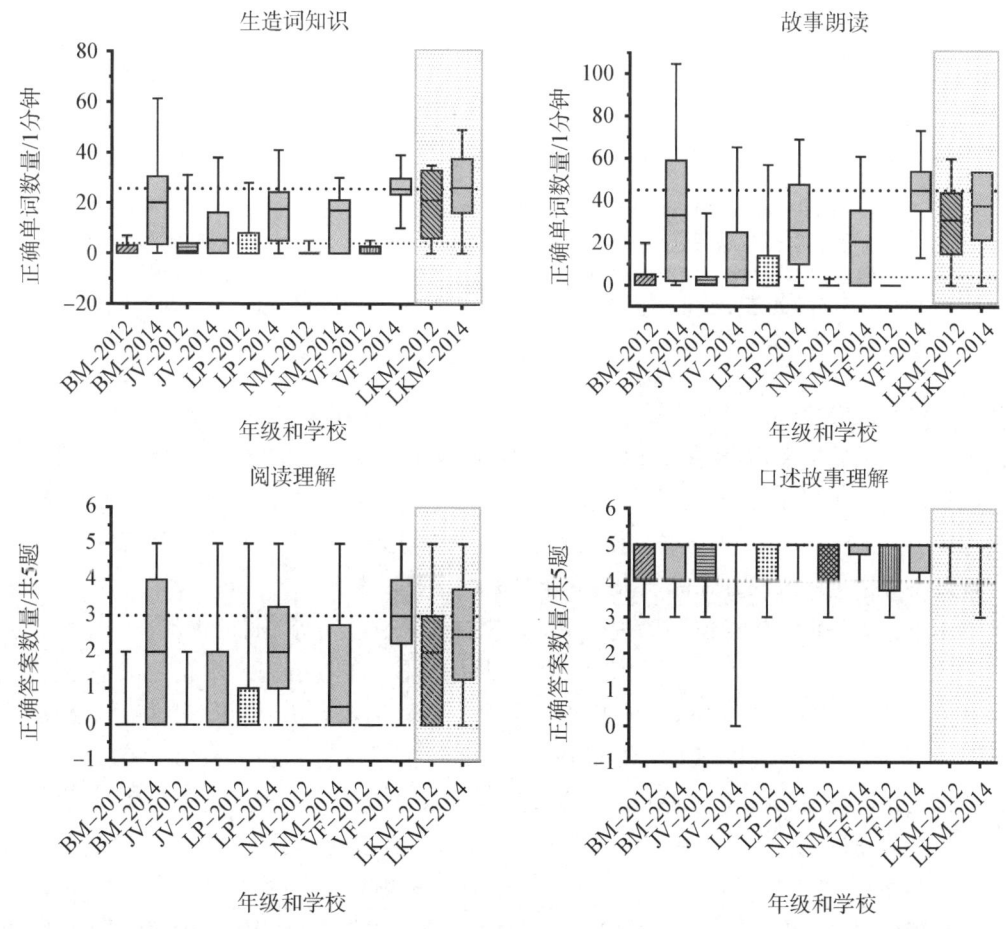

图 24 小学二年级学生在 2012—2013 学年对比 2013—2014 学年在小学低年级阅读评估测试(EGRA)中的得分(第 2 部分)

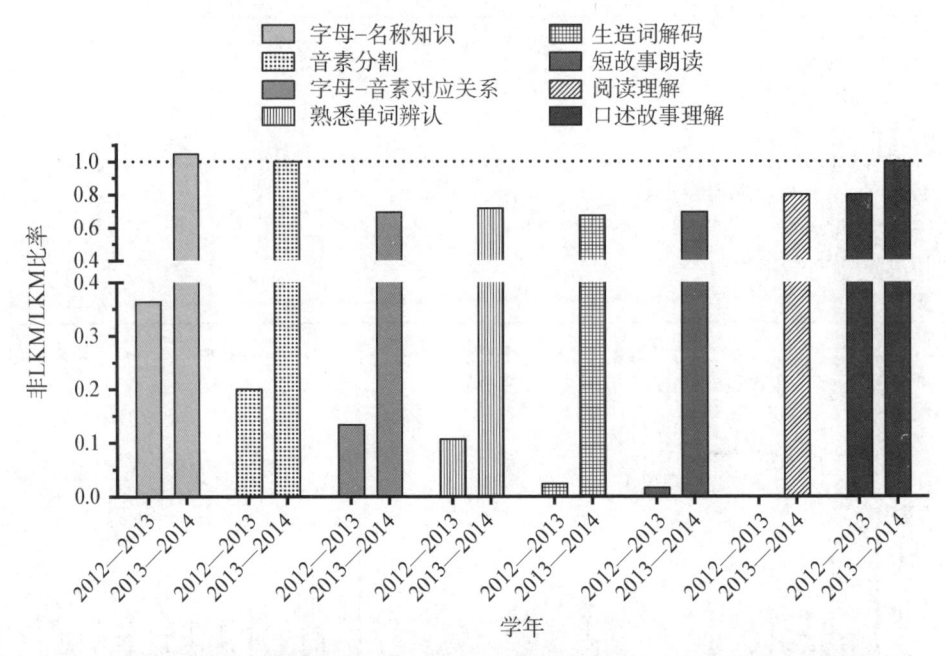

图 25 在2012—2013学年和2013—2014学年分别对当年的二年级小学生所施测的每一项小学低年级阅读评估(EGRA)子测试中获得的非马校中位数除以马校中位数的比率。(所有成对的中位数来自以下这些子测试,它们从左到右分别是:字母—名称知识,音素分割,字母—音素对应关系,熟悉单词辨认,生造单词解码,朗读故事,阅读理解和口述故事理解。)

概而言之,来自马校的两个批次的小学二年级学生(即在2012—2013学年就读小学二年级的学生,以及在2013—2014学年就读小学二年级的学生)虽然来自不同的学年,但是彼此之间的阅读学业表现并没有表现出明显差距。与来自马校的小学二年级学生不同的是,来自非马校的小学二年级学生在下一个学年中的阅读学业表现以一种稳定一致的方式优于前一学年的阅读学业表现。

下文所呈现的数据(图25)进一步展示来自非马校学生所取得的进步。

笔者团队在绘制图25时所使用的方法是用马校小学生在每一项子测试中的得分中位数去除来自非马校学生相应得分的中位数。笔者为每一项子测试都计算出了2012—2013学年的非LKM/LKM中位数比率,接着又计算出了2013—2014学年的该比率。在图25中以水平虚线的形式所呈现出的以1为上限的比率表明在马校学生与非马校学生之间存在着(大致)相似的阅读学业表现。当该比率的数值低于1时,则表明在若干种不同的小学低年级阅读测试子测试中,马校的得分中位数高于非马校在同一项上所获得的中位数,在2012—2013学年测得的数据尤为明显地表现出了这一点。从图25中也能明显看出:来自非马校的学生在不断取得进步,并且其学业表现不断地接近来自马校的学生表现。事实上,马校和非马校在所有测试项目中的表现差异都在不断缩小——与之相伴的是非 LKM/LKM 中位数比率在 2013—2014 学年愈来愈趋近于 1。

结 论

身处海地教育工作的第一线，前总统米歇尔·马尔泰利（Michel Martelly，2011—2016 年在任）和前首相洛朗·拉莫特（Laurent Lamothe，2012—2014 年在任）治下的政府所取得的最大成就是拥护他们之前的政府在教育机会方面的政策大方向并坚持将其延续下去。事实上，墨西哥的小学就读率从 1993 年的 47% 上升到了 2013 年的 88%（UNESCO 2013）。但在当前，现任政府和未来政府所面临的最关键教育问题是如何向人数日益增多的学生群体提供保质保量的优质教育内容。如果儿童真正在学校学到了东西，那么他们学到的是什么？又是以怎样的方式学到的？

本文所汇报的研究成果表明，基于母语课本的教学方法确实能够帮助提升参与此次研究的海地小学生阅读水平。并且本文进一步证实了先前研究得出的结论，即证明"有研究证据表明针对语言教学制定的教育政策实际上可能是最显著且最有解释力的变量，能够用于解释在［低收入］国家中能够普遍观测到的阅读技能发展方面的缺失和弱势"（Walter 2013，p. 265）。因此本文描述的这种培养读写素养的新教学法能够很好地凸显促成该项目最终获得成功的一些必要条件。有鉴于阅读能力可能是小学低年级阶段所能掌握的最重要技能，因此这对海地整个国家的可持续发展也是一个关键议题。儿童需要首先学会如何阅读，然后才能最终通过阅读来进行学习。来自认知科学的知识告诉我们，儿童的大脑从还在母亲的子宫中起就开始通过聆听周边的语言和辨认语言的语音音素特征来进行编程；接着，正是这种基于母语的语音辨认意识帮助儿童在学会用母语进行阅读的过程中建立起文本、语音和语义之间的对应关系（Dehaene, Dehaene Lambertz, Gentaz, Huron, and Sprenger-Charolles 2011）。进而，这种用母语去学习阅读的能力和机遇对于个人和国家的学术和社会经济发展而言都是必要条件之一。

因此对海地这个国家而言，当务之急是国家应该规定在全国范围的学校系统中使用一种以学生为中心、以海地克里奥尔语为基础的、培养积极学习的教学法，这种教法与母语教材项目非常相似，并能用于阅读和写作的教学——同时在其他各个学术领域中，尤其是科学和数学中，也应当推广这种教学方法（参见 DeGraff 2013a；DeGraff and Ruggles 2014；Dejean 2006；Jean-Pierre 2016；Neyfakh 2011）。事实上这也是海地官方发出的具有法律效力的规定，并已经被写入了海地的 1987 年国家宪法，即在宪法中清楚无误地宣布海地克里奥尔语是唯一能够把所有海地人团结起来的语言。此外，海地宪法还规定了"国家的首要任务是［……］对人民群众普及教育,而这是国家能够得到发展的唯一途径"。笔者并不是在试图论证把法语(海地的另一种官方语言)从课堂中排除出去。本文想要证明的是用于教学的最佳语言应当是儿童的母语,而对于绝大多数的海地人民群众而言,母语指的是海地克里奥尔语——这就好比一些其他国家,比如芬兰、挪威和韩国,把本国的母语(芬兰语、挪威语和韩语)作为学校教学中的首选语言。诚然,法语作为一门国际性语言,应当教给海地儿童——但是应当以第二语言的形式来进行法语教学。有鉴于海地的地理和地缘政治位置,同样应当作为第二语言来进行教学的还有英语和西班牙语。并且人们也应当考虑到以下事实,那就是克里奥尔语族同样也在南北美洲发挥着一种国际性语言的功用,这一点从在南北美洲地区说克里奥尔语族语言的人口数量远超说法语人口数量中就可见一斑(Mathieu 2005)。

如果海地克里奥尔语今后继续在海地的教育体系中被边缘化,那么这个国家将继续浪费其最宝贵的资源——即海地绝大多数青少年儿童群体的学术学习准备意识,因为他们的大脑从出生开始就被他们唯一的母语和学习不可或缺的工具——海地克里奥尔语——编程,用来分辨和解码海地克里奥尔语的语音音素和语法结构。在海地有超过半数的人口低于 25 岁;用海地前国家教育部长内斯米·马尼加(Nesmy Manigat)的话来说,海地的年轻人口是一种"社会人口统计学意义上的红利"——因此必须通过基于海地克里奥尔语的教育来把这种红利用于提振海地的国家发展——否则这种年轻人口带来的红利将会蜕变成一种"社会人口统计意义上的炸弹"。

这种人口统计意义上的炸弹不仅威胁着海地。全球大约有 2 亿儿童没有接受用母语开展的学校正式教学;因此这些儿童无法充分享受到高质量的教育机会。全球有超过 20 亿的人口说着被学校课堂教学边缘化甚至全然排斥在外的语言(Dutcher 2004;Walter and Benson 2012;UNESCO 2016)。笔者期望本文所汇报的研究成果将有助于促成一场深度的全球变革的到来,并改变大家对地方语言的态度,因为在学校教育中为使用地方语言创造更好的条件对于那些急需重振地方语言重要性从而提升本国国民文化和心理幸福感以及可持续发展的国家和社区而言尤为重要。

好消息是本文所描述的海地母语教材教学干预项目不仅仅可以在未来的海地全境进行推广,也将对全球各国和各个社区的教学转变带来深刻影响,这也包括比如美国的移民群体社区,因为这些移民也在遭受强势主导语言和教学实践带来的排斥和夺权。而像本文描述的这种基于对地方性语言的创造性和系统化运用的教学干预项目将会把优质的素质教育擢升至极高的新水平,从而创造更美好的新世界。

附录:对海地克里奥尔语的字母名称教学提倡一种新型教法

现有的一种典型教法是教导海地小学生去记忆一些法语字母名称,而一些孩子甚至在学习如何用海地克里奥尔语进行阅读时也在使用这些法语字母的名称。Bernard(1980)的研究结果描述了一种用法语字母名称来描述海地克里奥尔语中32个官方词素组成的海地克里奥尔语字母表的做法，这种做法存在着很大问题。因为事实上，海地克里奥尔语中的词素—音素映射关系比起用法语字母来标示海地克里奥尔语音素更具有规律性，并且两种方法之间存在着极大差异。

例如让我们来考虑字母"g"，在法语中这个字母名的读音是[ʒe]，而这种对应的音素/ʒ/出现在了诸如orange这样的单词当中，尽管字母"g"在像"garçon"这样的法语单词的首字母位置时的读音是/g/。现在让我们再来比较一下在海地克里奥尔语中同一个字母"g"的语音音素特征。在海地克里奥尔语中，这个"g"字母在书面语单词的持续连读中一直都发/g/这一个读音，比如在单词gaga中。因此把法语的字母名称[ʒe]用于朗读海地克里奥尔语中的"g"字母时会造成很大误解，因为它掩盖了词素⟨g⟩与其在海地克里奥尔语中相关的音素/g/之间的联系。而事实上，海地克里奥尔语中的字母"g"与法语字母"g"不同，它永远只发一个音——即和音素/g/保持对应，并且永远都不会发出音素/ʒ/那样的读音。

相同的情况也适用于字母"c"，这个字母在法语中的读音是[se]。然而在海地克里奥尔语中，字符"c"甚至都不是海地官方字母表中的一个词素。在海地克里奥尔语中，字符"c"只是一个书写符号，它只有在与字符"h"进行组合后才成为了一个词素⟨ch⟩，该词素对应音素/š/。因此把字符"c"与字母名称[se]进行等同就会造成误解，因为[se]中的辅音/s/与海地克里奥尔语中的字符"c"的读音之间永远都不存在一一对应关系——因为正如上文指出的那样，这个字符在这门语言中永远都不单独发音，而且它甚至都不是字母表中的一个独立词素。换而言之，字符"c"与它的法语字母表中的对等物不同，在海地克里奥尔语的字母表中，它甚至都不是一个独立存在的字母。

相比海地克里奥尔语字母表，法语的字母名称展现出了一种更普遍的劣势。与朗读法语字母名称"b"、"c"、"d"时与所使用的辅音音素相伴出现的元音音素通常是/e/；对字母名称"h"和"k"而言是元音/a/；对字母名称"l"、"m"和"n"而言是元音/ɛ/；对字母名称"j"和"x"而言是元音/i/；对字母名称"q"而言是元音/y/。此外，用于支撑字母名称读音的元音音素有时出现在辅音音素之后(正如在"b"、"c"、"d"等字母的读音中)，有时出现在辅音音素之前(正如在"h"、"l"、"m"、"n"等字母的读音中)。

Louis-Charles, Telfort, and DeGraff(2015)提倡对海地克里奥尔语运用另一组完全不同的字母名称来替换现行做法。这种新式的字母名称集合中的辅音字母读法往往包含着两部分：在辅音音素本身后面紧跟着一个支持性的元音音素/a/，而这种辅音音素＋元音音素的模板是年幼儿童最容易掌握的朗读方式(Jakobson 1960)。而这个新的体系比法语字母名称体系更规整，与海地克里奥尔语字母读音正字法中透明的语音音素结构之间的对应关系更一致。实际上，海地克里奥尔语字母读音正字法表现出了一种几乎"全透明的"词素与音素之间——对应的关系；而相比之下，法语正字法是"模糊的"，在词素和音素之间存在着多对多的复杂对应关系。与透明字母读音正字法在培养儿童音素意识的优势相关的科研成果（Dehaene et al. 2011）表明：让海地克里奥尔语字母表中的字母名称做到尽可能透明，将有助于提升说海地克里奥尔语的儿童的音素意识。这将会给在海地使用海地克里奥尔语来学习阅读带来巨大优势。这也将帮助那些患有诵读困难症的儿童，研究表明即使是患有诵读困难症的儿童在面对透明字母读音正字法的语言（比如西班牙语）时，比面对模糊字母读音正字法语言时所表现出的缺陷要小很多（Brunswick，McDougall，and De Mornay Davies 2010；Lallier，Valdois，Lassus-Sangosse，Prado，and Kandel 2014）。

此外，因为元音音素/a/在语音学上的读音特征和可供随机猜测特征，使用/a/作为辅音字母名称读音中的支撑性元音音素将会给教学带来一大好处：在海地克里奥尔语的所有元音音素中，元音音素/a/是能让辅音字母的读音最容易听辨并且最容易诵读的（Jakobson 1960；同时参见 Krull 1988 关于在不同的语音声调情境中辨认辅音音素的相关内容；笔者衷心感谢 Benjamin Storme[一位就读于麻省理工学院语言学方向的研究生]与我分享他在这个话题上的研究成果，其中包括他以 Krull 1988 为基础开展的运算，Storme 的研究表明元音音素/a/在元音音素和辅音音素相邻时是最不容易导致错误辨认这些辅音字母读音的那一个元音音素）。最后，元音音素/a/是海地克里奥尔语中出现频率最高的元音音素（Hebblethwaite 2009），这意味着把它用在对海地克里奥尔语的字母名称进行命名中，将帮助儿童更容易地读写出这些字母名称，并更快地记住这些字母名称及其标明的字母—读音对应关系。因此，这种海地克里奥尔语辅音字母名称的读音方式新模板（辅音音素＋/a/）将有助于提升说海地克里奥尔语的儿童的语音意识。

（朱　正 译）

参考文献

Arthus, W. W. (2012). *La machine diplomatique française en Haïti: 1945 - 1958* [The French diplomatic machine in Haiti: 1945 - 1958]. Paris: L'Harmattan.

Arthus, W. W. (2014). *Duvalier à l'ombre de la guerre froide: Les dessous de la politique étrangère d'Haïti（1957 - 1963）*[Duvalier in the shadow of the Cold War: Haiti's foreign policy (1957 - 1963)]. Port-au-Prince: L'Imprimeur S. A.

Babaci-Wilhite, Z. (2014). *Local language as a human right in education: Comparative cases from*

Africa. Rotterdam: Sense Publishers.

Bernard, J. C. (1980). *Communiqué du Département de l'Éducation Nationale au sujet de l'orthographe du créole* [Communiqué from the Department of National Education concerning the orthography of Haitian Creole]. Port-au-Prince: Secrétairerie d'État de l'Éducation Nationale.

Blommaert, J., & Rampton, B. (2011). Language and superdiversity. *Diversities*, 13(2). www.unesco.org/shs/diversities/vol13/issue2/art1.

Brunswick, N., McDougall, S., & De Mornay Davies, P. (2010). *Reading and dyslexia in different orthographies*. Hove: Psychology Press.

CIA [Central Intelligence Agency] (2016). *World factbook*. Washington, DC: CIA. https://www.cia.gov/library/publications/the-world-factbook/geos/ha.html.

DeGraff, M. (2005). Linguists' most dangerous myth: The fallacy of Creole exceptionalism. *Language in Society*, 34(4): 533–591. http://web.mit.edu/linguistics/people/faculty/degraff/degraff2005fallacy_of_creole_exceptionalism.pdf.

DeGraff, M. (2009). Creole exceptionalism and the (mis-)education of the Creole speaker. In J-A. Kleifgen & G. Bond (Eds.), *The languages of Africa and the diaspora* (pp. 124–144). Bristol: Multilingual Matters. http://web.mit.edu/linguistics/people/faculty/degraff/degraff2009creole_exceptionalism_and_the_mis_education_of_the_creole_speaker.pdf.

DeGraff, M. (2013a). MIT-Haiti initiative uses Haitian Creole to make learning truly active, constructive, and interactive. *Educational Technology Debate*, July. http://bit.ly/1HezJEL.

DeGraff, M. (2013b). *Mother-Tongue Books: Learning to read in Haiti*. Baseline survey report on reading levels. Report submitted to *All Children Reading: A Grand Challenge for Development*, March 13. http://allchildrenreading.org.

DeGraff, M. (2014). The ecology of language evolution in Latin America: A Haitian postscript toward a postcolonial sequel. In S. Mufwene (Ed.), *Iberian imperialism and language evolution in Latin America* (pp. 274–327). Chicago: University of Chicago Press. http://web.mit.edu/linguistics/people/faculty/degraff/degraff_2014_ecology_of_language_evolution_in_latin_america.pdf.

DeGraff, M. (2015a). France's misconceived "Marshall Plan" for Haiti. *Le Monde Diplomatique*, May 26. http://mondediplo.com/outsidein/france-s-misconceived-marshall-plan-for-haiti.

DeGraff, M. (2015b). *Kreyòl-based and technology-enhanced learning of reading, writing, math, and science in Haiti: Project outcomes report*. Washington, DC: National Science Foundation. http://1.usa.gov/1JUdvpt.

DeGraff, M., & Ruggles, M. (2014). A Creole solution to Haiti's woes. *New York Times*, (Opinion Pages) August 1, 2014. http://www.nytimes.com/2014/08/02/opinion/a-creole-solution-for-haitis-woes.html.

Dehaene, S., Dehaene-Lambertz, G., Gentaz, É., Huron, C., & Sprenger-Charolles, L. (Eds.). (2011). *Apprendre à lire: Des sciences cognitives à la salle de classe* [Learning to read: From cognitive science to the classroom]. Paris: Odile Jacob.

Dejean, Y. (2006). *Yon lekòl tèt anba nan yon peyi tèt anba* [An upside-down school in an upside-down country]. Port-au Prince: FOKAL.

Dutcher, N. (2004). *Expanding educational opportunity in linguistically diverse societies*. Washington, DC: Center for Applied Linguistics.

Fattier, D. (2000). *Contribution à l'étude de la genèse d'un créole: L'atlas linguistique d'Haïti, cartes et commentaires* [Contribution to the study of the genesis of a Creole language: The linguistic atlas of Haiti, with maps and comments]. Villeneuve d'Ascq, France: Presses universitaires du Septentrion. https://www. u-cergy. fr/fr/laboratoires/labo-ldi/publications/these-creole. html.

Friends of Matènwa (2012). *Mother Tongue Books: Learning to read in Haiti*. Proposal submitted to All Children Reading: A Grand Challenge for Development. http://allchildrenreading. org.

Gourgues, Jacques-Michel. (2016). *Les manuels scolaires en Haïti: Outils de la colonialité* [Textbooks in Haiti: Tools of coloniality]. Paris: L'Harmattan.

Gove, A., & Wetteberg, A. (Eds.) (2014). *The Early Grade Reading Assessment: Applications and interventions to improve basic literacy*. Research Triangle Park, NC: RTI Press. http://www. rti. org/pubs/bk-0007 - 1109-wetterberg. pdf.

GTEF [Groupe de Travail sur l'Éducation et la Formation] (Ed.) (2010). *Pour un pacte national pour l'education en Haïti* [Toward a national pact for education in Haiti]. Port-au-Prince: Bibliothèque Nationale.

Hebblethwaite, B. (2009). Scrabble as a tool for Haitian Creole literacy: Sociolinguistic and orthographic foundations. *Journal of Pidgin and Creole Languages*, 24(2), 275 - 305.

Hebblethwaite, B. (2012). French and underdevelopment, Haitian Creole and development: Educational language policy problems and solutions in Haiti. *Journal of Pidgin and Creole Languages*, 27(2), 255 - 302.

Huebler, F., & Lu, W. (2013). *Adult and youth literacy: National, regional and global trends, 1985 - 2015*. Paris: UNESCO Institute for Statistics. http://www. uis. unesco. org/Education/Documents/literacy-statistics-trends-1985 - 2015. pdf.

Jakobson, R. (1960). Why papa? Why mama? In B. Kaplan & S. Warner (Eds.), *Perspectives in psychological theory: Essays in honor of Heinz Werner* (pp. 124 - 134). New York: International Universities Press.

Jean-Pierre, M. (2016). *Language and learning in a post-colonial context: A critical ethnographic study in schools in Haiti*. London: Routledge, Taylor & Francis.

Krull, D. (1988). *Acoustic properties as predictors of perceptual responses: A study of Swedish voiced stops*. Stockholm: Institute of Linguistics, University of Stockholm.

Lallier, M., Valdois, S., Lassus-Sangosse, D., Prado, C., & Kandel, S. (2014). Impact of orthographic transparency on typical and atypical reading development: Evidence in French-Spanish bilingual children. *Research in Developmental Disabilities*, 35(5), 1177 - 1190.

Louis-Charles, M. C., Telfort, B., & DeGraff, M. (2015). *Chante alfabè kreyòl la* [Kreyòl alphabet song]. Pennsauken, NJ: Disc Makers.

Mathieu, S. (2005). *Depi nan Ginen nèg renmen nèg. Kreyòl ak demokrasi ann Ayiti* [Since Ginen, blacks love blacks: Creole and democracy in Haiti]. Port-au-Prince, Haiti: Près Nasyonal Peyi d'Ayiti.

Messaoud-Galusi, S., & Miksic, E. (2010). *Haïti: Early grade reading assessment. (EGRA): Rapport pour le Ministère de l'Éducation et la Banque Mondiale — Résultats en français et en créole*. Prepared for the World Bank and USAID. Washington, DC: RTI International: Research Triangle Institute. www. eddataglobal. org/reading/index. cfm/Haiti%20EGRA%20Report%20Final. pdf? fuseaction=throwpub&ID=262.

Migge, B., Léglise, I., & Bartens, A. (2010). *Creoles in education: An appraisal of current programs and projects*. Amsterdam: John Benjamins.

Myers-Scotton, C. (1993). Elite closure as a powerful language strategy: The African case. *International Journal of the Sociology of Language*, 103(1), 149 - 164.

Neyfakh, L. (2011). The power of Creole. *Boston Globe*, Ideas section, 24 July 24. http://www. boston. com/bostonglobe/ideas/articles/2011/07/24/the_power_of_creole/? page=full.

Ortiz, I., & Cummins, M. (2011). *Global inequality: Beyond the bottom billion-A rapid review of income distribution in 141 countries*. New York: UNICEF. http://www.unicef.org/socialpolicy/files/Global_Inequality.pdf.

RTI International (2014). *Tout Timoun Ap Li: ToTAL (All Children Reading) — Final report on the capacities of organizations in the education field ouest, artibonite, nord, and nord-est*. Research Triangle Park, NC: Research Triangle Institute. http://pdf.usaid.gov/pdf_docs/pbaaa658.pdf.

Skutnabb-Kangas, T. (1988). Multilingualism and the education of minority children. In T. Skutnabb-Kangas & J. Cummins (Eds.), *Minority education: From shame to struggle* (pp. 9 – 44). Avon: Multilingual Matters.

UNESCO (1953). *The use of vernacular languages in education*. Paris: UNESCO. http://unesdoc.unesco.org/images/0000/000028/002897EB.pdf.

UNESCO (2002). *Regional report: Educational panorama of the Americas*. Santiago, Chile: UNESCO Regional Office for Education in Latin America and the Caribbean. http://unesdoc.unesco.org/images/0015/001593/159358E.pdf.

UNESCO (2013). *Objectifs du millénaire pour le développement: Haiti — Un nouveau regard* [Millennium Development Goals: Haiti. A new look]. http://www.ht.undp.org/content/dam/haiti/docs/mdg/UNDP-HT-HaitiRapportOMD2013_20140611.pdf.

UNESCO (2016). *If you don't understand how can you learn*. Policy Paper 24. Paris: UNESCO. http://unesdoc.unesco.org/images/0024/002437/243713E.pdf.

Verner, D., & Egset, W. (2007). *Social resilience and state fragility in Haiti*. Washington, DC: World Bank. http://siteresources.worldbank.org/SOCIALANALYSIS/1104894-1115795935771/20938696/Haiti_CSA.pdf.

Walter, S. (2008). The language of instruction issue: Framing an empirical perspective. In B. Spolsky & F. Hult (Eds.), *Handbook of educational linguistics* (pp. 129 – 146). London: Blackwell.

Walter, S. (2013). Exploring the development of reading in multilingual education programs. In C. Benson & K. Kosonen (Eds.), *Language issues in comparative education: Inclusive teaching and learning in non-dominant languages and cultures* (pp. 265 – 281). Rotterdam: Sense Publishers.

Walter, S., & Benson, C. (2012). Language policy and medium of instruction in formal education. In B. Spolsky (Ed.), *The Cambridge handbook of language policy* (pp. 278 – 300). Cambridge: Cambridge University Press.

Webb, P. (2010). Science education and literacy: Imperatives for the developed and developing world. *Science*, 328, 448 – 450. doi: 10.1126/science.

World Bank (2014). *Investing in people to fight poverty in Haiti: Reflections for evidence-based policy making*. Washington, DC: World Bank Group. http://documents.worldbank.org/curated/en/222901468029372321/Reflections-for-evidence-based-policy-making.

Zefi, L. (2011). Edikasyon ak lang nan divès pwopozisyon plan rekonstriksyon d Ayiti [Education and language in various proposals for the reconstruction of Haiti]. In W. Dorlus (Ed.), *Entre refondation et reconstruction: Les problématiques de l'avenir post-sismique d'Haïti* (pp. 257 – 264). Port-au-Prince: Éditions de l'Université d'État d'Haïti.

趋势/案例

学习空间：在澳大利亚偏远的土著地区，一种对成人学习和读写能力有意义的、基于社区的方法

英奇·克拉尔 R·G·施瓦布[*]

在线出版时间：2017年10月3日
©联合国教科文组织国际教育局 2017年

摘要 在澳大利亚偏远的土著社区，年轻人若想以成熟的角色有效地进入他们自己的和更大的社区，就需要为之学习必备的知识和技能。因此，教育者不仅需要为他们提供学校教育和正规的成人读写能力教学，还需要关注他们在社会化和终

---

[*] 原文语言为英语。

英奇·克拉尔（澳大利亚）

澳大利亚国立大学土著经济政策研究中心（CAEPR）和语言动力学卓越中心（CoEDL）语言人类学家。英奇作为一名教育工作者和研究人员，在澳大利亚偏远地区土著教育、语言和读写能力方面积累了大约30年的研究经验。英奇于2003年加入澳大利亚国立大学土著经济政策研究中心，并在澳大利亚偏远地区开展了关于成人读写和学习以及青少年语言社会化的研究。她最近的研究涉及在澳大利亚偏远地区变化的交际模式及数字技术的社会语言学影响。目前，她正在从事记录和分析澳大利亚西部沙漠地区土著社区的语言艺术和言语风格的研究，此外，她（与苏马蒂·雷根纳什合作）继续从事马来西亚半岛 Orang Asli 土著村庄青少年媒体和读写项目的研究。

通信地址：Centre for Aboriginal Economic Policy Research, Research School of Social Sciences, College of Arts and Social Sciences, The Australian National University, Copland Building 24, Canberra, ACT 0200, Australia

电子信箱：Inge.Kral@anu.edu.au

R·G·施瓦布（澳大利亚）

澳大利亚国立大学土著经济政策研究中心（CAEPR）主任。在澳大利亚国立大学，他开展了关于土著教育、读写能力和年轻人政策的研究。自20世纪80年代中期以来，他一直在澳大利亚和海外（美国、加拿大、阿拉伯联合酋长国和埃及）从事教育研究与发展工作。自1995年加入澳大利亚国立大学土著经济政策研究中心以来，他对土著社区管控的学校，土著学生教育"失败"和"成功"的概念，土著劳动力发展，及初、中级和后义务教育阶段的土著教育成果等问题进行了原始研究与次级研究。他对学校和社区之间的关系有着长期的研究兴趣。他最近的研究集中在土著青少年和新媒体、学习、慈善，以及土著土地和资源管理为途径帮助偏远地区土著青少年重新参与教育和社会等方面。

通信地址：Centre for Aboriginal Economic Policy Research, Research School of Social Sciences, College of Arts and Social Sciences, The Australian National University, Copland Building 24, Canberra, ACT 0200, Australia

电子信箱：Jerry.Schwab@anu.edu.au

身学习过程中如何学得语言、读写能力和技术专业知识。在本文中,英奇·克拉尔和杰瑞·施瓦布采用阅读(和写作)的社会实践方法,观察了土著年轻人在日常生活和学校以外的社区环境中如何发挥字母读写能力和数字读写能力。他们认为,除了教育学,在整个生命中,正是有意义的实践决定了人的能力。借助于民族志研究,克拉尔和施瓦布概述了"学习中心"模式,该模式不仅为改造性实践提供了模板,也为在偏远地区适当融合正规和非正规的两种成人学习方式提供了模板。

关键词 澳大利亚土著 年轻人 基于社区的学习 读写能力 数字读写能力

为了抵制政府目前意图将他们"扫进"城市和城镇的政策,许多生活在偏远地区的澳大利亚土著继续坚守着祖先的土地,依然留在"乡村",住在小而分散的社区里。下面这些数字非常重要:澳大利亚 669 000 名土著中约 21% 的人和(或)约占澳大利亚人口 3% 的托雷斯海峡岛民正生活在澳大利亚偏远的和非常偏远的地区。人们居住在这些地方并非如前总理托尼·阿博特(Tony Abbott)在 2015 年 3 月宣称的那样,是因为有纳税人的资助,他们才选择这种自私、固执的"生活方式",而是出于对家园的义务和责任,因为这些家园保留着他们社会、文化和精神的意义。然而,希望跟家人居住在传统的土地上或其附近的代价却很高,这些地方获得教育和保健设施的机会有限或者非常少,接触大规模劳动力市场的机会也往往很少,这些地区的英语水平通常很低,尤其是在一直使用传统语言维持日常生活的地区。

在偏远的地区,关于读写能力学习的讨论往往局限于学校和教学过程层面,很少考虑社会、文化、物质、文本和技术等资源。此外,"学习空间"能够超越教学环境、机构环境和寿命使读写能力蓬勃发展。以字母读写能力为焦点的读写能力讨论很少考虑到在新媒体时代下读写的多模态性和变化性。不幸的是,正如我们后面所述,奢求那些常常不切实际或无法达到的结果(Schwab 2012,2013),有时会蒙蔽读写和学习领域政策制定者与项目管理者的双眼。

在本文中,我们并没有特别关注成人如何学习阅读,而是概述了我们在澳大利亚偏远的土著地区为研究读写能力和学习而采用的民族志方法。我们曾开展了两个项目,合作探索能让我们为之振奋的东西,从这两个项目中,我们总结出了一些支持和巩固学习和读写能力的新方法,这些方法尤其对澳大利亚许多极其偏远且服务较少的地区具有参考意义。首先,我们概述了方法的理论基础,描述了我们曾经工作了几十年的北方地区教育的社会历史背景,特别提到了该地区读写社会化的变化性。然后,我们描述了一些重要的研究成果,强调校外学习的重要性,特别是"学习空间"(Kral & Schwab 2012)为人们接触文本和新媒体提供了方便。最后,我们以一个简短的案例研究作为总结,这个案例研究关注学习社区中心作为提高学习和读写能力的模板所带来的机遇和挑战,以及通过融合正规和非正规的学习方式所学到的技能。

关于理论的认识

目前,许多围绕社会协调或情境学习的想法都基于维果茨基关于认知发展的社会文化理论,尤其是他的"活动理论"(Vygotsky 1978)。基于他的观点,许多理论学家利用人类学和社会语言学知识形成了参与式学习的情境化和社会化视角,拓宽了除正规教学之外学习的概念,并认为学习和读写是有目的性、系于情境的、有社会组织的实践。由此,那些理论学家分成了两派:一派认为学校是主要的学习场所;另一派则发展了学习的社会理论(Lave and Wenger 1991;Rogoff et al. 2003),认为人在社会实践中学习。后者强调读写不仅是一种教学过程,还是一种文化过程。"日常实践"是强有力的社会化资源,而不是有意教学(Lave 1988,p. 14)。换句话说,除了学校教育之外,在人的一生中,正是学校之外的社会实践决定了人的能力。这种分歧突出了学习和有意教学之间的根本区别,突出了为偏远的土著社区提供有意义的学习机会的核心问题。

关注学习的社会情境本质(Lave & Wenger 1991;Wenger 1998)能使学习从正规教学、既定课程以及个人成果和资格获得的传统束缚中解放出来,使人们接受有意义的学习,它与学习者所属的社会社区相联相关,并对社区有很大的价值。重要的是,它否定了"非正规"学习与"正规"学习的二元对立,并提出假设:与其说一个人"受过教育"或"学过东西"就说明他或她上过学,不如说,学习并非抽象的甚至传统的知识转移,而是处于社会情境中知识的生产。因此,在研究中,我们发现:探索"学习的'做'……比关注(说教的)教学作为学习可能性的原因和条件更有教育意义"(Lave 2011,pp. 144 - 145)。根据我们的经验,学习是"嵌入环境的",它存在于生活中情境化的活动之中。

现在,关于日常认知和文化发展的研究越来越多,它们记录了人们在不同社会环境、活动和生活追求中如何学习(Gutierrez and Rogoff 2003;Hutchins 1996;Rogoff 2003)。同时,它们也强调了家庭和社区作为学习环境或空间的重要性,以及围绕和支持学习的实践社区的发展。自 20 世纪 80 年代以来,跨学科研究一直关注角色关系中相互作用的过程,在这个过程中,通过"有意参与"或"合法的外围参与"(Lave 2011;Rogoff and Lave 1984;Rogoff et al. 2003),个体在没有正式教师、课程指导或既定学习时间和地点的环境中学习(Kral and Heath 2013,p. 227)。然而,这并不指学习没有结构或内容。拉夫和温格(Lave and Wenger 1991)将学习的情境化本质描述为嵌入在"使学习具有意义的参与轨迹"中,在此轨迹中,学习者是社会文化社区或"实践社区"的一员(pp. 43 - 52)。

语言学家和人类学家通过将民族志方法应用于交际研究中,加深了对文化、语言和读写能力之间相互关系的理解(Gumperz & Hymes 1972；Heath 1983)。作为研究人员，我们既受人类学家的影响(Besnier 1995；Street 1993；1995；Heath & Street 2008)，也受到新读写能力研究学者(Barton & Hamilton 1998；Barton 等人 2000)以及他们在语言和读写能力研究中的民族志方法的影响。关于读写能力的民族志研究站在人类学和社会语言学的交叉点上，着眼于阅读和写作的社会实践、社会意义和文化观念。从这个角度来看，我们无法抛开形成读写能力的社会、文化、政治和历史的力量来理解读写能力，也无法脱离围绕它的社会实践和它所嵌入的意识形态体系来分析它。

学者们也思考过，在当代社会，我们对新技术的了解正在如何改变我们学习的方式(Brown 2002；Kress 2007)。斯特里特等人(Street 2009，p.195)认为，当代交际的现实——就像目前嵌入"基于屏幕的技术"一样——正在全球范围内迅速地取代人们对学校"印刷文字"的关注。确实，数字技术的到来以及围绕这些技术和"多模态读写"而产生的社会实践变革造就了全球化，很多文献(Hull 2003；Kress 2003；Thurlow & Mroczek 2011)都关注到了全球化过程中读写形式的变化(Hull & Nelson 2005；Kress 2010)。我们一致认为在偏远的土著地区，需要"拓展读写能力的定义，从而使之涵盖数字多模态和连通性"(Stornaiuolo et al. 2009，p.384)。

理论应用于环境

在今天的澳大利亚，人们依旧机械地认为土著社区处于弱势地位，因为他们的字母读写能力(以及日益增长的数字化读写能力)很差，这些能力，从就业到卫生到司法系统，对他们生活的许多方面产生了不良的影响。通常来说，为改善这种处境所付出的努力都集中在基于学校的读写计划之中。然而，在许多土著环境中，这些努力付诸以前很少有社会读写实践的家庭或社区里，以及最近口头文化向识字文化转变的地方。效果——毫不奇怪——几乎总是很差。世界各地的学术研究有力地证明了读写能力是一种系于情境的、动态的、社会的和文化的过程。本研究强调读写能力获得和运用受文化影响，特别是在新文化群体中。跳出将读写能力视为学校所传授的一套专业技能的观点的限制，我们就能更深入地理解在有意义的环境中读写作为一种社会过程的含义。在本文中，我们采用了实践的方法来研究读写能力，超越了在机构环境中进行读写教学的范畴，转而关注社区环境里个人和家庭在日常生活中使用口语和书面语的方式。这种"社会实践"的方法既解决了特定群体对读写能力日常含义理解和读写能力使用的问题，也解决了他们认识阅读、写作以及与他们社区相关的其他多模态交际形式的问题。

利用人类学、社会语言学和新读写能力研究的理论知识，基于那些将学习视为情境活动的理论学家的研究成果，以偏远的土著环境为背景，在她关于读写能力的民族志研究中(Kral 2007,2012)，克拉尔认为若想让读写能力扎根于偏远的社区，必须使读写的意义和目的超越生命中不断变化的领域和实践，反过来，这样的意义和目的必须传承给下一代。此外，读写能力学习不是一个单向的过程，而是一个多向的、不稳定的过程，它既包含正规的教学，又包含非正规的学习，这个学习的过程是终生的、系于情境的。正如克拉尔认为(2007,2012)，在大多数西方主流家庭中，读写能力学习建立在西方社会长期的识字文化和正规学校教育的基础之上。它将其他的过程、实践和环境交互在一起，从个人和社区来说，这非常有意义，具有目的性。同时，这些过程还会产生协同效应。正如她总结，如果读写能力作为一种文化实践渗透到偏远的土著社会，那么我们有必要进一步了解读写能力作为一种文化过程的含义。

下面，我们将概述偏远的北部地区(Northern Territory，NT)学校教育和正规教育简短的历史，用以阐明我们的观点：在新的文化环境中，读写能力代代相传，但发展成为一种文化过程还需要时间。

澳大利亚中部土著教育简史

学校

20世纪50年代，政府才开始对北部地区土著实施教育。虽然英联邦事务部曾经监管过北部城区土著儿童的教育一段时间，但是直到政府致力于出台同化政策时，才对土著实施全面的教育。在实施政府的学校教育之前，北部地区大多数偏远地方的土著儿童没有接受过正规的西方教育或者在教会学校上过学。在一些社区，政府的学校教育直到20世纪70年代或更晚才开始(Kral & Falk 2004)。(根据我们的经验，在澳大利亚许多偏远地区，仍有相当数量的土著儿童没有入学或上学。)与此同时，随着进步的惠特拉姆(Whitlam)工党政府颁扬澳大利亚语言和文化多样性的多元文化政策的出台，20世纪70年代土著自决政策开始实施，这为一些偏远地区的土著提供了资源，使得他们重新迁回传统的家园(Peterson & Myers 2016)。同时，在北部地区的政府和非政府学校(Disbray et al. 2017)，以及西澳大利亚和南澳大利亚，双语教育方案开始出现。然而，到20世纪90年代，由于土著教育倒向保守派，并声称英语读写能力是维系主流社会的首要条件，因此双语课程遭到了猛烈抨击。随后，澳大利亚废除了北部地区教育部双语教育项目(Simpson et al. 2009)。围绕读写能力"问题"展开的危机讨论——将失业和福利依赖归因于教育质量低劣和英语教学缺乏——很快取代了土著地区早期接受教育的语言权利。

国家读写和数学计划(Department of Education Employment Training and Youth Affairs，DEETYA 1998)开创了外部基准测试和读写教学回归基础方法的时代，并将英语作为第二语言教学纳入读写能力(了解详情请参考 Schwab 2012)。虽然大多数偏远地区的土著学生并不以英语为母语,但是2008年的"国家评估项目:读写和数学"(NAPLAN)测试却按照英语为第一语言的学生达到的读写成绩发展途径来评价土著学生(McKay 2001)。正如维格尔斯沃思、辛普森和娄克斯(Wigglesworth, Simpson and Loakes 2011)所指,"国家评估项目:读写和数学"测试虽然适合大多数标准的澳大利亚英语使用者群体,但是在语言和文化上却不适合土著儿童,尤其不适合生活在偏远社区的儿童。此外,"国家评估项目:读写和数学"测试表明,字母读写能力的评估办法从根本上来说是狭隘的,它被看作基于学校的读写能力评估——在这种评估体系下,这些学习的办法基于斯特里特(Street 1984)所指的"自主读写概念",即一套中立的基本技能的观点。

如今,在澳大利亚偏远的地区,学校入学率低和学生保留率低的问题——尤其在中学——依旧长期存在。为偏远地区年轻人制定的连续教育模式没有达到提高学生保留率的目的(Guenther 2013),这使得期望他们参与主流就业的想法变得不切实际(Kral 2016)。确实,在许多地区,开展教育可能很困难,"教育制度"所承诺的回报没有体现出来,于是形成了一种普遍的看法——通常变成了该地区已被经验证实了的常识——学校是"为白人"开的,而不是"为我们"开的,这样就导致土著学生抵制上学,偶尔上学,甚至退学,这在处于青春期的男孩身上表现得最为严重,他们受过教育,把上学看成是孩子的事情。对许多年轻人来说,重返课堂没有什么价值,课堂上,他们感觉不到权力或控制,所以他们就有效地采取不上学的方式尽情地发挥他们的控制欲,这与保罗·威利斯(Paul Willis 1977)在其经典的英国工人阶级青年民族志中所描述的情况形成一定的共鸣。

成人教育

成人教育,最常见的形式是职业培训,是20世纪60年代联邦政府同化政策的一个关键要素。那时,人们可以通过诸如巴彻勒学院(后来的巴彻勒研究所)这样的机构接受成人社区教育,这些机构教授成人面向社区发展的基本读写能力和算术能力。确实,那时许多偏远社区都有一位专门的成人教育工作者。此外,那时高等教育和继续教育(Tertiary and Further Education,TAFE)和开放大学计划也开始在社区开设更多的正规课程。

20世纪80年代末,为了应对更广泛的全球变革,澳大利亚提出了国家培训改革议案(1987—1996)。这是政府为改革职业教育、培训体系及其对接职场而作出的努力。(自1990年以来,政府实施的措施包括发展行业能力标准和相关课程以反映能力水平;发展澳大利亚宽泛的职业教育和培训认证标准框架。这个框架为学生从学校走向职场提供正规的途径,也为其职业就业提供入门的资格。)在偏远的社区,这意味着土著工人现在必须符合国家认可的职业教育和培训(Vocational Education and Training,VET)要求。

伴随着这些变革,到 20 世纪 90 年代,国家开始将目光从多语言和多元文化转向经济,这使得英语读写能力教学跟职业教育与培训成效联系起来(LoBianco and Wickert 2001, p.28)。这些变化与"土著化"劳动力的目标相抵触,在那时,许多没有正式资格或不具备英语读写能力的土著人却被雇用了。

近年来,国家的重点已经转向惩罚性的"要么学习,要么赚钱"的政策之上,即领取福利金取决于参加英语读写和培训课程。这种将读写与短期培训跟就业成效联系起来的思维模式在近期内似乎不太可能改变。澳大利亚联邦政府最近提出了土著发展战略,它就是这种思维模式的最好例证:减少预算,为土著项目和服务汇集大量联邦资金,通过竞争应用体系在五个战略优先领域分配新的拨款(五个战略优先领域分别是就业、土地和经济;儿童和学校教育;安全与健康;文化和能力;澳大利亚偏远地区)。教育的重点在于儿童和入学率,为青年和成人就业提供职业培训等方面,却没有顾及偏远地区有限的劳动力市场机会。

从社会化到读写能力

虽然读写最近才在澳大利亚偏远的土著地区出现,但是许多政策制定者似乎都认为,将西方读写几千年的演变压缩在几代中是有可能的,这样可以迅速达到与主流标准相称的水平。然而,有研究清楚地表明读写是个渐进的过程,正如斯特里特(Street 1984, p.114)强调,"避开这种渐进主义"将会导致许多读写项目失败。正如许多人类学家和社会学家发现:实践、习惯、行为和性格是获得读写能力的基础,它们的形成或获得又取决于对日常惯例和日常行为的习得、传播和再造。一个人可以在学校里发展这些行为和实践,更重要的是,在个体所属的家庭和社区的社会和文化环境中也能发展这些行为和实践。也就是说,儿童、青少年和其他初学者都可以通过社会化进入群体的文化过程,从而使自己成为所属社会文化群体中合格的一员,获得前人关于语言和认知的观点(Duranti et al. 2012; Schieffelin and Ochs 1986)。

换句话说,文化实践就是以一个文化群体的习惯、日常惯例、性格和态度为文化工具经由几代人的学习和传播而产生的。

虽然我们知道一个人可能会在短时间内获得某种职业技能,但是相比之下,读写能力的获得是一个终身的、全方位的、深化生活的过程(Banks et al. 2007)。正如希思(Heath 1991)认为,有文化不只是个人具有跟专业技术相关的读写能力,还取决于核心语言行为、某些重要的配套社会关系和文化实践三者互相协调(p.3)。在我们关于读写能力的民族志研究中,我们发现读写能力很有可能代代传承下去,在跨代传承过程中,读写活动是有意义的,因为它内嵌在相关的社会和文化实践之中。

现在,偏远地区的土著年轻人正经历着比他们的祖先更广泛的社会化体验。尽管在不同的年代和地区,学校教育和成人获取读写能力的经历不同,但是与世界各地的年轻人一样,土著年轻人正处在从本地涌向全球的洪流之中。当代生活为他们提供了大量符号的、文本的和媒体的资源供他们口头、书面或数字化交流之用(Kral 2016)。因此,年轻人必须获得他们自己小社会特有的交际模式和社会互动模式。同时,他们生活在一个数字全球化的世界里,对参与跨语言、社会、地理时空的活动和关系要有新的认识,并且必须不断发展和分享这些认识。为了平衡不同的生活目标和期望,这些年轻人必须参与一些语言和文化实践,获得技术能力以及相应的混杂身份。

因此,我们认为,一张错综复杂的语言和读写能力社会化经历的网络是关乎土著年轻人一生如何参与并成功获得正规教育和其他机构教育的一个决定因素。在偏远地区,以读写能力与短期就业培训成效相分离的方式,重新配置成人读写能力的方法在目前的政治环境下似乎很难实现。尽管如此,我们仍然需要加深了解年轻人如何、在哪儿获得作为社会群体和文化群体合格一员所需的知识、行为和性格。偏远地区的年轻人若想以成熟的角色有效地进入他们自己的和更大的社区,就需要为之学习必备的知识、技能、意识和实践,那么我们不仅需要为他们提供学校教育和正规的成人读写能力教学,还需要关注他们在适应社会和终身学习过程中,而非教育机构中,如何获得语言、读写能力和技术专业知识等(Banks et al. 2007)。这就需要对非正规学习环境提供支持和资源,特别是在学校教育和成人教育最稀少的地方(Kral 2016)。

可选择的学习空间

近年来,不同学科的学者对学习有了新的见解,他们研究各种各样可选择的学习空间(Hill 2008;Ito et al. 2010)和途径(Barron 2006;Hull & Schultz 2002)。他们的研究表明,通过参加创新义化生产,校外学习可以为情境化的读写能力实践(Barton,Hamilton,Ivanic 2000)、技能发展和战略思维发展提供场所(Heath 2004)。

在我们关于学习空间的研究中(2007—2010),我们(Kral & Schwab)探讨了澳大利亚偏远社区土著年轻人在机构学习环境之外,基于社区领域,通过学习数字文化,扩展他们学习,以及拓展语言和多模态读写能力实践的方法。这些领域——或者我们称之为"学习空间"——是情境学习和生产活动的场所,其中包括青年中心或图书馆等物理空间;非物理空间,如数字网络;以及"超空间",如运动场、举办仪式的场地和其他户外或"乡村"环境。我们的研究表明,尽管现在许多年轻人可能放弃义务教育和培训,但是他们并没有拒绝学习。相反,重要的是,他们证明了当有其他学习机会时,他们会参与学习并取得成功。我们还发现,这些年轻人学习非常努力,通常能说或懂一种或多种语言,熟练掌握文化实践与生产的新形式,积极参与改变数字时代的交际模式。此外,这些方法还对公共话语中常见的土著年轻人读写能力评价框架之缺失提出质疑(Kral & Schwab 2012)。

在这些学习空间中,资源的获得使新的文化生产模式成为可能,这种文化生产模式通常包含并颂扬土著的语言和文化。数字媒体项目通过创造性的文化生产过程,为年轻人接触多模态读写能力提供了环境。他们的数字技术实践依赖于字母读写技能,通过使用字母符号,采用从左到右和从上到下的处理方式等,将文字和图像、声音、音乐和动作整合在数字产品的创造中是有可能的,这些产品不一定会优先采用语言形式,但是"会利用各种各样的形态……来创造不同的意义形式"(Hull and Nelson 2005, pp. 224 - 225)。从这个角度来说,这是多模式的,正如克拉尔和希思(Kral and Heath 2013, pp. 232 - 233)所指出:

> 多模态实践受益于字母读写能力的直觉元文本技巧,然而除印刷文字之外,通过多模态来源,成功的学习并不依赖于对先前文本的解译。年轻的学习者虽然了解标准化字母符号,但是使用起来并不熟练,他们发现通过大量的符号结构的视觉编码比较容易调节他们的动作。

在土著社会中,传统的多模态是许多交际实践的核心(Green 2014),年轻人必然要创造学习空间,并住在其中,懂得一些新的数字交际技术,使其迎合他们改造社会的目的,并将其整合到他们的交际模式之中。斯特里特和他的同事(2009)提出,如果"多模态和社会文化是持续的意义创造的一部分,那么就需要把它们结合在一起来解释现代交际"(p. 200)。这一点在今天偏远地区年轻人的许多交流实践中确实很明显。

学习社区中心

最近,在偏远的北方地区我们探索了一种基于社区的成人学习方法,当地人称之为学习社区中心模式。这项研究源自一个合作研究项目,这个项目的研究者有来自澳大利亚国立大学土著经济政策研究中心的研究者,来自巴彻勒土著高等教育研究所成人教育实际工作者和管理者,中央土地委员会(Central Land Council, CLC)社区规划人员,以及瓦尔皮里语教育和培训信托机构(Warlpiri Education and Training Trust, WETT)的代表。按照跨学科实践和研究的传统,特别是按照教育人类学的方法,我们调查了在这种复杂环境中取得成功的因素,在这种复杂环境中,很少跨代建立学习、读写和就业实践的模型。

学习社区中心,从本质上说,由社区拥有和管理,是能够进行非正规和正规学习的场所。瓦尔皮里语教育和培训信托机构最初是将这些中心作为一个高度优先的社区项目而设立的。建立一批学习社区中心的想法萌生于跟瓦尔皮里人的讨论中,他们承诺将他们传统土地上商业矿产的一部分矿权利润拿来投资。他们的目标是将自己的资源投资在当地自主决定的教育和社区发展项目之中。中央土地委员会与瓦尔皮里语教育和培训信托机构合作,促进了成员社区之间的讨论,并确定了一系列优先事项和教育投资理念(Schwab 2006)。

2014年中期,瓦尔皮里语教育和培训信托机构与巴彻勒土著高等教育研究所合作在澳大利亚中部的瓦尔皮里语拉加玛努(Lajamanu)社区、维洛拉(Willowra)社区、尼瑞皮(Nyirripi)社区和于恩得姆(yuendmu)社区 (Disbray & Bauer 2016)建立了学习社区中心。巴彻勒研究所还在乌托邦之乡(Utopia Homelands)独立建立了一个学习社区中心。虽然当地社区的需求和利益会影响每个学习中心的发展,但是创始人设想这些中心是安全的、稳固的集会场所,它们通常建在培训中心或配有电脑能够上网的公共休息室的周围。他们还了解到人们去学习中心活动的目的各不相同,包括为工作而学习;使用计算机处理银行业务;处理电子邮件;参与个人的基本活动;听取和分享家庭故事;搜集历史资料和当地文化信息等。

我们以两个学习中心为研究重点,我们发现它们:

- 创建了一种学习文化。
- 提供多种学习通道。
- 提供正规或非正规的学习模式。
- 满足群体和个人的学习风格。
- 对社区职业生活发挥重要作用。

重要的是,这些学习中心使个人有机会探索、发展和练习新技能;有机会激活潜在的技能,包括阅读能力和写作能力;有机会接触到一些能够使他们进入社区之外大千世界的新技术。但是,也许最重要的是,通过创建一个空间,加快了人们对学习文化的认可,在这个空间里,对大家来说,学习是一件普通而有价值的事情。成人公开参与学习和读写的影响力巨大,它向下一代传递了一个重要的信息。鉴于此,学习中心在培养实践能力方面发挥了重要的作用。它们使人们有机会关注一些关于学习的见解:在电脑上随意"闲逛"是一种学习,人们在适应社会过程中遵循个人或群体的学习规范也是一种学习。它们还为人们提供可自愿参加的专业发展(Kral and Heath 2013)和工作实践。同时,它们还能够让人们获得正规培训,实现就业。采用这种关于学习的社会实践的方法,通过拥有一个可以参与活动的场所,中心使用者可以加强他们的技能基础。虽然时间和资源的问题限制了我们的研究,我们无法衡量具体的变化,但是采访和观察清楚地表明,使用者通过参与一些有益的、有意义的活动,他们的阅读和写作技能逐渐提高了。以后把这些成果记录下来非常重要,或许支持学习中心模式最有说服力的论据就在于它们很好地应对了当时困难的局面,这表明在偏远的成人教育方面,它们比大多数其他的选择更有效。在成人教育中,看似微小的、渐进式的变化,相对于短短几十年内偏远地区的土著群体所经历的快速的社会转型来说,实际上是巨大的变化。

不幸的是,由于资金压力,以及大家对不同效果的预期和价值评价看法不一,巴彻勒研究所几乎拆除并重新装配了学习社区中心。从本质上讲,一个不可调和的紧张局势似乎存在,一方面,政府和教育机构要求实现(不断增长的)培训课程的目标及随后的就业。另一方面,社区渴望能进入和控制学习空间,在那里个人可以参与有意义的学习,而不是用来简单地衡量入学率和任务完成量。

结　　论

在本文中,我们描述了在澳大利亚偏远的土著环境中为研究读写能力和学习而采取的民族志方法。基于我们多年的研究结果,我们认为读写能力学习:

- 不仅是一种教育过程,也是一种文化过程。
- 贯穿终生,基于情境。
- 依赖于获取大量的社会、文化、物质、文本和技术资源以及学习场所。

我们的研究揭露了一些发生在当地的、却又反映世界范围内数字革命给社会实践带来深刻变化的例子。重要的是,我们的研究结果与许多关于世界各地年轻人和数字媒体的民族志调查展开了对话,极大地激发了人们对改变学习过程和多模态交际模式的兴趣,包括字母读写能力。

最后,我们认为本文所概述的学习中心模式不仅为改造性实践提供了模板,也为在偏远地区巧妙地融合正规和非正规的两种成人学习方式提供了模板。通过引导人们参与各个层次的学习,方便人们接触各种类型的资源:社会的、物质的、文本的和技术的等,学习中心模式确实做到了这一点。我们认为,实际上,这种混合学习,作为对全球范围内新交际技术的不断出现和日益变化的就业要求的一种回应,体现了新的学习模式。但是阐明这种方法对政府和政策制定者的意义是未来极具挑战的事情。

(舒敬斌　译)

参考文献

Banks, J. A., Au, K. H., Ball, A. F., Bell, P., Gordon, E. W., Gutierrez, K. D., et al. (2007).

Learning in and out of school in diverse environments: *Life-long*, *Life-wide*, *Life-deep*. Seattle, WA: The LIFE Center and the Centre for Multicultural Education, University of Washington.

Barron, B. (2006). Interest and self-sustained learning as catalysts of development: A learning ecology framework. *Human Development*, 49, 193 – 224.

Barton, D., & Hamilton, M. (1998). *Local literacies: Reading and writing in one community*. London: Routledge.

Barton, D., Hamilton, M., & Ivanic, R. (Eds.) (2000). *Situated literacies: Reading and writing in context*. London: Routledge.

Besnier, N. (1995). *Literacy, emotion, and authority: Reading and writing on a Polynesian atoll*. Cambridge: Cambridge University Press.

Brown, J. S. (2002). The social life of learning: How can continuing education be reconfigured in the future? *Continuing Higher Education Review*, 66, 50 – 69.

DEETYA [Department of Employment, Education, Training and Youth Affairs] (1998). *Literacy for all: The challenge for Australian schools*. Australian Schooling Monograph Series No. 1. Canberra: AGPS.

Disbray, S., & Bauer, R. (2016). A place to learn and work: Yuendumu Learning Centre. Special issue: Learning Communities — Synthesis of project learnings from the Cooperative Research Centre for Remote Economic Participation. *International Journal of Learning in Social Contexts*, 19.

Disbray, S., Devlin, B. C., & Devlin, N. R. F. (Eds.) (2017). *History of bilingual education in the Northern Territory: People, programs and policies*. Singapore: Springer.

Duranti, A., Ochs, E., & Schieffelin, B. B. (Eds.) (2012). *The handbook of language socialization*. Malden, MA: Wiley Blackwell.

Green, J. (2014). *Drawn from the ground: Sound, sign and inscription in Central Australian sand stories*. Cambridge: Cambridge University Press.

Guenther, J. (2013). Are we making education count in remote Australian communities or just counting education? *The Australian Journal of Indigenous Education*, 42(2), 157 – 170.

Gumperz, J. J., & Hymes, D. (1972). *Directions in sociolinguistics: The ethnography of communication*. New York, NY: Holt, Rinehart & Winston.

Gutierrez, K. D., & Rogoff, B. (2003). Cultural ways of learning: Individual traits or repertoires of practice. *Educational Researcher*, 32(5), 19 – 25.

Heath, S. B. (1983). *Ways with words: Language, life and work in communities and classrooms*. Cambridge: Cambridge University Press.

Heath, S. B. (1991). The sense of being literate: Historical and cross-cultural features. In R. Barr, M. L. Kamil, P. Mosenthal, & P. D. Pearson (Eds.), *Handbook of reading research* (Vol. 2, pp. 3 – 25). New York, NY: Longman.

Heath, S. B. (2004). Learning language and strategic thinking through the arts. *Reading Research Quarterly*, 39(3), 338 – 342.

Heath, S. B., & Street, B. V. (2008). *On ethnography: Approaches to language and literacy research*. New York, NY: Teachers College Press.

Hill, S. (Ed.) (2008). *Afterschool matters: Creative programs that connect youth development and student achievement*. London: Sage.

Hull, G. A. (2003). At last: Youth culture and digital media — New literacies for new times. *Research in the Teaching of English*, 38(2), 229 – 233.

Hull, G. A., & Nelson, M. E. (2005). Locating the semiotic power of multimodality. *Written*

Communication, 22(2), 224-261.

Hull, G., & Schultz, K. (Eds.) (2002). *School's out! Bridging out-of-school literacies with classroom practice*. New York, NY: Columbia University, Teachers College Press.

Hutchins, E. (1996). *Cognition in the wild*. Cambridge, MA: MIT Press.

Ito, M., Baumer, S., Bittanti, M., Boyd, D., Cody, R., Herr-Stephenson, B., et al. (2010). *Hanging out, messing around and geeking out: Kids living and learning with new media*. Cambridge, MA: MIT Press.

Kral, I. (2007). *Writing words — right way! Literacy and social practice in the Ngaanyatjarra world*. Unpublished PhD thesis. Canberra: The Australian National University.

Kral, I. (2012). *Talk, text & technology: Literacy and social practice in a remote Indigenous community*. Bristol, UK; Buffalo, NY; Toronto: Multilingual Matters.

Kral, I. (2016). From the local to the global: Socialisation into adult literacy practice in the remote Indigenous Australian context. In K. Yasukawa & S. Black (Eds.), *Beyond economic interests: Critical perspectives on adult literacy and numeracy in a globalised world* (pp. 61-76). Rotterdam; Boston, MA; Taipei: Sense.

Kral, I., & Falk, I. (2004). *What is all that learning for?: Indigenous adult English literacy practices, training, community capacity and health*. Adelaide, Australia: NCVER.

Kral, I., & Heath, S. B. (2013). The world with us: Sight and sound in the "cultural flows" of informal learning. An Indigenous Australian case. *Learning, Culture and Social Interaction*, 2(4), 227-237.

Kral, I., & Schwab, R. G. (2012). *Learning spaces: Youth, literacy and new media in remote Indigenous Australia*. Canberra: ANU E-Press.

Kress, G. (2003). *Literacy in the new media age*. London and New York, NY: Routledge.

Kress, G. (2007). Thinking about meaning and learning in a world of instability and multiplicity. *Pedagogies: An International Journal*, 2(1), 19-34.

Kress, G. (2010). *Multimodality: A social semiotic approach to contemporary communication*. London and New York, NY: Routledge.

Lave, J. (1988). *Cognition in practice*. Cambridge: Cambridge University Press.

Lave, J. (2011). *Apprenticeship in critical ethnographic practice*. Chicago, IL: University of Chicago Press.

Lave, J., & Wenger, E. (1991). *Situated learning: Legitimate peripheral participation*. Cambridge: Cambridge University Press.

LoBianco, J., & Wickert, R. (2001). Introduction: Activists and party politics. In J. LoBianco & R. Wickert (Eds.), *Australian policy activism in language and literacy* (pp. 13-44). Melbourne: Language Australia.

McKay, P. (2001). National literacy benchmarks and the outstreaming of ESL learners. In J. LoBianco & R. Wickert (Eds.), *Australian policy activism in language and literacy* (pp. 221-237). Melbourne: Language Australia.

Peterson, N., & Myers, F. (2016). The origins and history of outstations as Aboriginal life projects. In N. Peterson & F. Myers (Eds.), *Experiments in self-determination: Histories of the Outstation Movement in Australia*. Canberra: ANU Press.

Rogoff, B. (2003). *The cultural nature of human development*. Oxford and New York, NY: Oxford University Press.

Rogoff, B., & Lave, J. (1984). *Everyday cognition: Its development in social context*. Cambridge, MA: Harvard University Press.

Rogoff, B., Paradise, R., Arauz, R. M., Correa-Chavez, M., & Angelillo, C. (2003). Firsthand learning through intent participation. *Annual Review of Psychology*, 54, 175-203.

Schieffelin, B. B., & Ochs, E. (Eds.) (1986). *Language socialization across cultures*. Cambridge: Cambridge University Press.

Schwab, R. G. (2006). *A report for the Warlpiri Education and Training Trust: Options for education and training*. Canberra: CAEPR.

Schwab, R. G. (2012). Indigenous early school leavers: Failure, risk and high-stakes testing. *Australian Aboriginal Studies*, 1, 3-18.

Schwab, R. G. (2013). "You are boss for me!": A case study in the erosion of Indigenous self-determination in education. In R. Craven, A. Dillon, & N. Parbury (Eds.), *In black and white: Australians all at the crossroads* (pp. 209-226). Ballan, Victoria, Australia: Connor Court.

Simpson, J., Caffery, J., & McConvell, P. (2009). *Gaps in Australia's Indigenous language policy: Dismantling bilingual education in the Northern Territory*. AIATSIS Research Discussion Paper No. 24. Canberra: Australian Institute of Aboriginal and Torres Strait Islander Studies.

Stornaiuolo, A., Hull, G., & Nelson, M. E. (2009). Mobile texts and migrant audiences: Rethinking literacy and assessment in a new media age. *Research directions: Language arts*, 86(5), 382-392.

Street, B. (1984). *Literacy in theory and practice*. Cambridge: Cambridge University Press.

Street, B. V. (Ed.) (1993). *Cross-cultural approaches to literacy*. Cambridge: Cambridge University Press.

Street, B. V. (1995). *Social literacies: Critical approaches to literacy in development, ethnography and education*. London and New York, NY: Longman.

Street, B., Pahl, K., & Rowsell, J. (2009). Multimodality and New Literacy Studies. In C. Jewitt (Ed.), *The Routledge handbook of multimodal analysis* (pp. 191-200). London and New York, NY: Routledge.

Thurlow, C., & Mroczek, K. (Eds.) (2011). *Digital discourse: Language in the new media*. New York, NY: Oxford University Press.

Vygotsky, L. S. (1978). *Mind in society: The development of higher psychological processes*. Cambridge, MA: Harvard University Press.

Wenger, E. (1998). *Communities of practice: Learning, meaning and identity*. Cambridge: Cambridge University Press.

Wigglesworth, G., Simpson, J., & Loakes, D. (2011). NAPLAN language assessments for indigenous children in remote communities: Issues and problems. *Australian Review of Applied Linguistics*, 34(3), 320-343.

Willis, P. (1977). *Learning to labour: How working class kids get working class jobs*. Westmead, UK: Saxon House.

趋势/案例

马来西亚土著奥朗阿什利地区的读写能力和发展：什么是重要的？

苏马蒂·雷根纳什[*]

在线出版时间：2017年10月3日
©联合国教科文组织国际教育局 2017年

摘　要　本文探讨了马来西亚闪迈人(Semai)奥朗阿什利(Orang Asli)社区的读写实践。奥朗阿什利的读写通常集中在正规教育和学校教育，几乎没有人从社会和文化角度对其进行过研究。事实上，很多研究者几乎不曾关注过奥朗阿什利的口述和识字传统，也没有关注过家庭读写实践和学校读写实践之间的相关性，以及读写能力和发展之间的关系。因此，在奥朗阿什利的社会和文化价值边缘化的环境下，本文采取民族志研究方法，将读写视为一种社会实践。闪迈语是一种没有文字的语言，奥朗阿什利读写采用马来西亚国家语言马来语。本文希望能解决一些核心问题和争论，这些核心问题和争论跟"大分歧"中读写能力和发展之间内在的复杂关系有关，比如：口述与识字、识字与文盲之间的二元分歧，以及马来西亚奥朗阿什利社区背景下权力关系的不对称性。

关键词　发展　闪迈语　奥朗阿什利　读写能力　土著居民

读写能力和教育通常跟发展或进步联系在一起，特别是对发展中国家的少数民族或土著少数民族来说更是如此。早期的读写能力研究通常与西方社会和教育机构所指的、狭隘的、具有意识形态的读写能力概念相关(Street 1993,1994)。此外，关于发展问题的文献也认为提高读写技能就能提高智力，提高智力就能带来社会"进

---

[*] 原文语言为英语

苏马蒂·雷根纳什(马来西亚)

马来西亚石油大学语言和交流专业讲师。2005年在伦敦国王学院获得教育学博士学位。2009年，获得了澳大利亚政府颁发的奋进奖学金，并在堪培拉澳大利亚国立大学土著经济政策研究中心(Centre for Aboriginal Economic Policy Research, CAEPR)实习。苏马蒂自2008年以来一直研究马来西亚土著社区奥朗阿什利。她的研究兴趣包括土著教育；少数民族的学校教育和读写能力实践；基于社区的校外学习和读写能力实践；多语言、多文化的身份认同等。

通信地址：Universiti Teknologi PETRONAS, Bandar Seri Iskandar, 32610 Tronoh, Malaysia
电子邮箱：sumathi@utp.edu.my

步"和社会经济条件的改善。然而,相比之下,语言人类学和语言社会化理论的研究强调读写能力包含一系列事件、实践和活动,每一项都蕴含一套相关的认知、社会和文化技能,这些技能由情境和群体组成并组织起来(Ahearn 2001;Besnier 1995;Heath 1983;Schieffelin and Gilmore 1986;Schieffelin and Ochs 1986)。此外,有研究者对读写能力与"发展"之间的联系提出了挑战,他们认为,在实施干预协助"发展"之前,必须了解群体曾参加过的读写能力实践(Prinsloo and Breier 1996;Street 2001,2003)。事实上,世界各地的人类学家和民族志学者从社会实践和跨文化角度已经对读写能力进行了大量的学术研究。

读写能力的社会方法既强调社会和经济方面的发展,也强调社会变革,还关注当地或土著知识的价值,这种知识强调文化差异而非文化缺陷(Gardner and Lewis 1996;Lewis 2005;Street 1995,2001)。重要的是,许多研究将读写能力作为社会变革动态中的一种社会和文化过程,从而突出新文化群体读写能力获得和使用受文化影响的本质(Kulick and Stroud 1993,p.56)。然而,这种方法在马来西亚并不常见,这儿的政策制定者——理所当然地认为学校教育、读写能力和发展三者之间存在着意识形态的联系——典型的做法就是从狭隘的教育学和技术技能的角度去解读读写能力。此外,在该地区,没有人从社会和文化角度关注过少数民族—土著—语言—群体的读写能力。

因此,在本文中,我探讨了马来西亚土著少数民族社区奥朗阿什利的读写实践。马来西亚是一个多语种、多民族的国家,其中马来人占多数。2010年,奥朗阿什利仅占马来西亚半岛总人口2 350万的0.76%左右(Endicott 2016)。他们是第一批来到马来西亚半岛的群体,但是在当代马来西亚复杂的政治环境中,他们在本国已经沦落到"像难民和非法移民"的地步(Chupil, Joseph, and Komas 2003,p.2),他们"逐渐被社会大众边缘化,并被剥夺了基本的人权"(Alphonsus 2011)。奥朗阿什利经常被误认为是一个同质的群体,实际上它由三个主要群体组成:赛诺伊族、土著马来族和内格里扎族。每个族群都拥有独特的文化、语言、经济活动和外貌特征。他们中,大多数人(85.7%)仍然生活在农村地区(DOSM 2008)。奥朗阿什利事务局,现在的原住民事务局(Jabatan Hal Ehwal Orang Asl, JHEOA),负责监管奥朗阿什利的事务。该部门的职责是通过与教育、培训和人类发展等其他事务相关的国家经济发展计划来提高奥朗阿什利的生活质量(Kamaruddin and Jusoh 2008;Nicholas 2005)。尽管如此,在马来西亚,奥朗阿什利仍然属于"最贫穷和受教育最少的群体"之一,因此,政府不断强调"要将奥朗阿什利融入到主流社会中去"(MOEM 2004,p.25)。

社区的学校教育、读写能力和发展

教育在奥朗阿什利发展计划中发挥着重要作用,政策制定者将教育视为提高生活质量的关键(Mohd Tap 1990)。人们对许多土著社区的普遍认识是,他们处于不利地位,是因为他们字母读写能力差,这与学校教育密切相关。基于同样的认识,马来西亚的政策制定者已经开始关注奥朗阿什利社区基于学校的读写计划(Kamaruddin and Jusoh 2008; Nicholas 2006; Sharifah Md Nor 2011; Wahab, Mustapha, and Ahmad 2016)。事实上,马来西亚将入学率作为识字率的一个"指标"(United Nations 2011)。即使采用这种有问题的识字率的衡量方法,"一些土著少数民族仍然被落在后面"(United Nations 2011, p. viii)。一些研究表明,奥朗阿什利学童的辍学率在各个年级都不均衡地高于全国平均水平(Nicholas 2005)。2001年,奥朗阿什利的识字率为51%(MOEM 2008),而全国识字率为93.9%(SHUAKAM 2006)。此外,根据教育部的指示(MOEM 2004, p. 26),原住民事务局将继续制定策略,消除"奥朗阿什利父母对子女教育的消极态度"。例如,通过举办成人教育"以培养有文化、乐观的父母";让他们多接触现代社会的生活方式,以提高他们对"终身教育价值的意识,让他们认识到终身教育有利于提高他们的生活水平"。

政策制定者和其他人都认为,如果土著民族都去上学,提高他们的读写技能,那么他们的劣势便会减少,所以这对土著社区美好的未来极其重要。然而,根据斯特里特(Street, 2001)的说法,他认为这种对读写能力的理解只是将西方的读写能力概念强加于其他文化之上。因此,读写能力和发展之间意识形态的联系在马来西亚非常明显。在马来西亚,人们都认为奥朗阿什利贫穷、懒惰、落后、没文化(Kamaruddin and Jusoh 2008),也认为正规教育是减少贫穷的一个重要因素,它对国家追求经济增长和发展起着核心作用(United Nations 2005)。然而,对于刚刚才接受正规教育的土著社区来说,非正规学习经历是常态(see Gaskins and Paradise 2010; Greenfield and Lave 1982; Rogers 2014; Rogers and Street 2012)。

大多数关于奥朗阿什利的教育文献主要关注读写能力的缺失——特别是,这个社区学校读写能力教育的缺失(Kamsin et al. 2015; Sani and Idris 2013; Wong and Perumal 2013)。在发展中国家,虽然有少部分关于读写能力的民族志研究在土著少数民族语言和文化环境中解决了一些问题(Ahearn 2004; Doronilla 1996; Prinsloo 1995; Prinsloo and Breier 1996; Robinson-Pant 2000),但是在马来西亚,以民族志和社会视角探讨奥朗阿什利读写能力的研究少之又少(Renganathan, Chong, and Valenzuela 2011; see also Chupil, Joseph, and Komas 2003; Nadchatram 2007)。事实上,我曾在其他地方说过,对于奥朗阿什利来说,"学校的教育需求和家庭的需求是不连贯的……缺乏这种连贯就会导致学生学习成绩很差的后果"(Renganathan and Chong 2009, p. 344)。

目前,对土著社区教育的高度关注已经涉及他们在学校的参与度、态度和表现(Wotherspoon 2014)。然而,长期以来,奥朗阿什利的教育就有别于马来西亚其他社区的教育。1995年以前,教奥朗阿什利孩子识字的是原住民事务局的员工,而不是专业的教师。直到1995年,教育部才承担起在学校教奥朗阿什利孩子识字的责任。然而,正如前面所提到的,学校的辍学率仍然很高。本文举出了一些奥朗阿什利学生高辍学率的原因:自尊心淡薄,父母没有意识到教育的重要性,奥朗阿什利学生自己很"懒"(MRRD 2005)。此外,由于上学距离远,奥朗阿什利村又地处偏远,因此孩子们很难经常按时上学(Kamaruddin and Jusoh 2008)。

由于人们对奥朗阿什利读写能力的关注主要集中在正规教育和学校教育方面,因此几乎没有人"注意到在孤立的土著社会中短暂的读写能力发展史、从口述到读写传统的转变以及人们如何在日常社会环境中使用读写能力"(Kral 2009)。马来西亚奥朗阿什利社区情况就是这样的。在对奥朗阿什利的教育规划中,教育者几乎没有注意到奥朗阿什利的口述和读写传统,也没有关注家庭读写能力实践和学校读写能力实践之间的相关性,以及读写能力和发展之间的关系。因此,在本文中,我在奥朗阿什利社会和文化边缘化,以及土著居民需要"发展"并融入马来社会主流的环境下,将读写能力作为一种社会实践进行探讨研究。土著的闪迈语是一种没有文字的语言,读写采用马来语,马来语是马来西亚的主要语言。

了解奥朗阿什利社区如何在一个庞大而复杂的多语言和多民族的发展中国家中进行读写活动很重要。在本文中,我通过深入闪迈社区,观察了他们读写能力的日常含义和用法,以及他们对阅读、写作和其他多模态交际形式的理解。我希望能解决一些核心问题和争论,这些核心问题和争论跟"大分歧"中读写能力和发展之间内在的复杂关系有关,比如:口述与识字、识字与文盲之间的二元分歧,以及土著社区背景下权力关系的不对称性。

奥朗阿什利研究

> "先生,看书是我们的禁忌。我们的父辈从来没有看过书,我们的祖父辈和曾祖父辈也都没有看过书,看书不适合我们,我们永远都不会去看书。"他的意思是说,按照他们当地的传统习俗和习惯,他们不可能看书,或者没有任何目的驱使他们去看书……(Means 2011, p. 12)

20世纪30年代初,保罗·B·敏思(Paul B. Means)在马来西亚半岛霹雳州传教期间,在闪迈奥朗阿什利社区中,一位闪迈奥朗阿什利酋长说了上面这段话。保罗·B·敏思写道,他觉得识字对酋长有用,于是尝试教酋长识字,然而"彻底失败"了(2011, p. 12)。那时,对酋长来说,他需要的是治疗皮肤病的药物,而不是识字。

那么,经过这么多年,人们对读写能力的需求发生了怎样的变化呢?现在,说闪迈语的人对读写的兴趣和需求与以前不同了吗？

从民族志的角度，我讨论了一小群奥朗阿什利的口述和读写传统，它们揭示了日常读写能力实践、就业和发展之间的关系。基于在霹雳州一个闪迈土著小村子里正在进行的民族志案例研究，我探讨了该土著社区的学校教育、读写能力和发展问题之间的复杂关系，并讨论了村民的经历如何解释奥朗阿什利社区总体上面临的复杂性。

我对奥朗阿什利社区的了解和经验都基于长期与色利村（化名）闪迈人的接触。2008年，我第一次来到这个村子，从那以后，对它进行了各种与读写能力相关的民族志研究项目（Renganathan 2016；Renganathan and Chong 2009，2010；Renganathan，Chong, and Valenzuela 2011）。2008年，我的当地陪同酋长说，我是第一个想走访村民家庭的外来人，以前也有一些人到过这个村子，但是从未走访过他们的家庭。自那以后，我认识了村里许多孩子、年轻人和家庭，并跟他们成了朋友。另外，我是印度裔马来西亚人（一个仅占马来西亚人口7%的小群体），所以也是少数民族，再加上我长期与这个村子接触，我们分享了马来西亚少数民族面临的一些类似的问题。此外，我成长于马来西亚一个印度移民的农村家庭，这有助于我将自己定义为一名来自马来西亚少数民族社区的研究人员，与这个劣势群体一起从事研究工作。这一点很重要，因为马来西亚有明确的民族优惠政策，这些政策针对大多数马来族群体，而不是华裔和印度裔的少数民族。马来西亚土著（土之子）一词是指全体的马来西亚的马来人和土著（Andaya and Andaya 2001），而非马来西亚土著指的是华裔和印度裔。马来西亚土著在教育、就业、商业和行政服务方面享有特权。虽然奥朗阿什利也享受这种特权，但实际上，奥朗阿什利并不像马来人那样享有相同的权益（或享有相同层次的特权）（Nah 2008）。

色利村的闪迈人

色利村人口约400人，他们是说闪迈语的奥朗阿什利，属于赛诺伊亚群。闪迈人是马来西亚半岛最大的奥朗阿什利群体。尽管文献上说，农业和狩猎是闪迈人的主要经济活动，但是村民主要还是在附近的油棕和橡胶种植园或工厂工作，有些人也打零工，按日计薪。

在色利村，适合孩子们走路上学的小学只有一所。虽然所有的学生都是奥朗阿什利，但是老师都是马来人（除了一位奥朗阿什利老师，她是闪迈人，但她不是色利村人，也不住在那里）。孩子们上初中的话，最近的中学大约有15公里，在那里，马来学生占多数，孩子们第一次和马来学生一起学习。色利村离最近的镇大约有20公里，有一条水泥或沥青路通往那里，那里通水通电。大多数村民住在传统的、墙和地板由劈开的竹子制成的房子里，屋顶用棕榈叶编织而成。这些房子没有像样的供水管道系统，也没有供电的电线，因为电线存在火灾隐患。（居民们设法利用自己临时铺设的电线，从附近的砖房取电。）有些村民住在政府修建的砖房里，但是只有酋长指定的家庭才可以分到这样的砖房，这些砖房由政府每年给村里的拨款修建而成。除了传统的竹房和砖房外，这儿还有一所小的卫理公会教堂（大部分村民都是基督教徒），三家小杂货店满足村民的日常所需，两家小吃摊（小咖啡馆）。

我一直走访闪迈村长达近十年。那时，与附近城镇的发展速度相比，这个村庄似乎停滞不前，除了新修了一个行政兼读写多用途的中心之外，几乎没有什么变化。在村里散步，你可以看到妇女依旧在附近的河里洗衣服，那些学龄前的孩子在屋外玩耍，妇女和男人骑着摩托车去附近的种植园工作，村民在附近的河里钓鱼。村子的后面有一个小丛林，通常男人们有空的时候就去那里打猎。在工作日，村里非常安静，因为大多数男人都外出工作了，大多数妇女在家里洗衣、做饭和照顾孩子。由于村里信号不好，人们很少听收音机。大多数通电的家庭都有电视，人们在做日常活动时通常都开着电视。他们观看马来语、印度尼西亚语或韩语节目。有文化的人通过马来语字幕观看那些非马来语的、其他语言的节目（如果有字幕的话）。

正如许多其他的土著社区一样，闪迈人直到最近才开始从口述向读写文化转变。马来语是国家语言。虽然闪迈语（仅）是一种口述语言，但是村民们说的是马来语口语，这是他们与非闪迈人交流的媒介。在最近一项人口调查中，40岁以上的闪迈村民（在此案例研究中）约30%从未上过学，另有40%只接受过小学教育。然而，在40岁以下的人群中，只有3%的人没有上学，36%的人只接受过小学教育。因此，虽然年轻一代上学的人数增加了，但是那些只完成小学教育的人的百分比依然没有变化。

我的民族志案例研究表明这个村子很少进行读写能力实践。由于50岁的祖父母几乎没有上过学，大多数父母又早早辍学了，所以在家里几乎没有跨代的读写能力实践。有些村民想当然地认为学校教育很重要，但是却不明白学校教育如何满足他们个人需求，更不用说学校教育如何有利于整个社区了。当有人问孩子为什么要上学时，通常的回答是父母希望他们成为聪明的人。甚至孩子也回答说他们上学是为了让自己变聪明，所以，"去上学"的背后是他们认为教育很重要。

在这个村子里，作为他们日常社会活动一部分的读写活动很少。在大多数家庭中，最常见的读写材料就是孩子的教科书。有时，一些青少年告诉我他们读过一些漫画和小说，但是他们通常都不记得这些漫画或小说的名字。因此，在有关发展的文献中，有文化，能够接受更好的教育，常常被认为会带来进步和较好的社会经济地位。然而，在这个村子里，完成学业的人、辍学的人，甚至从未上过学的人，他们在找工作方面几乎没有受到任何歧视，大多数工作不是由村民的受教育程度决定的。实际上，对于那些完成学业并想继续深造的人来说，他们将不得不离开家庭去城市工作和生活。许多村民到别的地方去工作，但又回到村里生活，按照他们的说法，跟外面的生活相比,村里的生活相对容易一些,压力也小一些。

闪迈村的日常实践和活动

在口述文化中,日常实践包括观看社区长辈和其他人怎么做事,听他们说,跟他们一起做事。因此,在这个村子里,闪迈人几乎不需要开展与阅读和写作有关的读写活动。9岁大的孩子就能描述他们如何捕捉巨蜥拿来吃或卖。他们知道如何设置陷阱来抓捕村子里各种不同类型的蜥蜴,他们能从皮肤的颜色分辨出哪种蜥蜴有毒。十几岁的男孩可以帮助父亲建造传统的房子,年轻的女人可以向年长的女人学习如何编织棕榈叶做屋顶和其他用途。

乌达·侬(Uda Non)是一位70岁左右的妇女,没上过学,她告诉我如何通过观看某个时刻影子所在的位置来判断时间。她说,尽管现在人们很容易用电视、挂钟和手机来看时间。尼亚拉(Niera)是附近一所大学的一年级学生,她正在放假,她讲述了父亲如何教她钓鱼,她如何通过观察水面上的水泡来辨别水中的鱼类。

厄娜(Erna)是一位30岁左右的妈妈,有两个孩子。她15岁时就辍学了,她说只有当她的孩子带着学校表格要填写时,她才需要笔。除此之外,她家里根本不需要纸和笔。厄娜还说,她母亲曾经建议她的兄弟姐妹和她一起去上学,这样他们就不会成为文盲,至少他们可以坐对公共汽车,不会迷路。萝丝丽安娜(Rosliana)是一个15岁的女孩,13岁时辍学了,她告诉我不去上学她很开心,现在她没有功课的压力,也不会被老师训斥了。萝丝丽安娜在父母上班的时候帮忙照看房子,照顾弟弟妹妹,同时,还靠照顾邻居家的小孩赚一点零花钱。她马上就年满18岁了,达到合法的就业年龄,这样她就能在村子附近找一份工作。她告诉我只要工资合理,什么工作都可以做。

在村子里,识字还是被认为需要的,尤其对那些在村里开店和做生意的人来说。村民根据自己的需要适当地学习识字。恩契克·库洛普(Encik Kulop),四十出头,初中学历,在村里开了一家小杂货店。初中毕业后,他离开村子到一个旅游度假村工作。他做过各种各样的工作,从清洁工到园丁,再到旅馆的管家。他在度假村工作了10多年,后来因为生活成本越来越高,决定回村里去。刚开始,在村里,他卖一些村民需要的日常生活用品,每天打打零工。现在,他不打零工了,他经营着自己的商店,还扩大了商店的规模,商品更加齐全。他买了一辆汽车和一辆面包车。他妻子帮助他打理商店。有时上学的女儿,15岁的雪莱(Shelly)也会给他帮忙。恩契克·库洛普一般不把收入记录下来,他依据每个月底零用现金中的金额多少来判定生意的好坏。他也不把钱存入银行,他把所有的收入都用于家庭支出或扩大生意。恩契克·库洛普常常心算,但是遇到奇怪的或大数字的问题,他会在纸上计算,他女儿则用计算器计算。讽刺的是,2001年,某天我去村里走访,雪莱从学校回来,鼻子流着血,原来在课堂上她有一道数学题不会做,于是数学老师把她的脸重重地按在桌子上。

在 2008 年,马来西亚农村发展部实施了一项为家长举办识字教育的项目。一些来自色利村的家长参加了这个项目。这个项目分别于 2009 年和 2015 年在这个村子举办过两次,学校老师选定需要参与这个项目的家长。这些课程由一位老师在小学学校教授,每周上三次课,每次课两个小时。参加项目的家长会得到有偿的奖励:他们会得到一笔钱,用以弥补他们的工资损失,还会得到诸如食物、衣物、书籍和文具之类的补贴。这个项目是"教育根除顽固贫困所做的全部努力的一部分,……来提高土著孩子的学业成绩,鼓励他们继续上学。有子女入学的、不识字的家长可以优先参与该项目"(UNESCO 2015,p. 70)。然而,这个项目把识字作为一种技能来教授,在完成这个项目后,家长通常又回到原来的日常生活中,识字不是他们生活的一部分。

村民关于文化世界的了解和经验非常有限。这个社区几乎无法获得任何读写材料,社区成员几乎不需要具备功能性读写能力和算术能力。即使研究人员已经表明"基督教徒读写能力"在宗教需求和实践中发挥了重要作用,特别在土著社区中(Kral 2009;Kral and Falk 2004),色利村的奥朗阿什利仍然主要依赖教会中的口头翻译和解释。有时,来访的牧师主持教堂的礼拜仪式,但是村里大部分的主日礼拜由一位有文化的、能阅读并讲解圣经的村民主持。在这个社区,圣经是用马来语写的,除了一些教会成员,经常做礼拜的人并不是每天或每周都读圣经。

读写能力对未来有什么用?

表面上看来,色利村村民在日常生活实践中不进行读写活动,但是依旧有一些村民在他们社区里进行适当的、与读写相关的活动,这一点很重要。最近,我收到了一张用马来文写的婚礼请柬。这些结婚卡片只送给"外来人"——非奥朗阿什利人。对奥朗阿什利社区来说,邀请只需口头相传即可,即使远方的亲戚,他们打电话邀请。因此,婚礼请柬是一种邀请外来人参加奥朗阿什利仪式的途径。还有一次,我亲眼目睹了用马来语为传统的侧旺舞(Sewang)谱写和演唱的歌词,这也是出于考虑非奥朗阿什利观众而为之。

此外,使用手机还促使了这个社区的村民在日常实践中进行读写活动。由于没有固定电话,大多数人都有手机。因此,这个村子也可以上网。许多村民都有免费接收短信和通话的软件,比如:WhatsApp、微信和脸书等。然而,手机用户得承担打电话和上网的费用,这限制了手机在村里使用。为了能够编辑短信,由于闪迈语不是书面语言,手机用户根据词的发音来拼写生词,读者有时只得根据对话的上下文猜测词的意思。

一些早期关于这个社区的读写项目表明（Kral and Renganathan 2018；Renganathan 2009），社区成员对参与读写实践很感兴趣，这些读写实践对这个社区意义重大。自2008年我见到酋长以来，他一直热心于这个社区的教育和读写项目。事实上，最近他在原住民事务局的资助下在村里自家地上建起了一个行政兼读写中心（Makmal Info Desa，或者乡村信息中心），他希望这个配有一间行政办公室、一间计算机实验室和两间教室的中心能很快全面地运作起来。

跟读写有关的活动和实践正在慢慢地渗入到这个社区。虽然读写能力作为一种社会实践在这里还处于起步阶段，但是随着手机的出现，人们对阅读和写作的兴趣提高了。需要注意的是，虽然村民生活在一个封闭且相当孤立的环境中，但是随着互联网的到来，他们正在慢慢地与外界联系起来。

总　结

关于奥朗阿什利读写需求和读写实践的研究表明，对色利村的村民来说，阅读和写作目前还没有成为他们家中和村里日常活动的一部分。但是村民似乎看到了一种"想象的轨迹"，在这种轨迹中，教育可以带给他们美好的未来，尽管奥朗阿什利对学校教育如何能满足孩子和整个社区的需求感到有些矛盾。

目前，学校教育和成人识字班完全与这个社区的教育需求和读写需求脱节。同样地，不只这个村里，在马来西亚许多奥朗阿什利村里，读写仍然处于初级阶段。虽然这些社区已经进入扫盲的进程之中，但是仍然还有很长的路要走。如果包含读写学习和读写实践的教育对这个社区有意义的话——对这个社区在决定什么跟他们相关，什么是他们所需的方面起积极作用的话，这个进程就会得到支持和鼓励。在奥朗阿什利村，数字读写能力的出现和普及非常明显。手机不仅是必要的，而且，在土著社区环境下，它已成为一种有意义的连接读写实践的媒介。村民参与数字读写的社会实践很明显，因此，对奥朗阿什利的年轻一代来说，有知识、有文化开始变得很重要，也很有意义。

在学校教育和教育如何满足他们社区需求的方面，本文强调在奥朗阿什利之中存在一种矛盾，老一辈也宣称奥朗阿什利传统的知识和文化正在消失，因为没有人记录和保护它们。作为闪迈语的母语者，闪迈人如今正见证着他们将马来语——有时英语——带入他们的对话中，有些闪迈语生词和闪迈传统正在慢慢消失。因此，为了保持奥朗阿什利知识和文化的可持续性，任何涉及读写、学校教育和教育的实践都必须认识到土著和地方传统的重要性。此外，在地方知识和传统永远消失之前，当务之急就是保存和保护好它们。

（舒敬斌　译）

参考文献

Ahearn, L. M. (2001). *Invitations to love: Literacy, love letters, and social change in Nepal*. Ann Arbor, MI: University of Michigan Press.

Ahearn, L. M. (2004). Literacy, power and agency: Love letters and development in Nepal. *Language and Education*, 18(4), 305–316.

Alphonsus, A. (2011, 8 November). Empowering the sons of toil. *Free Malaysia Today*. http://www.freemalaysiatoday.com/category/nation/2011/11/08/empowering-the-sons-of-toil.

Andaya, B. W., & Andaya, L. Y. (2001). *A history of Malaysia*. Basingstoke: Palgrave.

Besnier, N. (1995). *Literacy, emotion, and authority: Reading and writing on a Polynesian atoll*. Cambridge: Cambridge University Press.

Chupil, T., Joseph, J., & Komas, P. (2003). *Creating knowledge for change: A case study of Sinui Pai Nanek Sengik's educational work with Orang Asli communities in Malaysia*. Malaysia Indigenous Education Program case study. Mumbai: ASPBAE Indigenous Adult Education Case Study Series.

Doronilla, M. L. (1996). *Landscapes of literacy: An ethnographic study of functional literacy in marginal Philippine communities*. Hamburg: UNESCO Institute for Education.

DOSM [Department of Statistics Malaysia] (2008). Population and housing census of Malaysia, 2000. *Orang Asli in Peninsular Malaysia*. Monograph Series, no. 3. Putrajaya: DOSM.

Endicott, K. (Ed.) (2016). *Malaysia's "original people": Past, present and future of the Orang Asli*. Singapore: National University of Singapore Press.

Gardner, K., & Lewis, D. (1996). *Anthropology, development and the post-modern challenge*. London: Pluto Press.

Gaskins, S., & Paradise, R. (2010). Learning through observation in daily life. In D. Lancy, J. Bock, & S. Gaskins (Eds.), *The anthropology of learning in childhood* (pp. 85–118). Plymouth: AltaMira Press.

Greenfield, P., & Lave, J. (1982). Cognitive aspects of informal education. In D. A. Wagner & H. W. Stevenson (Eds.), *Cultural perspectives on child development* (pp. 181–207). San Francisco, CA: Freeman.

Heath, S. B. (1983). *Ways with words: Language, life and work in communities and classrooms*. Cambridge: Cambridge University Press.

Kamaruddin, K., & Jusoh, O. (2008). Educational policy and opportunities of Orang Asli: A study on indigenous people in Malaysia. *Journal of Human Resource and Adult Learning*, 4(1), 86–97.

Kamsin, I. F., Din, R., Khalis, F., Salleh, N. S., Hamdan, A., & Manaf, S. Z. (2015). *Learning styles of Orang Asli students*. Paper presented at the 5th International Conference on E-learning (ICeL), 26–28 May 2015, Kota Kinabalu, Sabah, Malaysia.

Kral, I. (2009). Oral to literate traditions: Emerging literacies in remote aboriginal Australia. *TESOL in Context*, 19(2), 34–49.

Kral, I., & Falk, I. (2004). *What's all that learning for? Indigenous adult English literacy practices, training, community capacity and health*. Adelaide: NCVER.

Kral, I., & Renganathan, S. (2018). Beyond school: Digital cultural practice as a catalyst for language and literacy. In G. Wigglesworth, J. Simpson & J. Vaughan (Eds.), *From home to school: Language practices of indigenous and minority children and youth*. London: Palgrave Macmillan.

Kulick, D., & Stroud, C. (1993). Conceptions and uses of literacy in a Papua New Guinean village. In B. Street (Ed.), *Cross-cultural approaches to literacy* (pp. 30 – 61). Cambridge: Cambridge University Press.

Lewis, D. (2005). *Anthropology and development: The uneasy relationship*. London: LSE Research Online. http://eprints.lse.ac.uk/archive/00000253.

Md Nor, S., Roslan, S., Mohamed, A., Hj, K., Hassan, A., Ali, M. A. M., et al. (2011). Dropout prevention initiatives for Malaysian indigenous Orang Asli children. *International Journal on School Disaffection*, 8(1), 42 – 56.

Means, P. (Ed.) (2011). *The story of the Sengoi mission*. Singapore: Genesis Books.

MOEM [Ministry of Education, Malaysia] (2004). *The development of education*. National Report of Malaysia. Kuala Lumpur: Ministry of Education.

MOEM (2008). Malaysia education for all. *Mid-decade assessment report 2000 – 2007: Reaching the unreached*. Unpublished manuscript. http://unesdoc.unesco.org/images/0022/002217/221790e.pdf.

Mohd Tap, S. (1990). *Planning and administration of development programmes for tribal peoples: The Malaysian setting*. Kuala Lumpur: Department of Orang Asli Affairs.

MRRD [Ministry of Rural and Regional Development] (2005). *The development of the Orang Asli community in Peninsular Malaysia: The way forward*. Paper presented at the international conference on the indigenous people, 4 – 5 July, Kuala Lumpur, Malaysia.

Nadchatram, I. (2007). *Folklore inspiration to improve Malaysian Orang Asli children's literacy*. Kuala Lumpur: UNICEF Malaysia.

Nah, A. M. (2008). Recognizing indigenous identity in postcolonial Malaysian law: Rights and realities for the Orang Asli (aborigines) of Peninsular Malaysia. *Journal of the Humanities and Social Sciences of Southeast Asia*, 164(2 – 3), 212 – 237.

Nicholas, C. (2005, 4 – 5 July). *Integration and modernization of the Orang Asli: The impact on culture and identiy — Kuala Lumpur*. Paper presented at the 1st International Conference on the Indigenous People, organized by the Centre for Malaysian Pribumi Studies, University of Malaya, Ministry of Culture, Arts & Heritage, Department of Museums & Antiquities, and the Department of Orang Asli Affairs, Kuala Lumpur, Malaysia.

Nicholas, C. (2006). *The state of Orang Asli education and its problems*. Section of consultancy report presented at Human Rights Commission of Malaysia (SUHAKAM). http://www.coac.org.my/codenavia/portals/coacv2/images/articles/OA%20Education.pdf.

Prinsloo, M. (1995). Provision, acquisition and culture: Literacy research in South Africa. *International Journal for Educational Development*, 15(4), 449 – 460.

Prinsloo, M., & Breier, M. (Eds.) (1996). *The social uses of literacy: Theory and practice in contemporary South Africa*. Philadelphia, PA: John Benjamins.

Renganathan, S. (2016). Educating the Orang Asli children: Exploring indigenous children's practices and experiences in schools. *The Journal of Educational Research*, 109(2), 275 – 285.

Renganathan, S., & Chong, S. L. (2009). *Disparity in school's literacy practices and that of home: Understanding Orang Asli children's educational needs in Malaysia*. Paper published in the proceedings of the 2009 International Conference on Social Sciences and Humanities, ICSSH, 9 – 11 October (pp. 340 – 344). Singapore.

Renganathan, S., & Chong, S. L. (2010). *Exploring multiliteracies and social practices of the Orang Asli children in Perak*. Report submitted to the Educational Planning and Research Division, Ministry of Education, Kuala Lumpur, Malaysia.

Renganathan, S., Chong, S. L., & Valenzuela, J. (2011). Living literacies: The Orang Asli project. *Arts and Social Science Journal*, 27, 1 – 6.

Robinson-Pant, A. (2000). *Why eat green cucumbers at the time of dying? Women's literacy and development in Nepal*. Hamburg: UNESCO Institute for Education.

Rogers, A. (2014). *The base of the iceberg: Informal learning and its impact on formal/non-formal learning*. Study Guides to Adult Education. Opleiden: Barbara Badruch.

Rogers, A., & Street, B. (2012). *Literacy and development*. London: NIACE.

Sani, N., & Idris, A. H. (2013). Implementation of Linus programme based on the model of Van Meter and Van Horn. *Malaysian Online Journal of Educational Sciences*, 1(2), 25 – 36. http://files.eric.ed.gov/fulltext/EJ1086225.pdf.

Schieffelin, B. B., & Gilmore, P. (Eds.) (1986). *The acquisition of literacy: Ethnographic perspectives*. Norwood, NJ: Ablex.

Schieffelin, B. B., & Ochs, E. (Eds.) (1986). *Language socialization across cultures*. Cambridge: Cambridge University Press.

Street, B. V. (Ed.) (1993). *Cross-cultural approaches to literacy*. Cambridge: Cambridge University Press.

Street, B. V. (1994). Cross-cultural perspectives on literacy. In J. Maybin (Ed.), *Language and literacy in social practice* (pp. 139 – 150). Clevedon: Multilingual Matters.

Street, B. V. (1995). *Social literacies: Critical approaches to literacy in development, ethnography and education*. London and New York: Longman.

Street, B. V. (Ed.) (2001). *Literacy and development: Ethnographic perspectives*. London and New York: Routledge.

Street, B. (2003, October). *Alternative approaches to literacy and development*. Unpublished paper for the UNESCO Brazil Teleconference "Literacy and Diversity", Rio de Janeiro.

UNESCO (2015). *Education for all 2015 national review report: Malaysia*. http://unesdoc.unesco.org/images/0022/002297/229719E.pdf.

United Nations (2005). *Malaysia achieving the Millennium Development Goals: Success and challenges — Malaysia*. Millennium Development Goals report. United Nations Country Team. https://www.unicef.org/malaysia/Malaysia_Achieving_the_Millenium_development_Goals-_success_and_challenges.pdf.

United Nations (2011). *Millennium Development Goals at 2010 — Malaysia*. Malaysia Millennium Development Goals. United Nations Country Team. https://www.unicef.org/malaysia/Malaysia-MDGs-Progress-Report-2010.pdf.

Wahab, N. A., Mustapha, R. B., & Ahmad, A. R. (2016). The roles of administrators in aboriginal schools: A case study in a Malaysian state. *International Journal of Social Science and Humanity*, 6(5), 370 – 374.

Wong, B. W. K., & Perumal, C. (2013). Issues of teaching and learning in a primary school of Orang Asli: A case study of Sekolah Kebangsaan Senderut, Kuala Lipis, Pahang. In S. Gusni, S. Sanib, & S. A. Sharifah (Eds.), *Issues in development in Malaysia and Nigeria: Multi-dimensional approaches* (pp. 36 – 47). Sarawak: Institute of East Asian Studies.

Wotherspoon, T. (2014). Seeking reform of indigenous education in Canada: Democratic progress or democratic colonialism? [online]. *AlterNative: An International Journal of Indigenous Peoples*, 10(4), 323 – 339. http://search.informit.com.au/documentSummary; dn = 817419632266180; res=IELIND.

趋势/案例

西方教育：适用于所有人？
西方的流浪者、边缘人群和土著教育

朱丽叶·麦卡弗里*

在线出版时间：2017年11月27日
©联合国教科文组织国际教育局 2017年

摘　要　本文质疑西方教育适用于所有人这一观点。我从教多年，很清楚教育的目的：儿童和成人需要会读写和受教育，从而在现代社会生活。我于2004年至2011年在英国研究吉卜赛人和流浪者对于学文化和受教育的经历和态度，发现他们受教育的程度很低，对主流文化存在文化分离和不信任。我还在西方国家研究了其他少数人社区——欧洲的罗姆人和萨米人、美国和加拿大的北美印第安人和阿拉斯加原住民，澳大利亚原住民，我的研究显示出令人沮丧的相似，包括因为他们教育方面的失败指责这些社区。萨米人已经成功争取到和他们的文化更为相关的教育，但在其他地方，变化却很少。西方政府提供的教育似乎主要是为了同化，而不是服务。为边缘化人群、流浪者和土著人群提供有意义的教育将需要一个积极的范式转变。

关键词　读写能力　教育　边缘化　土著　流浪者

西方认为学会读和写是教育的关键。读写能力可以是在多元化的、多变的、多维度的后现代社会里的解放过程，在此过程中，所有的人群都尊重、欢迎彼此不同的价值观、生活方式、宗教活动和文化活动，但是读写能力和教育也可以被看作是全球化过程中一个压迫人的部分，构建规范的国家身份，把占统治地位的价值观强加给

---

* 原文语言：英语

朱丽叶·麦卡弗里(英国)

英国扫盲促进发展协会(BALID)秘书，苏塞克斯大学助理研究员，国际顾问。麦卡弗里主要研究读写、性别和平等。她曾研究美国、英国的布莱顿和伦敦的学校和成人读写，在英国文化委员会担任性别干事。她曾在撒哈拉以南非洲、中东和印度次大陆工作过。在当选为英国文化委员会委员后，她对英国吉卜赛人和爱尔兰流浪者产生兴趣，并开始研究他们对教育的态度。她的研究兴趣是读写和边缘化群体。

电子信箱：juliet.mccaffery@gmail.com

通信地址：British Association for Literacy in Development (BALID)，38, Clermont Terrace, Brighton BN1 6SJ, UK

他们，从而同化他们，让他们失去土著文化和他们的流浪文化。

西方的教育模式已经出口到世界各地。多年的教育援助，来自联合国教科文组织全球监控报告(2006,2015)和联合国教科文组织统计研究所(2015)的数据显示七亿五千七百万的成人和一亿一千五百万的儿童(其中三分之二是女性)，仍然缺乏基本的读写技能。联合国教科文组织统计研究所的数据显示，在2013年，五千九百万，也就是十一分之一的儿童辍学。儿童上学但没有学会读写这一问题也同样让人不安。

潘卡基·米什拉(Pankaj Mishra 2015)在《卫报》上撰文批评了认为全球资本主义将带来繁荣和和平的后启蒙的概念及其推论：一个貌似提供物质充裕和个体自我实现但其实并非如此的教育制度。米什拉的文章(2015)认为，人们对于该教育制度没有满足他们物质安全的希望感到失望，简而言之，他们持续的贫困，已经导致嫉妒和沮丧，从而让他们不信任银行系统，不相信一些极端组织会带来暴力行为。中东的形势总是上头条，但这并非西方教育没有取得预期效果的唯一地区。埃及和尼日利亚是1997年至2004年期间成功的国际发展部出资、英国文化委员会管理的教育项目的接受者。但是，在短暂的阿拉伯之春后，埃及转而成为军事政府，尼日利亚西北部已经出现原教旨伊斯兰教徒们的"博科圣地"(在其统治下，禁止西方教育)，他们认为英国的殖民主义者把西方非伊斯兰生活方式强加给穆斯林，不尊重他们的文化或宗教，要消灭他们的生活方式(Peters 2014；Smith 2014)。

我们需要对西方教育及其是否适用于不同文化做更深一步的研究。研究内容包括提供的教育的相关性，指导的语言，文化和宗教维度，以及他们对于土著和流浪人群的影响。

出版于1946年的《上加拿大的初级教育体系》明确指出教育的根本目的是：

……使接受教育者有资质并给予他们作为基督徒、工作者同时也作为文明社会的成员从事适当的工作，享受生活的指导或规范。

格里芬和麦克因睿(Griffin and MacEinri 2014)认为西方教育的主导范式：

……已经变成公开的种族政策和歧视行为，或者不恰当的规定，或者事实上在主流课程中表达不言而喻的信息，从而表现出国内教育体系内的冷漠。

理论建构

"教育(education)"一词来自拉丁语"ducere"(意思是"领导")；"读写能力(literacy)"一词来自拉丁语"literatus"(意思是能够读和写，受教育的，有文化的，聪明的);"文盲(illiteracy)"一词来自"illiteratus",意思是"不能读和写,没有受过教育的,无知的"(MWD 2009;OED 2009)。在大多数国家,会读写的受过教育的人把那些文盲视为无知。不幸的是,很多文盲和几乎文盲也接受这种描述。人类学家如古迪(Goody 1977)和心理学家如奥尔森(Olson 1994)把读写能力的获得和抽象思维涉及的更高的推理过程这一认知活动联系起来,从而把读写能力和达尔文的进化论观点联系起来。这就导致了会读写的人和不会读写的人之间、开化的和未开化的人之间的巨大差别。

这些缺陷论受到斯特里特(Street 1984)及其他人的指责,他们认为所有的语言和方言都有平等的价值,抽象思维的发展不依赖文本读写能力的获得。拉波夫(Labov 1973)的质疑引用了他对纽约的美国黑人俚语的分析,该分析显示抽象的推理明显存在于他们的语言交流中。斯克里布纳和科尔(Scribner and Cole 1981),希思(Heath 1983)和斯特里特(Street 1984)开始了一个新的跨学科领域的研究,并提出一个词叫"新读写能力学习"。他们认为如果教学的重点放在成人学习者能够在日常生活中使用的语言和交际活动,较之从国家的识字本学习,他们会学得更快。其他的社会理论学家也在更为宽广的意义上谈论过这些问题。例如,布尔迪厄(Bourdieu 1991)认为教育的存在是为了复制已经建立的社会结构,但是这个复制是经由一个文化机制而不是经济机制(Grenfell 2012, p.56)。福柯(Foucault 1972)认为这种力量是经由语言和论述体现,可能会很微妙,不容易被识别。费尔克劳(Fairclough 2003)认为:

> 语言并非只是在交流意义:它控制、构建、定位;它是政治和意识形态的建立、保持和改变的权力关系,其本身就相当于一个战场。(p.67)

这个控制的概念和边缘化人群的教育尤为相关。EFA 全球监控报告(UNESCO 2007,p.120)评论了非土著人群、游牧人群和土著人群的读写能力程度的巨大反差,详述了在不同的后殖民时期经济落后的国家的这些反差,大部分观点概述收录在《了解边缘化人群》(UNESCO 2010)这一报告中,但是该报告也指出:

> 富有国家的边缘化人群问题没有得到国际论争的足够关注。对北美印第安人、澳大利亚原住民和新西兰的毛利人而言,歧视、污蔑和社会崩溃瓦解的迹象在教育数据中显而易见。(p.158)

同一份报告提到了欧洲罗姆人的边缘化问题,但是没有提到住在斯堪的纳维亚北部地区的欧洲土著萨米人,只简短提到吉卜赛人和爱尔兰流浪者。几百年来,早在殖民地时期之前,这些人群已经成为欧洲人口的一部分。他们的情况不应和19世纪20世纪来自亚洲和非洲的移民的争议相混淆。欧洲边缘化人群的经历和北美、澳大利亚原住民非常相似。因为主流文献很少提到这些人群,我简要描述他们的历史、文化和受教育经历,但是鼓励读者更进一步地研究这些人群,因为我在这篇短文中只是做了简单概括。

英国吉卜赛人和爱尔兰流浪者

估计有30万到40万英国吉卜赛人和爱尔兰流浪者居住在英格兰。在北爱尔兰、苏格兰和威尔士,他们的人口要少得多,大约两千人。

英国罗曼尼吉卜赛人(下文简称为"吉卜赛人")是大约一千年前或更早时离开印度北部的罗姆人的后裔。尽管历史学家对他们的历史和离开家乡的原因有争议,但他们都一致认为吉卜赛人有发源于北印度的共同的文化和语言。这些人群走过不同的路线穿过欧洲——包括一个穿过埃及,从而得名"吉卜赛"(Acton and Kenrick 1991;Kenrick 1998;Okely 1983)。吉卜赛人于16世纪初到达英国。他们是白人,外表与欧洲血统的英国人没有什么分别,所以他们不符合游牧民族或者典型少数民族的外表特征。

传统的吉卜赛人文化是流浪的文化,但是定居人群的敌意减少了流浪人口的数量,这种敌意也带来法律上的障碍和实际障碍。在英国,只有25%的吉卜赛人保留了流浪的生活方式,75%的人住在永久公共居留地、他们的私人房屋(CRE 2006)。他们的文化强调洁净、自由职业和强烈的群体身份感。尽管他们的语言被认为面临灭绝,但很多人仍然讲安格鲁玛尼语,该语言把英语的句法语法和罗姆语的词汇结合起来。法律规定他们不可进入以往的停留地——公共用地和路旁。1959年的高速公路法令规定住在路旁或者在路旁兜售物品是犯罪。1994年,刑事审判与公共秩序法令(CJPOA)规定未经授权露营非法。该法令的第61条款和第61a条款划定了警方可以在哪些停留地驱赶吉卜赛人。

1968年,大篷车驻地法令规定议会有义务为吉卜赛人提供驻地,但是很多当地政府都忽略该法令。其他地方政府照章办事。到2006年为止,75%的吉卜赛人和流浪者居住在当地的居留地或私人住宅(CRE 2006)。很多人购买了土地,但是过去和现在政府都不允许他们规划这些土地(ACERT 1997;McCaffery 2012)。2011年,仅仅在英格兰东部,仍需要三千多个吉卜赛人和流浪者居留地。

20世纪末之前,吉卜赛人和爱尔兰流浪者很少上学。即便是现在,很多成人也从未上过学。他们不重视读写能力和教育,这些也不会影响他们的自尊心或社会地位。无论是以前还是现在,其他的能力和技能更为重要(Levinson 2007;McCaffery 2012)。1966年夏,志愿者在霍恩彻奇的废弃的小型机场建立并管理英国的第一所吉卜赛人学校（Levinson 2007）。

由于缺乏很多系统的学术研究，这就意味着吉卜赛人和流浪者的教育"在过去一直处于被推测状态"（Levinson 2007，p. 19），目前仍是一个新的调查领域（Worrall 1979）。在 20 世纪 60 年代之前，我们没有认真地努力把吉卜赛人和流浪者的儿童纳入教育体系（Acton 2004，Acton and Kenrick 1991，Clark and Greenfields 2006，Kenrick and Clark 1999，Waterson 1997）。政府的政策文件、《全国教育标准办公室》（OFSTED）的报道以及欧盟政策文件对此历史有过详述。

在 20 世纪 70 年代，志愿者们继续为发展吉卜赛人和流浪者的教育而努力。这十年当中，当地政府逐步接受了教育吉卜赛人和流浪者的必要性，但是很少鼓励他们的孩子上学。很多学校干脆拒绝接收他们（Waterson 1997，pp. 129－151）。政府对此的反应是在 1981 年的教育法令中增加了一个新的重要条款，让当地政府有义务为他们当地的所有孩子提供教育。当地的议会可以为这些吉卜赛人和流浪者的学生额外申请 25% 的财政支持（Kenrick and Clark 1999，p. 167）。

2003 年，至少有 7 万到 8 万名吉卜赛和流浪者儿童被学校录取，但是听课率却相对低，只有 84% 的 5 岁到 11 岁的儿童上学，而读中学的只有 47%。2008 年（DCSF 2008b），吉卜赛人和流浪者的孩子的旷课率是全国的四倍。2010 年，20% 的儿童无法升入中学。在升入中学的孩子当中，50% 辍学或者小于法定离校年龄时被开除。GCSE（普通中等教育证书，General Certificate of Secondary Education）的学业水平是 30% 左右，低于全国水平的一半。GCSE 通过率低于 50% 的另一个群体是加勒比黑人小学生，比率是 49%。尽管全国都在提高通过率，数据显示更多的吉卜赛人、罗姆人和爱尔兰流浪者的儿童在特殊教育学校。

无论是他们的生活方式还是融入主流群体方面，五十多年的正规教育并未达到很多英国罗姆吉卜赛人和爱尔兰流浪者的要求。

爱尔兰共和国

在爱尔兰共和国，450 万总人口当中，流浪者的人口有 36 000 人（CSO 2012）。最近的 DNA 分析显示他们的基因图谱基本是爱尔兰人，不是罗姆人，尽管他们也许是一千年或更长时间里罗姆人的一个分开的、族内通婚的部分（O'Hanlon 2004，p. 27）。他们的文化为何、何时从凯尔特人口中分出来，我们尚不得而知。他们的语言贡农语混杂着当地词汇，像盎格鲁罗姆语一样，是用来防止外人听懂。法律上，他们被认为是另外一种文化，但是，在文本时代，他们在爱尔兰共和国不像在英国那样有民族地位。尽管这样，他们的文化和英国的罗姆吉卜赛人的文化很相似，都强调卫生和洁净，也有流浪和自由职业的传统。

1963 年，巡查委员会（1963）公布只有 114 名小学年龄的流浪者儿童按时上学。

爱尔兰的第一所流浪者学校由格拉顿·帕克斯顿(Gratton Paxton)于1963年在都柏林一个非正式的宿营地建立。该校一周内就被烧毁。第二所学校于次年建成,由天主教会管理(Kenrick 1998)。巡查委员会(1963)公布,1989年有4 200名儿童——或者说是75%的小学学龄儿童——在上学。流浪者一直在单独的学校上学,直到2006年政府关闭了最后一所纯流浪者儿童学校。

2006年,政府颁布了流浪者融合策略。到2011年为止,停止所有只面向流浪者儿童的教育。2010年,8 000名流浪者小学生中几乎80%得到RTTs(流浪者教师资源)的支持,这意味着这些儿童有学习缺陷和困难。在20世纪80年代,注册人数从零,到2009—2010年已上升到3 024名学生,但是只有103名十七八岁的学生完成学业(O'Hanlon 2014)。

欧洲罗姆人

吉卜赛人和爱尔兰流浪者在教育体系面临相当大的困难,但是罗姆人和萨米人的状况要糟糕得多。传统上讲,这两个群体以前都是游牧人群,但是大多数人现在通常在非常简陋的居所定居下来。由于在他们的祖国,尤其是罗马尼亚和保加利亚的条件差,很多人为了寻求更好的条件而西行。800万到1 200万的罗姆人和辛提人目前居住在西欧,其中有四分之一以前居住在前东欧集团(IPPR 2011)。欧汉龙(O'Hanlon 2016)详细描述了西欧和东欧在政策和做法方面的不同。意大利有14万罗姆人,英国有25万,法国有40万,西班牙有70万,通常都是居住在未经授权的营地(O'Hanlon 2014,p.35;2016)。在所有欧洲国家,罗姆人的失业率比少数群体的失业率高,罗姆人的健康和教育状况更糟糕。

欧洲基本人权机构(FRA)已经出过几份欧洲罗姆人的报告。2012年发布的有关教育方面的报告显示,平均有14%的处于义务教育年龄段的罗姆人孩子不上学,而在同一个地区,同等年龄段的非罗姆人孩子只有3%不上学。

年轻一代的罗姆人的教育的参与率在提高,但是在希腊,44%的16岁以上的人从来没有上过学。这个数字在葡萄牙是32%,在罗马尼亚和法国是24%(FRA 2014,p.33)。在五个国家——希腊、西班牙、法国、葡萄牙和罗马尼亚,超过90%的罗姆人孩子在完成中学高年级教育或者获得职业资质之前退学,三分之二在16岁完成义务教育前退学。我们采访的罗姆人孩子当中,有20%说他们不会读写。在希腊,情况很严重:调查对象中有一半人说他们不会读写。在葡萄牙,这个数字是35%。在罗马尼亚,这个数字是31%。在法国,这个数字是25%。即使是已经有了最好效果的捷克斯洛伐克和波兰,20岁至24岁的人当中完成中学高年级学习的人也不到30%。

萨 米 人

萨米人人口不到 20 万,是一个相对而言比较小的种族群体,他们居住在欧洲最北部的地区。现在,他们常被称为驯鹿牧人。萨米人的来历不明。他们也许在上一个冰川时期(公元前 20000—前 16000 年)就居住在现在居住的与其他欧洲人隔绝的地区。

萨米人居住在四个欧洲国家。最大的一部分有 5 万到 6.5 万人,居住在挪威。1.5 万到 2 万人居住在瑞典。1 万人居住在芬兰。2000 人居住在俄罗斯。萨米人和芬兰人有密切的渊源。他们的语言都是非印欧语系,属于芬兰-乌戈尔语族。DNA 和文化证据也显示出欧洲人的影响,说明他们是在冰川时期后从南部搬到了北部。对萨米人来源的研究还在继续(Aikio 2004)。目前,他们使用九种不同的语言,包括一些方言,尽管这些语言都面临失传。这些语言相互有关联,所以他们彼此可以听得懂。有关他们的历史、文化和教育的重要研究(Keskitalo et al. 2014; Kuokkanen 2000; Skuttnab-Kangas and Dunbar 2010)似乎没有渗透到文化和驱逐的更为宽广的学术对话中。

萨米人的历史包括由 20 世纪进入挪威的基督教教会引导的长期的同化。17 世纪,路德教会的传教士来到挪威。他们鼓励萨米人讲他们的传教语言芬兰语从而将其从异教徒的路上拯救过来。萨米人的孩子在年幼时被有组织地和他们的父母分开,送到路德教会管理的离父母很远的宿舍或寄宿学校,其明确目的就是把他们同化到主流文化中来。这些寄宿学校后来被政府接管。挪威和瑞典通过了法律禁止在学校和家庭使用萨米语。从 1800 年到 20 世纪 60 年代末,所有四个国家的政策都是同化政策(Keskitalo, Uusiautti, and Maatta 2014)。

和萨米人不同,英国吉卜赛人和流浪者的孩子没有和父母分离,但是在同化政策很明确的澳大利亚和北美,这种做法如果不是标准操作,也很普遍。

澳大利亚原住民

澳大利亚原住民是 65 000 到 75 000 年前从欧洲人和亚洲人分离出来的。他们从南亚迁徙到澳大利亚。澳大利亚原住民比其他任何非洲以外的人都更早地占据这块土地(Broome 2016; Currie 2008)。估计在 1788 年,澳大利亚原住民和托雷斯海峡原住民的人口约 32 万人,但是到 1900 年减少至 60 700 人。到 2011 年,澳大利亚原住民的人口又增至 669 900 人,是整个澳大利亚人口的 3%。

从澳大利亚成为殖民地开始,殖民者就开始统治原住民。澳大利亚殖民政府和澳大利亚联邦都不承认原住民的自治权(Partingon and Beresford 2012)。

贝雷斯福德(Beresford 2012)对澳大利亚原住民的教育历史做了清晰的描述。澳大利亚统计局(2010)提供了有关澳大利亚原住民人口的详细信息和数据,是以下几段信息的主要来源。

2009年,18%的处于工作年龄的澳大利亚原住民处于失业状态,他们的周薪是非原住民人口的58%。他们的身心健康和孕妇健康更差,婴儿死亡率更高。正如尤哈来(Euahalay)部落的农民和首领迈克·安德森(Michael Anderson)在2015年所说,"你随便说什么不好的事情,我们都有"。

20世纪60年代之前一直是州政府负责土著的教育。他们的含蓄做法是基于白人种族优越和对原住民作为一个种族的恐惧的缺陷模式。该政策通过把白人和原住民隔离、同化,最终把后者吸收进白人群体来解决这个"问题"。2015年,迈克尔·安德森(Michael Anderson 2015)说这时政府采取的依然是这个政策。到了1970年,几万名原住民儿童和他们的家人分离。不同教派的基督教会在安置原住民儿童方面起了主要作用。尽管不同的州采取略微不同的做法,但共同的做法是让原住民儿童信奉基督教,教育他们学会在艰苦的条件下做体力活,和那些对原住民文化了解甚少也无多少尊重的受过一点培训的人一起居住。

1996年,该政策有所变化,政府开始尝试改善原住民的教育效果。2006年,21.9%的原住民小学生完成了12年级的学习,5.2%读完大学。但是,在一些地区,出勤率仍然很低——如北部地区,这里38%的人口是原住民(全国人口的4%是土著)。2004年,澳大利亚所有老师中仅有0.7%是原住民。

由于145种原住民语言当中110种面临灭绝,联邦政府宣布了一项原住民语言政策以——在所有的目标中——支持原住民儿童在学校学习他们自己的语言。由于联邦政府不提供财政支持,该政策收效甚微(Beresford 2015)。

北美印第安人和阿拉斯加原住民

如同在澳大利亚的情况,北美的殖民政策也旨在摧毁土著文化。原住民目前有130万人口,占加拿大总人口近4.5%。在美国,原住民有500万人,占美国总人口的1.6%。(该人口在1900年减少至237000人,进入20世纪后又开始回升。)美国人口普查显示,1970年至2000年期间,北美印第安人(AI)和阿拉斯加原住民(AN)的人口(我采用的是Cherubini[2014, p. 149]使用的系统命名法)翻了一番还多,从100万增至近250万。其中一半居住在农村,不到三分之一的人住在居留地(Reyhner 2006)。

AI(北美印第安人)有500个不同的"部落",各自有自己独有的文化,目前他们有200种语言。但是,尽管他们的人口增长了,但由于联邦政府和州政府的"美国化"教育政策,这些语言正在消失。

北美印第安人的教育遵循欧洲的传统。天主教和新教基督徒认为他们的宗教是魔鬼的宗教,他们给印第安人提供早期教育的重点是让他们改信基督教。

1824年,美国政府成立了印第安人事务办公室。该办公室最臭名昭著的法令之一是逼迫切罗基人从他们的土地搬到现在的俄克拉荷马州,由此切罗基人有了"血泪之路"一词。

1889年,内政部部长的年度报告指出,"印第安人必须遵循'白人的做法',如果他们愿意就和平地遵循,如果反抗则武力逼迫他们就范"(美国印第安人事务办公室1889)。1900年,美国政府建立了自己的教会学校和印第安人居留地外的寄宿学校(Marker 2000;Smith 2009)。目的是让他们离开居留地,融入白人社会。在20世纪30年代,罗斯福总统引入了一个文化敏感教育政策,但是不久就取消了。

2000年,全国阅读教育进展评估显示,印第安人的阅读熟练程度(17%)还不到四年级白人小学生的一半(40%),数学程度也不到一半(14%对34%)。

在加拿大和美国,政府把阿拉斯加原住民(AN)的儿童从他们的家里带走,依照欧洲中心的认识论和传统教育他们(Miller 1996)。政府让他们远离

> ……在政府看来在传统的土著群体中学到的迷信和不开化的行为,依据基督教的信仰体系教育他们,将其社会化。(Cherubini 2014,p.150)

在加拿大和美国,寄宿制学校

> ……旨在摧毁土著儿童的民族身份的所有方面,使其成为一种既不是原住民也不是白人的影子人,他们将放弃他们野蛮的过去。(Marker 2000,p.80)

凯鲁比尼(Cherubini)认为,这些行为等于语言和文化的大屠杀,扼杀了很多原住民的知识、文化渊源和身份认同(2014,p.150)。

因此而导致的教育供给和获得的不平等需要改变。不尽如人意的原因很复杂,如上文所述,包括殖民历史、种族主义、偏见,还包括不为课程认可或提及的文化差异。这些问题在下文中将有阐述。

种族主义和偏见

贝雷斯福德(Beresford 2015)研究过种族主义和偏见对吉卜赛人和流浪者的教育经历的负面影响。在英国,主流的定居群体针对吉卜赛人和爱尔兰流浪者的恶毒且充满偏见的言论令人震惊(Fairclough 1992,p.110,1999,pp.120-121;McCaffery 2012)。爱尔兰共和国人民表示出相似的偏见,频繁地将流浪者描述成离

经叛道、可悲又贫穷的罪犯(O'Connell 1994)。爱尔兰于1947年独立后,形形色色的群体和个人把流浪者视为现代社会中落后和不适宜的人。爱尔兰颁布了禁止在路旁停留的法律,这比1994年颁布此项法律的英国还早几年。

在很多国家,罗姆人过去和现在一直在地方和政府层面受到抵制(UNICEF 2007)。2008年,意大利政府官员发起抵制罗姆人的运动(Walker 2008)。2009年,100名罗姆人受到多次攻击,不得不离开贝尔法斯特(BBC 2009)。2010年,法国政府毁掉了200个罗姆人聚集区,将1 000名罗姆人驱逐到罗马尼亚(Astier 2014)。2014年,19 300名罗姆人被驱逐出法国,这个人数比前一年超出一倍。

更多的罗姆人由于担心学校的教育会同化他们的孩子而选择"在家教育"。事实上,主流人群的总的观点是罗姆人要为他们的孩子的不成功受到指责,他们从未认为应当改变教育体系,而是认为罗姆人应该改变,适应主流的生活方式。更多的人把被社会边缘化、排斥的罗姆人描述为落后、堕落、不愿意融入社会。

在澳大利亚和北美,新殖民主义是隐藏在这种偏见下面的因素之一。在澳大利亚,原住民经常经历种族主义、歧视和偏见,包括身体攻击、财产损坏和恐吓。1901年,通过了一个澳大利亚白人政策,该政策剥夺原住民的公民权。

像澳大利亚原住民一样,北美印第安人和阿拉斯加原住民也被征服。作为战败方,他们的命运掌握在征服者手里。"高贵的野蛮人"这个模式化形象可以掩盖他们遭受的偏见这一事实,这种偏见包括认为北美印第安人很懒惰、经常醉酒、依靠福利生活、享受着他人享受不到的优惠(Mihesuah 1996)。

文化失调和同化

尽管过去并非如此,现在似乎很少有针对萨米人的种族主义。他们关注的是他们会失去自己的文化和生活方式。1969年,第一个萨米人议会成立后,该议会主席史蒂分·米卡尔森说:"我们萨米人踩着祖先的脚印而来。如果你毁掉这些脚印,那么我们的未来就将被抹去。"(Drugge 2016)

在正规的教育体系下,少数民族成就少的主要原因之一是文化的分裂:正规的西方教育体系和流浪的、边缘化的土著传统的不同,后者是通过经验式的实践式学习把他们的文化和生活方式保留下来并把道德和文化知识传递给下一代。这些信念相差很大。例如,美国原住民认为宇宙间所有的生物和成分之间有彼此的关联(Cherubini 2014,p. 152)。他们排斥西方正规教育所认为的重要的知识。

一个英国罗姆萨米人马萨表达了如下观点:

> 所有其他东西,如生物学……对于流浪群体,尤其是在路上的人来说,没有那么重要……我们愿意男孩和女孩青春期时分开来。(McCaffery 2012)

列文森(Levinson 2007)认为吉卜赛人和流浪者对教育的敌意很严重：

> 正规的(在校)读写能力仍被很多人认为……是在制造分裂,标志着一种同化。极端的想法……坚持不信任书面语言这种外族人密码本身,认为它是有敌意的外部世界的象征和潜在武器。(p.32)

汉考克(Hancock 2000)和列文森(Levinson 2007)认为,一种有意识的对于读写能力的排斥也许可以加强集体的凝聚力、文化认同感和自豪感。

语　　言

指导语言是一个有争议的话题,因为语言是文化的保存所固有的。20世纪70年代之前,教育一直存在于一个国家的统治语言当中,从来不会存在于少数民族的语言当中。而且,每个政府都努力摧毁边缘化人群的语言,认为消除他们的语言是同化他们的核心所在。

服务还是同化?

证据显示以上所提到的国家的教育体系没有满足流浪和边缘化的土著群体儿童,为经济发展而设的正规的欧洲中心的认识论和传统没有满足这些群体的要求。较之重新思考教育的目的并理性地重新构建一个根深蒂固的体系,指责它的牺牲品更为容易。

接受教育的群体、家庭以及他们未来的角色是传统教育的背景。儿童通过和他们的父母相处并观察他们来学习。政治家和教育学家必须从根本上重新思考提供给这些人群的教育。和他们共同探讨很有必要。在各地,尤其是萨米人所在的地方,有迹象表明这种情况正在发生,因为萨米人逐渐开始公开表达他们对自己的语言、生活方式和文化的维护。

20世纪80年代,挪威开始学校双语教育的政策(Todal 1998)。1990年,萨米语在萨米人自治区成为官方语言。1979年,挪威设立了第一批萨米语班级,两年后设立萨米语学校和萨米语课程;如今,挪威有计划来复兴萨米人的文化和语言(Inga 2011)。1989年,挪威宪法(110a条)承认萨米语,并指出州政府有责任为萨米人创造条件让他们保护自己的语言、文化和生活方式。

在北美,加拿大和美国更加认可在教育课程中包含土著文化的重要性。在加拿大,西方语言、文化和信仰的强制性同化持续到1951年。美国的政策制定者们已经在不同的州开始倡导提高教师对这一问题的意识,强化文化认同感。霍夫曼

(Huffman 2012)把这种文化策略称为"跨文化理论"。然而,这些倡导取得的成功利弊参半,因为同化行为仍然存在,学生的学习效果仍然由标准化测试来评判。

在美国,20世纪70年代早期的印第安人运动是民权运动的一部分,创造了一种氛围,这种氛围后来促进了1972印第安人教育法令和1975年印第安人自治的教育援助法令的通过,也让大家认可应由北美印第安人而不是美国政府来决定自己的教育要求。这个理念在接下来的联邦政府的资金支持减少后仍然存在下来,但是北美印第安人现在仍不确定自治最终会对他们和他们的教育意味着什么。在20世纪90年代早期,对印第安人的教育的兴趣重新燃起,堪比60年代晚期和70年代早期。这种复兴的证据包括1990年通过了"印第安人语言法令"(Reyhner 2006)。

在2015年6月1日在蒙特利尔举行的ICAE大会上,我们清楚地看到了改变和教育体系非殖民化的愿望。一位印第安人在会上发言说:

> 非殖民化涉及谁来摆桌子。我们有责任挑战现在的教育体系并思考,"我们为了什么而教育人们?"

澳大利亚已经有几个为原住民设的项目获得了成功。其中一个是"跟随梦想",该项目最初在澳大利亚西部的卡拉萨高中开始,以"为了成功而合作"为规划,为那些有志向的学生提供额外的支持,鼓励他们继续高等教育。2014年,政策制定者们复审了北方区域的原住民教育,提出的建议之一是儿童的第一语言和文化应当成为他/她所受教育的一部分(Wilson 2014)。在创新精神(Creative Spirits)网站上,我们可以看到澳大利亚原住民正在讨论诸如教育之类的问题,也更多地参与政治活动。

目前,有一个泛欧洲罗姆人组织,但是变化很慢。过去的十年是"罗姆人融合的十年"。有的国家已经努力改善教育产出,但是对话仍在初始阶段。如欧汉龙(O'Hanlon 2014)所说:

> 在欧盟各国,一些机构仍在使用他们的权力保持人们对于罗姆人/流浪人的错误观点……学校教育不恰当,也不是为目标群体量身定做。在罗姆人/流浪者得到识别自己的教育需求的权力,在教育中得到一个更加民主的地位之前,各国还会持续为了低水平的教育获得而指责他们。(p.130)

但是,我们看到了变化的迹象。2015年,斯洛伐克的"吉卜赛人都是园丁"(Romano Barardo)项目获得了联合国教科文组织孔子扫盲奖(UNESCO Litbase 2016)。该项目的主要目标是通过给儿童和成人提供生态农业方面的教育和培训,帮助农村罗姆人群脱离贫困,并给他们创造机会学习农业、自给自足。

在英国,尽管出现了吉卜赛人和流浪者组织,还有儿童、家庭、学校部的规戒,情况仍然令人沮丧(DCSF 2008a,b)。政府减少了流浪者教育服务,在最近的吉卜赛人、罗姆人和流浪者历史月活动中,目前中央政府也没有对这些文化活动给予财政支持。存在已久的观念仍然是缺陷论。课程还是未提及吉卜赛人和流浪者的文化。除了一些个别的倡议,没有对老师进行的文化培训,也没有计划去和这些群体讨论他们的教育。因此,尽管越来越多的父母把孩子送到小学去学习读写,很多家长在孩子中学时就让他们退学,"在家教育"(McCaffery 2014)。如果要让吉卜赛人和流浪者的儿童受惠,政府和教育机构需要态度上的巨大转变。

一些——但不是全部——政府懂得1999年在夏威夷批准的"关于土著人民教育权的库伦加塔宣言"。前言写道:

> 在过去的30年中,全世界的土著人民认为他们被剥夺了在非土著教育体系中的平等权,该教育体系未能提供培养土著人学术、文化和心灵的教育服务。但是,如今他们正在要求,而且在有的地方正在获得能够反映、尊重和接纳土著文化价值观、哲学和意识形态的教育体系。(para 1.3.2)

为流浪者、边缘化人群和土著人群提供有意义的教育要求积极的范式转变,改变和这些群体有关的教育以及他们学习方法有关的假设。另外,还要求占统治地位的文化的态度的转变,包括和这些群体本身的真正的对话。目前,大多数西方政府提供的教育主要旨在同化,而非帮助。

(朱 正 译)

参考文献

Acton, T. (2004). *Setting the scene: The past present and future of Gypsy and Traveller education*. Unpublished paper given at the conference *Working Together: Raising the Achievement of Gypsy and Traveller Young People*, London, 19 June.

Acton, T., & Kenrick, D. (1991). From summer voluntary schemes to European Community bureaucracy: The development of special provision for Traveller education in the United Kingdom since 1967. *Intercultural Education*, 1(3), 47–62.

Aikio, A. (2004). An essay on substrate studies and the origin of Saami. In I. Hyvärinen, P. Kallio, & J. Korhonen (Eds.), *Etymologie, Entlehnungen und Entwicklungen: Festschrift für Jorma Koivulehto zum 70* (pp. 5–34). Helsinki: Société Néophilologique.

Anderson, M. (2015). *Can an aboriginal school break the vicious circle*? Creative Spirits. http://www.creativespirits.info/aboriginalculture/education/can-an-aboriginal-school-break-the-vicious-circle#ixzz3i3PieRyz.

Astier, H. (2014). France's unwanted Roma. *BBC News*. 13 February. Champs-sur-Marne,

France.

Australian Bureau of Statistics (2010). *Health and economic disadvantage in Australian social trends*. Canberra: Australian Bureau of Statistics.

Australian Bureau of Statistics (2017). *Indigenous statistics for schools*. http://www.abs.gov.au/websitedbs/CaSHome.nsf/89a5f3d8684682b6ca256de4002c809b/e4434ee345ff245aca25758a0080249f!.

BBC News (2009). *Romanians leave NI after attacks*. 23 June. http://news.bbc.co.uk/1hi/8114234.st.

Beresford, Q. (2012). Separate and equal: An outline of Aboriginal education, 1900 – 1996. In Q. Beresford, G. Partington, & G. Gower (Eds.), *Reform and resistance in Aboriginal education*. Perth, Australia: University of West Australia Press.

Bourdieu, P. (1991). *Language and symbolic power*. Oxford: Polity Press.

Broome, R. (2016). *Aboriginal Australians: A history since 1788*. http://www.aboriginalheritage.org/history/history.

Cherubini, L. (2014). Indigenous groups' education: The case of North America. In R. Griffin (Ed.), *Education in indigenous, nomadic and travelling communities*. London: Bloomsbury.

Clark, C., & Greenfields, M. (Eds.) (2006). *Here to stay*. Hertford: Hertfordshire University Press.

CRE [Commission for Racial Equality] (2006). *Common ground: Equality, good race relations and sites for Gypsies and Irish Travellers*. The National Archives. http://webarchive.nationalarchives.gov.uk/search/result/?q=Common%20Ground: Equality%20, good%20race%20relations%20and%20sites%20for%20Gypsy%20and%20Irish%20Travellers%202006.

CSO [Central Statistics Office, Ireland] (2012). *Religion, ethnicity and Irish Travellers*. Census 2011. http://www.cso.ie/en/media/csoie/census/documents/census2011profile7/Profile7EducationEthnicityandIrishTravellerEntirecdoc.pdf.

Currie, J. (2008). *Yesterday today tomorrow: An Aboriginal history of Willoughby*. Willoughby City Council. Aboriginal Heritage Office. http://www.google.co.uk/search?q=Currie%2C+J.+(2008)+Yesterday+Today+Tomorrow.

DCSF [Department for Children, Schools and Families] (2008a). *The Gypsy, Roma achievement programme*. London: DCSF. www.dcsf.gov.uk/research/data/uplodfiles/DCSF-PR077.pdf.

DCSF (2008b). *The inclusion of Gypsy Roma and Traveller children and young people*. London: DCSF. www.dcsf.gov.uk/research/data/uploadfiles/DCSF-RR077.pdf.

Drugge, A.-L. (Ed.) (2016). *Ethics in indigenous research: Past experience — Future challenges*. Umeå, Sweden: Umeå University. umu.divaportal.org/smash/get/diva2:943266/FULLTEXT03.pdf.

Fairclough, N. (1992). *Discourse and social change*. Cambridge: Polity.

Fairclough, N. (1999). Global capitalism and critical awareness of language. *Language Awareness*, 8 (2), 71 – 83. http://www.multilingual-matters.net/la/008/la0080071.htm.

Fairclough, N. (2003). *Analysing discourse: Textual analysis for social research*. London: Routledge.

Foucault, M. (1972). *The archaeology of knowledge*. London: Tavistock.

FRA [European Agency for Fundamental Human Rights] (2012). *The situation of Roma in 11 EU member states: Survey results at a glance*. fra.europa.eu/sites/default/files/fra.../2099-FRA-2012-Roma-at-a-glance_EN.pdf.

Gee, J. (1990). *Social linguistics and literacies* (2nd ed., 1996). London and Bristol: Taylor and Francis.

Goody, J. (1977). *The domestication of the savage mind*. Cambridge: Cambridge University Press.

Grenfell, M. (2012). Bourdieu, language and education. In M. Grenfell, D. Bloome, C. Hardy, K.

Pahl, J. Rowsell, & B. V. Street (Eds.), *Language, ethnography, and education: Bridging new literacy studies and Bourdieu*. New York and London: Routledge.

Griffin, R., & MacEinri, P. (2014). A global overview. In R. Griffin (Ed.), *Education in indigenous, nomadic and travelling communities*. London: Bloomsbury.

Hancock, I. (2000). Standardisation and ethnic defence in non-literate societies. In T. Acton & M. Dalphinis (Eds.), *Language, blacks and gypsies* (pp. 3-8). London: Whiting and Birch.

Heath, S. B. (1983). *Ways with words: Language, life and work in communities and classrooms*. Cambridge: Cambridge University Press.

Huffman, T. (2012). *Native American educators: Perceptions on academic achievement among reservation students — An examination of transcultural theory*. Paper presented at BAICE conference, Cambridge, UK.

Inga (R. Partida) (2011). *Through the education system: The Sami boarding schools*. Sami Culture website. http://www.laits.utexas.edu/sami/dieda/hist/suffer-edu.htm.

IPPR [Institute of Public Policy Research] (2011). *EU enlargement and labour migration*. London: IPPR.

Kenrick, D. (1998). The Travellers of Ireland. *The Patrin Web Journal: Romani Culture and History*. http://www.oocities.org/~patrin.

Kenrick, D., & Clark, C. (1999). *Moving on: The Gypsies and Travellers of Britain*. Hertford, Hert: University of Hertfordshire Press.

Keskitalo, P., Uusiautti, S., & Määttä, K. (2014). Multi-dimensional Sámi education: Towards culture sensitive policies. In R. Griffin (Ed.), *Education in indigenous, nomadic and travelling communities*. London: Bloomsbury.

Kuokkanen, R. (2000). Towards an "Indigenous paradigm" from a Sami perspective. *Canadian Journal of Native Studies*, 20(2), 411-436.

Labov, W. (1973). The logic of non-standard English. In N. Keddie (Ed.), *Tinker, tailor.... The myth of cultural deprivation* (pp. 21-67). London: Penguin.

Labov, W. (1987). Language and literacy from an educational Perspective. In N. Mercer (Ed.), *School*, vol. 2. Milton Keynes, Buck: Oxford University Press.

Lankshear, C. (1997). *Changing literacies*. Buckingham, Buck: Oxford University Press.

Levinson, M. (2007). Literacy in English Gypsy communities: Cultural capital manifested as negative assets. *American Educational Research Journal*, 44(1), 5-39.

Marker, M. (2000). Review essay: Ethnohistory and indigenous education: A moment of uncertainty. *History of Education*, 29(1), 79-85.

McCaffery, J. (2012). *Access, agency, assimilation: Literacy among Gypsies and Travellers in Southern England*. Stuttgart: Lambert Academic.

McCaffery, J. (2014). Education as cultural conflict: Gypsies and Travellers in Southern England. In R. Griffin (Ed.), *Education in indigenous, nomadic and travelling communities*. London: Bloomsbury.

Mihesuah, D. A. (1996). *American Indians: Stereotypes and realities*. Atlanta, GA: Alaska Clarity Press. http://www.claritypress.com/files/Mihesuah.html.

Miller, J. R. (1996). *Shingauk's vision: A history of native residential schools*. Toronto, ON: University of Toronto Press.

Mishra, P. (2015). How to think about Islamic State. *The Guardian*. 24 July.

MWD [Merriam-Webster Dictionary] (2009). "Educate". http://www.merriam-webster.com/dictionary/educate.

Nabi, R., Rogers, A., & Street, B. V. (2009). *Hidden literacies: Ethnographic studies of literacy*

and numeracy in Pakistan. Bury St. Edmunds, Suff: Uppingham Press.
O'Connell, J. (1994). *Reach out*. Report by the DTRDG on the Poverty 3 Programme, 1990-1994. Dublin: Pavee Point.
O'Hanlon, C. (2014). Roma/Traveller inclusion in/Europe: Why informal education is winning. In R. Griffin (Ed.), *Education in indigenous, nomadic and travelling communities*. London: Bloomsbury.
O'Hanlon, C. (2016). The European struggle to educate and include Roma people: A critique of differences in policy and practice in Western and Eastern EU countries. *Social Inclusion*, 4(1).
OED [Oxford English Dictionary] (2009). "*Educate*". http://oxfordorddictionaries.com/definition/english/educate? search.
Okely, J. (1983). *The Traveller Gypsies*. Cambridge: Cambridge University Press.
Olson, D. (1977). From utterance to text: The bias of language in speech and writing. *Harvard Educational Review*, 47(3), 257-281.
Partington, G., & Beresford, Q. (2012). The context of aboriginal education. In Q. Beresford, G. Partington, & G. Gower (Eds.), *Reform and resistance in aboriginal education*. Perth, Australia: University of Western Australia.
Peters, M. A. (2014). "Western education is sinful": Boko Haram and the abduction of Chibok schoolgirls. *Policy Futures in Education*, 12(2). http://journals.sagepub.com/doi/pdf/10.2304/pfie.2014.12.2.intext.
Reyhner, J. (2006). American Indian/Alaska Native education: An overview. *American Indian Education*. (Update of out-of-print 1994 Phi Delta Kappa fastback #367). http://www2.nau.edu/jar/AIE/Ind_Ed.htmlhnert.
Scribner, S., & Cole, M. (1981). *The psychology of literacy*. Cambridge, MA: Harvard University Press.
Skuttnab-Kangas, T., & Dunbar, R. (2010). Indigenous children's education as linguistic genocide and a crime against humanity? A global view. *Gáldu Čála, Journal of Indigenous Peoples Rights*, 1.
Smith, A. (2009). *Indigenous peoples and boarding schools: A comparative study*. New York: Secretariat of the United Nations Permanent Forum on Indigenous Issues (May). http://www.un.org/esa/socdev/unpfii/documents/E_C_19_2009_crp1.pdf.
Smith, M. (2014). *FACTSHEET: Explaining Nigeria's Boko Haram & its violent insurgency*. Africa Check. http://africacheck.org/factsheets/factsheet-explaining-nigerias-boko-haram-and-its-violent-insurgency.
Street, B. V. (1984). *Literacy in theory and practice*. Cambridge: Cambridge University Press.
Stubbs, M. (1980). *Language and literacy*. London: Routledge and Kegan Paul.
Tiddá, M. S. (2017). *The origin and genetic background of the SÃimi in Samir culture*. http://www.utexas.edu/courses/sami/dieda/hist/genetic.htm.
Todal, J. (1998). Minorities with a minority: Language and the school in the Sami areas of Norway. *Language, Culture and Curriculum*, 11, 354-366.
UIS [UNESCO Institute for Statistics] (2015). *Education dataset*. http://data.uis.unescoorg/Index.aspx? DataSetCode=EDULIT_DS.
UNESCO (2006). *Literacy for life*. EFA Global Monitoring Report. Paris: UNESCO.
UNESCO (2010). *Reaching the marginalized*. EFA Global Monitoring Report. Paris: UNESCO.
UNESCO (2015). *Education for all: 2000-2015: Achievements and challenges*. EFA Global Monitoring Report. Paris: UNESCO.
UNESCO Litbase (2016). *LitBase features on the 2016 UNESCO international literacy prize winners*.

http://litbase.uil.unesco.org.

UNICEF (2007). *Breaking the cycle of exclusion: Roma children*. Belgrade: UNICEF.

US Office of Indian Affairs (1889). *Annual report of the commissioner of Indian affairs, for the year 1889*. http://digital.library.wisc.edu/1711.dl/History.AnnRep89.

Walker, P. (2008). Italy's Gypsies suffer discrimination and prospect of draconian curbs. *The Guardian*, 21 July. http://www.theguardian.com/world/2008/jul/21/italy.race1.

Waterson, M. (1997). I want more green leaves for my children. In T. Acton & G. Mundy (Eds.), *Romani culture and Gypsy identity* (pp. 129-151). Hertford, Herts: Hertfordshire University Press.

Wilson, B. (2014). *Review of indigenous education in the Northern Territory. Report to the Minister of Education*. Northern Territories: Darwin.

Worrall, D. (1979). *Gypsy education: A study of provision in England and Wales*. Walsall: Walsall Council for Community Relations.

趋势/案例

来自英国的读写能力促进：
英国扫盲促进发展协会的贡献

伊恩·切菲　朱丽叶·麦卡弗里　布莱恩·斯特里特[*]

在线出版时间：2017 年 9 月 25 日
©联合国教科文组织国际教育局 2017 年

摘　要　除了几次短期得到重视，成人读写能力在发展议程上的重要性仍旧很低。本文详述了位于英国的一个志愿协会"英国扫盲促进发展协会"（BALID）在强调发展读写能力的重要性以及尤其是成人读写能力的重要性方面所做的贡献。过去近三十年间，英国扫盲促进发展协会通过组织培训课程、会议和讨论寻求提升读写能力的重要性，这些活动让专业读写人士有能力在他们自己的环境和影响圈内应对读写需求。英国扫盲促进发展协会成员有着大量国外工作的经验，在读写、教育和发展领域有着高水平专业能力。该组织在消除学者、研究者和实践者之间的分歧

---

[*] 原文语言：英语

伊恩·切菲（英国）
　　美国国际语言暑期学院读写和教育顾问。美国国际语言暑期学院是一个非政府组织，和使用以前无文字的语言的当地组织一起开发适当的写作体系，从而让他们能为了他们自己的教育和发展使用自己的语言。他已经在读写发展领域工作了三十年。在喀麦隆工作的十年间，他支持在多种当地语言中的培训项目和读写材料的生成。回到英国后，他领导在读写方面的美国国际语言暑期学院培训课程，开发了一个已经得到审批的读写项目发展方面的 MA 项目。他对读写在非洲国家中的转型作用以及读写如何在个人身份的重要层面上赋予成年人权力尤为感兴趣。

朱丽叶·麦卡弗里（英国）
　　英国扫盲促进发展协会秘书、苏塞克斯大学助理研究员，国际顾问。麦卡弗里主要研究读写、性别和平等。她曾在美国、布莱顿、伦敦的学校和成年人读写工作过，也在英国文化委员会担任过性别干事。她曾在撒哈拉以南非洲、中东、印度次大陆工作过。她在当选文化委员会委员期间开始关注英国吉卜赛人和爱尔兰流浪者，研究了他们对于教育的态度，从而开始研究其他边缘化群体的读写。她已经发表若干文章。

布莱恩·斯特里特（英国）
　　伦敦国王学院语言教育名誉教授，宾夕法尼亚大学教育学研究生院和东安格利亚大学教育和职业发展学院客座教授。20 世纪 70 年代他在伊朗做过实地调查后，在读写实践的理论研究和实践方面著作颇丰，也做过多场讲座。他长期致力于在语言文化维度方面的民族志研究与当代教育发展实践相结合。他曾在美国、南非、尼泊尔、印度和新加坡等国做过巡回演讲、研讨会、项目培训和研究，也曾参与埃塞俄比亚和乌干达的 LETTER 项目。2008 年，美国国家阅读大会授予他"杰出学者终身成就奖"。

方面有着特别重要的作用,从而使得每一方都可以从别人的经验中受益和学习。

关键词 读写能力 发展 英国扫盲促进发展协会

长期以来,很多教育家、研究者以及政策制定者已经意识到读写能力对于个体幸福和社区发展的重要性,然而事实上,如果一个人人都会读会写的世界图景得以实现的话,我们还有很多事情要做(UNESCO 2013)。可持续发展目标,在承认需要持续关注读写能力的同时,包括首要目标以"保证普适性的、公平的素质教育和促进所有人的终生学习机会"(United Nations 2015);教育 2030 仁川宣言及行动框架(UNESCO 2015a)在论述当前发展阶段的教育要事时也认可这一点。作为回应,各色人士在读写、教育和发展的领域工作,涉及范围从关注政策和全球实施的国际性机构和组织到致力于在特殊群体和目标团体中促进读写能力和教育的当地非政府组织。

在此背景下,我们探讨一个位于英国的志愿者协会"英国扫盲促进发展协会"(BALID)的贡献。三十年来,英国扫盲促进发展协会通过组织培训课程、会议和讨论寻求提升读写能力的重要性,这些活动让专业读写人士有能力在他们自己的环境和影响圈内应对读写需求。我们认为诸如英国扫盲促进发展协会这样的组织和协会在帮助迎接全世界目前面临的教育挑战中承担重要角色。学会读写是应对这些挑战的基础。

成立和理念

英国扫盲促进发展协会于 1987 年成立,当时国际社会越来越意识到促进读写能力是促进发展的一个重要方面。在 1990 年联合国教科文组织国际读写年之前,英国扫盲促进发展协会在英国文化协会一名工作人员的发起下成立,该协会因其致力于国际教育而备受尊敬。愿景是提供一个不与任何特定机构关联的独立论坛,其中英国的读写专业人士可以聚集起来分享他们在成人读写能力方面的知识和经验,从而通过交流观点和培训读写人员来促进发展中国家的工作。由于研究读写的专业人士普遍发现他们很难接触到志同道合的同行,这样一个论坛已经被证明是非常珍贵的。英国扫盲促进发展协会成员在不同的环境中工作,包括大学和非政府组织,或者作为独立的读写顾问。坚信读写对于人类福祉和发展的价值是英国扫盲促进发展协会成员走到一起的共同因素。

英国扫盲促进发展协会成立之时,成人读写是该协会的关注重点,后来一直如此。在不忽视年轻人教育需求的同时,英国扫盲促进发展协会主要致力于成人基本读写和教育(包括计算能力)需求,理由是他们的特定需求经常被忽视,并且和儿童教育一样,成人教育同样需要优先考虑。当之前的文盲成人会读写后,他们能够立即对他们个人和社区的发展做出贡献,并且可以支持和激发他们子女的教育(Bown 1991)。确实,非正式环境下成人教育和正式环境下儿童教育的协同可以成为可持续发展的一个强大推动力。

英国扫盲促进发展协会的另一个特点是它强调理解读写不仅仅是学习读写技巧,同时也是一种社会实践,其特性取决于读写发生的环境。在当地读写项目这一层面,英国扫盲促进发展协会认为,对成人读写的指导必须包括以非常直接的方式让成年学习者能够参与他们自己认为在其生活环境中对他们很重要的读写实践。如果读写指导要有效,那么在使用当地读写方式的学徒制必须伴随着读写技能的教授。在这种性质的指导项目中,以成人为中心的教育方法的重要性显而易见。

活　动

自成立以来,英国扫盲促进发展协会一直致力于在英国和发展中国家提供读写教学中的培训和专业发展。该协会最早期的海外活动之一是为期两周的名为"为了读而写"的辅导老师培训项目,该项目于20世纪80年代末在赞比亚和南非进行。2010年,英国扫盲促进发展协会组织了一个工作室("面对所有人的教育:通过家庭学习普及初等教育"),该工作室有五个机构设在塞拉利昂。次年,与"南非选择性教育研究项目"合作,在开普敦大学举行了会议("共同的目标、共同的目的:加强阅读、家庭教育和普及初等教育目标")。这两个活动都侧重家庭环境下的学习场所。这些合作诠释了英国扫盲促进发展协会致力于和其他对教育和发展有兴趣的组织合作。其他类似组织包括:英国国际教育和培训论坛、英国国际教育和对比教育协会、东安格利亚大学读写和发展小组、通过人种学研究培训授权读写、启迪心灵、为了发展的教育、阿平厄姆研讨会、读写工作群、成年人读写研究与实践。

1987年,英国扫盲促进发展协会在英国开发了一个有关成人读写工作的主要培训课程,该课程开办了多年。该课程丁复活节假期期间在大学校园里举办两周,所以通常被称为"复活节假期课程"。该课程每年吸引四五十名参加者,大多数是在英国学习的留学生,也有专程赶到英国参加该课程的读写专业人士。课程收到的申请经常超过可提供的名额。评价者反复提到的"复活节假期课程"的强项之一是其跨学科性质,其中有专攻教育以及健康、农业、法律和商务的参与者。该课程认为,就其本质而言,读写并非教育家独有的领地。该课程的参加者分享了他们在不同的环境下的读写经历。该课程具备响应性和适应性。尽管其核心焦点从未改变,但侧重点偶尔会变。这一点体现在它的名字上,一开始是"跨学科的读写",后来变成"跨学科交流",最近一些年里,随着国际上对于性别问题的意识加强,名字又变成"读写和性别"。

"复活节假期课程"的参与方式尤为成功。参与者分组合作,和引导老师一起为神秘国家"特拉"设计一个读写策略和培训课程。在两周时间内,杰出的学术界人士做了五个有关读写的最新研究的讲座,课程结束时每个小组做一个自己的读写策略的报告。

参与者的费用和其他花费有时会高达 6 万英镑,由英国文化委员会和英国政府通过海外发展局(后更名为国际发展部)和外交部以志奋领奖学金的形式支付。2000 年,82 人申请了该课程,其中有 40 人获得志奋领奖学金。但是后来,由于官方的政策变得更支持国内培训而不是在英国培训,该资助就不那么靠谱了,参加课程者越来越难得到必要的财政支持。英国扫盲促进发展协会努力为参加课程者寻求资助,在必要时担保他们入英的签证申请;然而,面对资助限制,它做出艰难决定,停掉了"复活节假期课程"。尽管英国扫盲促进发展协会仍继续它的使命,但最后一次"复活节假期课程"于 2003 年在伦敦大学举办。

得益于其成员的突出专长,在教育领域工作的国际和国家机构已经认可英国扫盲促进发展协会是一个关于读写的宝贵知识来源。2003 年,英国扫盲促进发展协会与世界银行非正式教育组在伦敦举行了咨询会议("捐赠者和支持成年及非正式教育政府的策略"),世界银行代表与学者和非政府组织齐聚一堂。在 2007 年伦敦的一次研讨班之后,英国扫盲促进发展协会成员与联合国教科文组织教育学院的阿达玛·瓦内(Adama Ouane)会面讨论成人学习的重要性。2008 年,应英国国际发展部的要求,英国扫盲促进发展协会准备了一份简要文章(国际发展部简报:成人读写—更新,2008 年 8 月),紧随其后的是为联合国教科文组织 2010 全球监测报告准备的一份背景文章,其中回顾了几个国家的青年和成人读写政策和项目。为此,英国扫盲促进发展协会与贝宁、巴西、印度、墨西哥、摩洛哥、南非的高水平读写专业人士进行了合作。2017 年,英国扫盲促进发展协会再次向国际发展部汇报了成人读写工作方面的证据。

五年多来,英国扫盲促进发展协会的活动一直围绕着举办其所谓的"非正式读写讨论",它为成员们提供了一个机会聚在一起,并且如它名字所说的在一个受邀演讲者的引导下以非正式的方式讨论一个对当前读写感兴趣的话题。第一次的"非正式读写讨论","读写:不时尚也不值得资助了?"于 2011 年举行,自此以后,共举办了 27 次非正式读写讨论。这些讨论的焦点广泛且国际化,讨论涉及亚洲、非洲、南美洲以及英国和澳大利亚的读写项目和事务。国际读写政策已经被讨论过,同样也有家庭读写、书籍出版和分发、读写教师培训、多语种教育和课程。讨论通常在伦敦的一个中心场所进行,但是他们也在英国的其他地方如海威科姆附近的暑期语言学院培训中心、格洛斯特的拉德克利夫学院和布莱顿的朋友中心等地举行。理论和实践报告相结合尤其有用。为了让更多的听众分享这些报告,委员会邀请讨论的领导者把他们的报告整理成适合出版的形式。有些已经出版成书(McCaffery and Street 2017)。更多的细节可以在英国扫盲促进发展协会网站上找到。

英国扫盲促进发展协会有脸书网页,吸引了各国读者,包括那些没有学术期刊等信息渠道的读者。这为分享各种来源的最新信息以及传播那些常常不为人知的人们的工作带来了巨大的机会。

结　　论

英国扫盲促进发展协会一直通过它的工作想方设法提高对于读写的重要性以及读写、识数和经济发展与社会变化之间关系的认识。成员采用很多不同的方法教育成人读和写;有的人则支持"把读写作为社会实践"的教育方法,其他人则认为为了满足教成人读写的不同环境的需要,有必要采用一种更为混合的方法。在此过程中,他们寻求与其他合适组织的合作,向政府、非政府组织及私人行业就发展环境下成人读写和识数提供信息和建议,并且为了传授未来实践而交流经验和研究成果。通过其成员英国扫盲促进发展协会在读写、教育和发展领域拥有高水平的专业能力。英国扫盲促进发展协会充当了读写专业人士间一个重要的联系点,以及一个分享感悟、观点和学习的地方。在让大学里工作的学者和研究者与公共部门和非政府组织里工作的读写实践者走到一起这方面,它显然功不可没。

遗憾的是,除了几次短期得到重视,成年人读写在发展议程上仍处于低水平,即便最新的数据(UNESCO 2016)显示7.58亿成人和1.14亿青少年仍然缺乏基本的读写技能,并且上百万孩子辍学时并不具备足够的阅读技能(UNESCO 2015b)。面临这个持续的挑战,我们迫切需要英国扫盲促进发展协会这一类的组织,不仅可以支持项目和提供培训,而且能够增进人们对于终身学习重要性的理解。

如果想了解更多英国扫盲促进发展协会以及有关读写的资源,请访问网站www.balid.org.uk以及英国扫盲促进发展协会的脸书网页。

(石　兰　译)

参考文献

Bown, L. (1991). *Preparing the future: Women, literacy and development*. London: ActionAid.
McCaffery, J., & Street, B. (Eds.) (2017). *Theory and practice in literacy in development*. Papers from the BALID Informal Literacy Discussions. Bury St Edmunds: Uppingham Press.
UNESCO (2013). *Global coalition for a literate world*. Discussion paper. Paris: UNESCO. http://ttunesco.files.wordpress.com/2013/01/global-coalition-for-a-literate-world_5-august-2013-clean-version.pdf.
UNESCO (2015a). *Education 2030 Incheon declaration and framework for action*. Paris: UNESCO.

http://www.uis.unesco.org/Education/Documents/incheon-framework-for-action-en.pdf.

UNESCO (2015b). *Education for All: Achievements and challenges*. Global Monitoring Report 2015. Paris: UNESCO. http://unesdoc.unesco.org/images/0023/002322/232205e.pdf.

UNESCO (2016). *Education for people and planet: Creating sustainable futures for all*. Global Monitoring Report 2016. Paris: UNESCO. http://unesdoc.unesco.org/images/0024/002457/245752e.pdf.

United Nations (2015). *Transforming our world: The 2030 agenda for sustainable development*. http://www.un.org/ga/search/view_doc.asp?symbol=A/70/L.1&Lang=E.